Cay Rademacher

DER TRÜMMERMÖRDER

Hamburg 1947: Die Stadt liegt in Trümmern, und es ist einer der kältesten Winter des Jahrhunderts. Die Menschen versuchen irgendwie zu überleben. Da wird mitten in der Trümmerlandschaft eine Leiche entdeckt: eine junge Frau, nackt, kein Hinweis auf den Mörder. Oberinspektor Stave hat kaum Hoffnung, den Fall aufzuklären, auch wenn ihm Lothar Maschke von der Sitte und Lieutenant MacDonald von der britischen Verwaltung zur Seite gestellt werden. Bald werden weitere Tote entdeckt, und Stave ist für jede Hilfe dankbar, die er auf der Suche nach einem grausamen Mörder bekommt.

Cay Rademacher, geboren 1965, ist freier Journalist und Autor. Bei DuMont erschienen seine Kriminalromane aus dem Hamburg der Nachkriegszeit: ›Der Schieber‹ (2012) und ›Der Fälscher‹ (2013). Seine Provence-Serie um Capitaine Roger Blanc umfasst acht Fälle, zuletzt erschien ›Verlorenes Vernègues‹ (2020). Außerdem verfasste er die Kriminalromane ›Ein letzter Sommer in Méjean‹ (2019) und ›Stille Nacht in der Provence‹ (2020). Cay Rademacher lebt mit seiner Familie in der Nähe von Salon-de-Provence in Frankreich.

Cay Rademacher

DER TRÜMMERMÖRDER

Kriminalroman

DUMONT

FSC
www.fsc.org
MIX
Papier aus verantwortungsvollen Quellen
FSC® C083411

Sonderausgabe 2021
DuMont Buchverlag, Köln

Umschlaggestaltung: Zero, München
Umschlagabbildung: Getty Images / Walter Sanders / Kontributor
Satz: Angelika Kudella, Köln
Gesetzt aus der Adobe Garamond
Druck und Verarbeitung: CPI books GmbH, Leck
Gedruckt auf säurefreiem und chlorfrei gebleichtem Papier
Printed in Germany
ISBN 978-3-8321-6583-3

www.dumont-buchverlag.de

Für Françoise und unsere drei Hamburger –
Léo, Julie und Anouk

Kaltes Erwachen

Montag, 20. Januar 1947

Im Halbschlaf tastet Oberinspektor Frank Stave nach dem Körper seiner Frau, bis er sich daran erinnert, dass sie vor dreieinhalb Jahren verbrannt ist. Er ballt die Hand zur Faust, dann schlägt er die Bettdecke zurück. Eisige Luft vertreibt die letzten Schleier des Alptraums.

Graues Dämmerlicht dringt durch die zerschlissenen Damastvorhänge, die Stave aus den Trümmern des Nachbarhauses geborgen hat. Seit fünf Wochen befestigt er sie jeden Abend mit einigen auf dem Schwarzmarkt erstandenen Heftzwecken an den Fensterrahmen. Die Scheiben sind dünn wie Zeitungspapier und innen mit einem Eispanzer überkrustet. Stave befürchtet, das Glas könnte irgendwann unter dem Gewicht des Eises bersten. Absurde Sorgen: Die Fenster haben unter den Druckwellen unzähliger explodierender Bomben geklirrt, doch zerplatzt sind sie nie.

Die Bettdecke ist stellenweise an der Wand festgefroren. Im trüben Schein des frühen Morgens sehen die Zimmerwände aus wie mit Hornhaut überzogen, so dick ist die Reifschicht. Darunter einzelne Streifen einer Tapete, deren Muster 1930 modern gewesen ist, fleckiger Putz, in einigen Ecken schließlich die nackte Mauer, schwarzrote Ziegel und hellgrauer Mörtel.

Stave geht langsam bis zur winzigen Küche, der eisige Fliesenboden schneidet in die Sohlen, trotz zwei Paar alter Socken an den Füßen. Mit steifen Fingern tastet er an der Brennhexe herum, bis in dem winzigen fassförmigen Ofen ein Feuer lodert. Es stinkt nach verbrannter Möbelpolitur, denn das Holz, mit dem Stave die Brennhexe füttert, war einst eine dunkle Schlafzimmerkommode aus dem Nachbarhaus, das im Sommer 1943 von einer Bombe getroffen wurde.

Von *der* Bombe, denkt Stave. Der Bombe, die ihm seine Frau genommen hat.

Während er darauf wartet, dass ein Eisblock in dem alten Wehrmachtskessel auf der Brennhexe schmilzt und ein wenig Wärme in die Wohnung bringt, streift er sich den alten Wollpullover ab, dann den Trainingsanzug der Polizei, die zwei Unterhemden, die Socken, in denen er geschlafen hat. Sorgfältig drapiert er sie auf dem wackeligen Stuhl neben seinem Bett. Da ihm nur 1,95 Kilowatt Strom pro Monat zugeteilt sind – kostbare Energie, die für seine Herdplatte und das Abendessen aufgespart wird –, macht er kein Licht. Also legt er seine Kleider stets nach dem gleichen Muster zurecht, damit er sie in der Düsternis richtig anzieht.

Wasser, noch immer so kalt wie aus einem Gletscher, hastig ins Gesicht und auf den Körper gespritzt, wo die Tropfen brennen. Unwillkürlich zittert Stave. Dann streift er sich Hemd, Anzug, Mantel, Schuhe über. Die Rasur im Halbdunkel, vorsichtig, langsam, denn Schaum gibt es nicht, und die Klinge ist schon schartig. Neue sollen, wenn überhaupt, erst in einigen Wochen auf Bezugsschein ausgegeben werden. Den Rest des Wassers lässt er derweil auf der Brennhexe weiter aufwärmen.

Gerne hätte Stave Bohnenkaffee getrunken wie vor dem Krieg. Doch er hat nur Ersatzkaffee, eine fade graue Brühe, nachdem er das Pulver mit dem lauwarmen Wasser aufgegossen hat. Ein paar schon vor Tagen geröstete, zerriebene Eicheln mischt er darunter, damit sie wenigstens bitter schmeckt. Dazu zwei Scheiben bröseliges Graubrot. Frühstück.

Den letzten echten Kaffee hat Stave gestern am Hauptbahnhof gegen ein paar wertlose Informationen eingetauscht. Er ist Polizei-Oberinspektor – ein Dienstrang, den die britischen Besatzungsbeamten eingeführt haben und an dessen Klang sich Stave stets stört, der mit Titeln wie »Kriminalinspektor« oder »Hauptwachtmeister« groß geworden ist.

Am vergangenen Samstag hat er zwei Mörder verhaftet. Flüchtlinge aus Ostpreußen, die in Schwarzmarktgeschäfte eingestiegen waren und eine Frau, die ihnen etwas schuldete, erdrosselt und in ein Fleet geworfen hatten, beschwert mit einem Brocken Beton aus einer

Ruine. Mit viel Mühe hatten sie zuvor das halbmeterdicke Eis auf dem Wasser aufgehackt, um ihr Opfer darunter zu versenken. Ihr Pech, dass sie nicht um die Gezeiten wussten – und darum, dass bei Ebbe die Tote für jeden im Schlamm des Grundes sichtbar wurde, unter dem Eis wie unter einem Vergrößerungsglas.

Stave hatte das Opfer rasch identifiziert, hatte herausgefunden, mit wem es zuletzt gesehen worden war, und die beiden Täter keine vierundzwanzig Stunden nach dem Mord verhaftet.

Dann war er, wie an jedem Wochenende, das nicht ganz mit Ermittlungen ausgefüllt war, zum Hauptbahnhof gegangen und hatte sich unter den endlosen Menschenstrom auf den Bahnsteigen gemischt, hatte sich unter all den Hamburgern auf Hamsterfahrten ins Umland und unter den heimkehrenden Soldaten umgehört. Hatte nach einem Karl Stave gefragt, flüsternd, zögerlich.

Karl, der sich im April 1945 als siebzehnjähriger Gymnasiast freiwillig zu einer Einheit an der Ostfront gemeldet hatte, die zu jenem Zeitpunkt schon in den Vororten von Berlin verlief. Karl, der seine Mutter verloren und seinen Vater als »lau« und »undeutsch« verachtet hatte. Karl, der seit dem Kampf um die Reichshauptstadt verschollen war, ein Phantom im Niemandsreich zwischen Tod und Leben, vielleicht gefallen, vielleicht kriegsgefangen von der Roten Armee, vielleicht irgendwo auf der Flucht, untergetaucht, mit falschem Namen. Aber hätte er sich in diesem Fall nicht inzwischen trotz ihrer Streitereien bei seinem Vater gemeldet?

Stave war herumgegangen, hatte ausgemergelte Gestalten in viel zu weiten Mänteln angesprochen, Männer mit dem Russlandgesicht, hatte ein speckiges Foto seines Jungen gezeigt. Kopfschütteln, müde Gesten. Endlich einer, der behauptete, etwas zu wissen. Stave hatte ihm seinen letzten Kaffee angeboten und dann gehört, dass ein Karl Stave in Workuta sei, in einem Straflager, zumindest jemand, der dem Jungen auf diesem Bild einmal ähnlich gesehen haben könnte und der Karl hieß mit Vornamen, vielleicht, und der noch immer dort eingesperrt sei, vielleicht, vielleicht auch nicht.

Plötzlich drei Schläge an der Tür, die Stave aus seinen Gedanken aufschrecken lassen. Die Sicherung der Klingel hat der Oberinspektor herausgedreht, das spart ein paar Milliwatt Strom.

Für einen Augenblick die absurde Hoffnung, es könnte Karl sein, der zu so früher Stunde anklopft. Dann zwingt sich Stave zur Disziplin: Lass dich nicht gehen, ermahnt er sich.

Stave ist Anfang vierzig, hager, die Augen graublau, mit kurzgeschorenen, blonden Haaren, in denen die ersten grauen Strähnen kaum auffallen. Er eilt zur Tür. Das linke Bein schmerzt, wie immer im Winter. Seit der Verletzung in jener Nacht 1943 ist das Fußgelenk steif. Stave hinkt leicht, sosehr er auch mit verbissener Wut gegen diese Verkrüppelung ankämpft, sich zu Dauerläufen, Dehnübungen, ja sogar – wenn die Schulzes die Wohnung darunter verlassen haben – zum Seilspringen zwingt.

Im Türrahmen steht ein Schupo mit Tschako, dem zylinderförmig aufragenden Schutzhelm, mehr kann Stave zunächst nicht erkennen. Das Treppenhaus ist düster, seit jemand alle Glühbirnen der Beleuchtung gestohlen hat. Der Polizist muss sich die vier Stockwerke hinaufgetastet haben.

»Morgen, Herr Oberinspektor«, sagt er. Seine Stimme klingt jung, sie zittert leicht vor Aufregung. »Wir haben eine Tote. Sie sollen sofort kommen.«

»Gut«, antwortet Stave mechanisch, bevor ihm klar wird, wie unpassend das klingt.

Gefühle? Er hat in den letzten Jahren des Krieges viel zu viele verstümmelte Leichen gesehen – darunter die seiner eigenen Frau –, als dass ihn die Nachricht von einem ermordeten Menschen schockieren würde. Erregung, das ja – die Erregung des Jägers, der die flüchtige Spur eines wilden Tieres aufnimmt.

»Wie heißen Sie?«, fragt er den Schupo, während er sich den schweren Wollmantel überzieht und nach seinem Hut greift.

»Ruge. Hauptpolizist Heinrich Ruge.«

Stave blickt auf die blaue Uniform, die metallene Dienstmarke mit Nummer links auf der Brust. Noch eine Neuerung der Briten, die alle deutschen Polizisten hassen: die vierstellige Nummer auf dem Herzen. Eine glänzende Zielscheibe für jeden Verbrecher mit Pistole. Der Beamte, dem diese Uniform viel zu groß ist, ist schmal und jung, kaum älter als Staves Sohn.

Die Briten haben nach dem Einmarsch im Mai 1945 Hunderte Polizisten entlassen – jeden, der bei der Gestapo war, der hohe Funktionen hatte, der politisch aufgefallen war. Leute wie Stave, die im alten Regime als »links« galten und die man kaltgestellt hatte, sind geblieben. Und neue Beamte wurden eingestellt – Jungs wie dieser Ruge, die vom Leben noch nichts wissen und von der Polizeiarbeit erst recht nichts. Acht Wochen Ausbildung, eine Uniform und ab auf die Straße. Anfänger, die erst im Dienst lernen müssen, was es heißt, Polizist zu sein. Angeber darunter, die, kaum in Uniform, Bürger anschnauzen und wie preußische Herrenreiter durch die Ruinen stolzieren. Und zwielichtige Charaktere, die man früher, in der Weimarer Republik und im Kaiserreich, wohl auch bei der Polizei gesehen hätte – allerdings nicht hinter dem Schreibtisch des Reviers, sondern in der Zelle.

»Zigarette?«, fragt Stave.

Ruge zögert kurz, dann greift er zur angebotenen

Lucky Strike. Er ist klug genug und fragt nicht, woher der Oberinspektor die Ami-Zigarette hat.

»Anzünden müssen Sie den Glimmstängel selbst«, setzt Stave entschuldigend hinzu. »Ich habe kaum noch Streichhölzer.«

Ruge lässt die Zigarette in einer Tasche seiner Uniform verschwinden. Stave fragt sich, ob der Junge sie später rauchen oder irgendwo eintauschen wird. Aber wogegen? Dann ruft er sich zur Ordnung: Von allen Menschen denke ich, sie seien Verdächtige.

Er ist fertig, dreht sich schon halb zur Tür um, greift aber schließlich doch zum Schulterhalfter, das neben der Tür an einem Haken hängt. Der Schupo starrt ihn an, während Stave sich das Lederband um den Leib schnallt, in dem die Pistole FN 22, Kaliber 7,65 Millimeter steckt. Schupos tragen 40 Zentimeter lange Schlagstöcke am Koppel, keine Feuerwaffen. Die Briten haben fast alles eingezogen, selbst Luftgewehre auf Kirmesständen. Nur wenige Kripobeamte dürfen Pistolen tragen.

Ruge scheint noch nervöser zu werden. Vielleicht, denkt Stave, weil er ahnt, dass es ernst wird. Vielleicht aber auch, weil er selbst gerne eine Waffe hätte. Dann verscheucht er diese Gedanken.

»Gehen wir«, sagt er und tastet sich voran ins Treppenhaus. »Vorsicht bei den Stufen, sonst rutschen Sie aus. Und ich habe noch einen Toten an der Backe.«

Die Männer stolpern nach unten. Einmal hört Stave, wie der junge Schupo einen leisen Fluch ausstößt, doch er kann nicht erkennen, ob Ruge ausgerutscht oder gegen irgendetwas gestoßen ist. Er selbst kennt jede knarzende Stufe und würde selbst in vollkommener Düsternis das Geländer ertasten.

Sie treten hinaus. Stave wohnt vorne raus, rechts im obersten Stock eines viergeschossigen Mietshauses an der Ahrensburger Straße: Jugendstil, die Wand weiß und blasslila verputzt, auch wenn das unter der Dreckschicht kaum noch zu erkennen ist; Ornamente an der Fassade, hohe, weiße Fenster, an jeder Wohnung ein Balkon mit geschwungener, steinerner Brüstung, darüber Schmiedeeisen. Kein schlechtes Haus. Das übernächste ist ähnlich, bloß heller verputzt. Das Haus dazwischen war auch so gebaut, doch ragen dort nur noch ein paar Mauern auf, Stümpfe aus Ziegeln und Schutt, verkohlte Balken, ein Ofenrohr, das irgendwo in den Trümmern so fest eingeklemmt ist, dass es bislang keinem Plünderer gelungen ist, es zu stehlen.

Staves ehemaliges Haus. Er hat dort gewohnt, Nummer 91, zehn Jahre lang, bis zu jener Nacht, da die Bomben fielen und sich die Häuser holten: mal hier, mal dort, Lücken in den Gebäudereihen wie in einem schlecht gepflegten Gebiss.

Warum Nummer 91, aber 93 und 89 nicht? Sinnlos, sich das zu fragen. Und doch denkt Stave daran, jedes

Mal, wenn er aus dem Gebäude tritt. Und daran, wie er unter den Trümmern seine Frau hervorgezogen hat – vielmehr das, was von ihrem Körper noch übrig geblieben war. Später hatte ihm jemand, er wusste nicht einmal wer – überhaupt konnte er sich an jene Wochen im Sommer 1943 kaum klar erinnern –, die Wohnung in Nummer 93 angeboten. Wo mochten die Menschen sein, die zuvor dort gelebt hatten? Stave hatte sich gezwungen, darüber nie nachzudenken.

»Herr Oberinspektor?«

Stave hört Ruges Stimme wie aus weiter Ferne. Dann die Überraschung: Vor ihm steht ein Streifenwagen, eines von den fünf einsatzfähigen Autos, die der Hamburger Polizei noch geblieben sind.

»Das nenne ich Luxus«, murmelt er.

Ruge nickt. »Wir sollen uns beeilen, bevor irgendjemand Wind von der Sache bekommt.« Er klingt übermäßig stolz dabei, findet Stave.

Dann reißt er die Tür zum 39er Mercedes Benz auf. Ruge hat keine Anstalten gemacht, sie für ihn zu öffnen. Der geht stattdessen um das kastenartige Auto herum und setzt sich hinter das Steuer.

Im Zickzack fährt er los. Die Ahrensburger Straße war vor dem Krieg gerade und vierspurig, ein bisschen zu breit, die Häuser und die Bäume an beiden Seiten ein bisschen zu niedrig für einen prachtvollen Boulevard, aber immerhin. Nun liegen Trümmer auf der Fahrbahn:

Fassaden, die wie gefallene Soldaten nach vorne gekippt sind, Kamine, undefinierbare Schutthaufen. Dazu Bombenkrater, Risse, Panzerketten, verkohlte Baumstümpfe, zwei, drei ausgebrannte Autowracks.

Ruge kurvt um die Hindernisse herum, zu schnell, findet Stave. Doch der Junge ist aufgeregt. Die Straßenlaternen, sofern sie überhaupt noch stehen, sind kaputt. Der Himmel ist niedrig, über die Ahrensburger Straße pfeift ein eisiger Nordostwind. Irgendwo muss die Heckscheibe des alten Daimlers einen Riss haben, der sibirische Luftstrom zieht von hinten ins Innere. Stave schlägt den Mantelkragen hoch, er fröstelt. Wann ist ihm das letzte Mal warm gewesen?

Die Scheinwerfer des Wagens streichen über braunen Schutt. Am Straßenrand wandeln schon Menschen wie Gespenster entlang, trotz der frühen Stunde und der Temperatur von minus 20 Grad: Hagere Männer in umgefärbten Wehrmachtsmänteln, einbeinige Spukgestalten gehüllt in Lumpen, Frauen, die sich Wollschals um Köpfe und vor das Gesicht geschlungen haben, beladen mit Körben und Blechbüchsen – mehr Frauen als Männer, viel mehr.

Stave fragt sich, wohin die alle so früh wollen. Die Läden, wenn man überhaupt etwas gegen Bezugsschein bekommt, öffnen nur zwischen 9 und 15 Uhr, um Strom für die Beleuchtung zu sparen.

Fast anderthalb Millionen Menschen leben in Hamburg. Hunderttausend sind im Krieg oder im Bombenhagel gestorben, viele weitere aufs Land evakuiert worden. Dafür sind Flüchtlinge in der Stadt – und DPs, Displaced Persons, befreite KZ-Häftlinge und Kriegsgefangene, zumeist Russen, Polen, Juden, die nicht in ihre Heimat zurückkehren wollen oder können. Offiziell leben sie in Lagern, welche die Briten für sie eingerichtet haben, doch viele schlagen sich lieber in der verwüsteten Elbmetropole durch.

Stave blickt aus dem Fenster: Die gezackten Ruinen eines Hauses, Mauern, wie bei einer mittelalterlichen Ruine, nur dünner. Und dahinter noch mehr Mauern und noch mehr und noch mehr. Das wird hundert Jahre dauern, um es wieder aufzubauen, denkt er. Dann schreckt er auf.

»1 Peter.« Eine blecherne Stimme, lauter als der röchelnde Achtzylinder. Das Funkgerät.

Seit einem Jahr haben die Briten der Polizei erlaubt, von der Leitstelle im Stadthaus aus mit den alten Telefunkenkästen zu senden. Die fünf Radiostreifenwagen können allerdings nur Meldungen empfangen, keiner hat einen Sender an Bord, sodass man in der Zentrale nie weiß, ob die Meldungen auch ankommen.

»1 Peter«, dröhnt die Stimme wieder. »Bitte bestätigen, wenn Sie am Einsatzort sind.«

»Verdammte Bürokraten«, sagt Stave. »Dann müssen

wir uns dort ein Telefon suchen. Wo fahren wir überhaupt hin?«

Ruge bremst ab, weil ihnen ein Jeep der Briten entgegenrumpelt. Er macht Platz und grüßt den Soldaten am Steuer, doch der ignoriert sie und fährt, eine Staubfahne in der trockenen Luft hinter sich herziehend, an ihnen vorüber.

»Zur Baustraße in Eilbek«, antwortet der Schupo. »Das ist …«

»… beim Bahnhof Landwehr. Kenne ich.« Staves Laune verschlechtert sich. »In ganz Eilbek steht kein einziges Haus mehr. Was stellen die Heinis sich vor? Wie sollen wir uns melden? Per Brieftaube?«

Ruge räuspert sich. »Ich bedaure, Ihnen mitteilen zu müssen, dass wir nicht einmal bis zur Baustraße fahren können, Herr Oberinspektor.«

»Nein?«

»Zu viele Trümmer. Wir werden die letzten paar hundert Meter zu Fuß gehen müssen.«

»Na großartig«, murmelt Stave. »Hoffentlich treten wir nicht auf einen Blindgänger.«

»Am Tatort treiben sich in letzter Zeit viele Leute herum, da wird nichts mehr hochgehen.«

»Am Tatort?«

Ruge wird rot. »Da wo die Leiche gefunden worden ist.«

»Also am Fundort«, korrigiert ihn Stave, doch er bemüht sich um einen versöhnlichen Ton. Plötzlich wird seine Laune besser. Er vergisst die Kälte und die Trümmer und die gespenstischen Gestalten am Straßenrand. »Wissen Sie denn überhaupt, was uns erwartet?«

Der junge Schupo nickt eifrig. »Ich war dabei, als die Meldung bei uns eingegangen ist. Spielende Kinder – weiß der Himmel, was die um diese Uhrzeit zu spielen hatten, ich habe da meinen Verdacht. Na jedenfalls, diese Kinder haben eine Leiche gefunden. Weiblich, jung. Und«, Ruge zögert, wird wieder rot, »na ja, nackt.«

»Nackt bei minus 20 Grad. Ist sie deshalb gestorben?«

Die Gesichtsfarbe des Schupos wird noch dunkler. »Wissen wir noch nicht«, murmelt er.

Eine junge Frau, nackt und tot – Stave beschleicht das Gefühl, dass er es mit einem hässlichen Verbrechen zu tun bekommen wird. Seit er von Kripochef Breuer vor einigen Monaten zum Leiter einer kleinen Ermittlungsgruppe ernannt wurde, hat Stave an mehreren Mordfällen gearbeitet. Aber dies hier hört sich anders an als die üblichen Messerstechereien unter Schwarzhändlern oder Eifersuchtsdramen um Kriegsheimkehrer.

Ruge biegt links in die Straße Landwehr ein. Schließlich hält er vor den Trümmern der quer laufenden Bahnlinie.

Stave steigt aus und blickt sich um. Ihn fröstelt. »Das

Marienkrankenhaus ist nicht weit«, sagt er. »Die müssen ein Telefon haben. Da werden Sie Meldung erstatten, nachdem Sie mich zum Fundort geführt haben.«

Ruge schlägt die Hacken zusammen. Eine junge Frau, die mit einem Handkarren einen zerfetzten Baumstumpf hinter sich her zieht, starrt die beiden misstrauisch an. Stave sieht, dass ihre Finger vor Kälte angeschwollen sind. Als sie seinen Blick bemerkt, packt sie den Karren und zieht ihn hastig davon.

Stave und Ruge klettern über die Bahngleise: Schotter, die Steine vom Eis zu großen Klumpen verklebt. Zerbombte Schienen wie bizarre Skulpturen. Dahinter die Baustraße, zu erahnen allenfalls als Begrenzungslinie von ausgeglühten, dachlosen Mietskasernen, deren schwarze Wände sich Hunderte Meter weit erstrecken. Noch immer, nach so vielen Monaten, stinkt es bitter nach verbranntem Holz und Stoff.

Zwei Schupos, die vor Kälte mit den Füßen stampfen und die Hände zusammenschlagen, stehen vor einer schiefen Mauer, drei Stockwerke hoch, die aussieht, als könne sie beim leisesten Husten einstürzen und die Polizisten erschlagen.

Stave ruft nicht, hebt nur die Hand zum Gruß. Vorsichtig steigt er durch den Schutt. Immerhin muss er sich hier nicht bemühen, sein Hinken zu überspielen. Kein gerader Schritt möglich, nirgends.

Einer der beiden Schupos grüßt mit der Rechten

am Tschako, deutet mit der Linken zur Seite. »Die Tote liegt vor der Wand.«

Staves Blick folgt der ausgestreckten Hand des Beamten. »Hässliche Sache«, murmelt er.

Die namenlose Tote

Eine junge Frau, Stave schätzt sie auf achtzehn bis zweiundzwanzig Jahre, 1,60 Meter groß, mittelblonde, halblange Haare, blau die ins Nichts starrenden Augen.

»Hübsch«, murmelt Ruge, der neben ihn getreten ist.

Stave starrt den Schupo an, bis der sich windet. Dann blickt der Kripo-Mann wieder auf die Tote. Sinnlos, den jungen Kollegen in Verlegenheit zu bringen, der will nur seine Angst verbergen.

»Gehen Sie zum Krankenhaus und erstatten Sie Meldung«, befiehlt er. Dann beugt sich Stave zur Toten hinunter, darauf bedacht, ihren Körper nicht zu berühren und auch den Schutt nicht, auf dem sie liegt wie auf einem Bett.

Wie inszeniert, fällt Stave unwillkürlich ein. Gleichzeitig gut versteckt, verborgen von der Mauer und einigen höheren Ziegelhaufen ringsum. Ihr Körper, soweit er ihn betrachten kann, ist fast unverletzt, nicht einmal Kratzer oder Blutergüsse, die Hände makellos. Sie hat sich nicht gewehrt, denkt er. Und: Keine Arbeitshände. Keine Trümmerfrau, niemand, der viel geputzt hat, keine Arbeiterin.

Langsam wandert sein Blick an ihrem Körper hinunter. Flacher Bauch, rechts ein Strich: eine alte, gut verheilte Blinddarmoperation. Stave holt seinen Block heraus und macht sich eine Notiz. Nur am Hals der Toten findet er eine Spur, eine dunkelrote Linie auf blasser Haut, kaum drei Millimeter dünn, in Höhe des Kehlkopfes einmal rund um den Hals, links stärker ausgeprägt als rechts.

»Sieht so aus, als sei sie erwürgt worden. Vielleicht mit einer dünnen Schlinge«, sagt Stave zu den beiden fröstelnden Schupos, während er die Beobachtung in seinen Block kritzelt. »Sehen Sie, ob Sie in der Umgebung Draht finden. Oder ein Kabel.«

Die beiden stöbern missmutig zwischen den Ruinen herum. So ist Stave sie vorläufig los. Er glaubt selbst nicht, dass die beiden Beamten etwas finden werden. Dunkle Striche im Raureif, die leider teilweise von den unaufmerksamen Polizisten zertrampelt wurden, deuten auf Schleifspuren hin. Wahrscheinlich hat der Täter sein Opfer hierhin gezogen, nachdem er die Frau anderswo ermordet hatte.

»Schöne Leiche«, sagt jemand in seinem Rücken. Die rasselnde Stimme eines Kettenrauchers. Stave muss sich nicht umdrehen, um zu wissen, wer da hinter ihn getreten ist.

»Guten Morgen, Doktor Czrisini«, sagt er und erhebt sich. »Gut, dass Sie so schnell gekommen sind.«

Doktor Alfred Czrisini – klein, kahl, die dunklen Augen groß hinter einer runden Hornbrille – macht sich nicht die Mühe, zum Sprechen die glimmende britische Woodbine-Zigarette aus seinem bläulichen Mund zu nehmen. »Wie es aussieht, hätte ich mich nicht beeilen müssen«, nuschelt er. »Eine nackte Tote bei dieser Kälte – da hätte ich mir auch ein paar Stunden Zeit lassen können.«

»Tiefgefroren.«

»Besser als im Leichenschauhaus. Wird nicht einfach sein, den exakten Todeszeitpunkt festzustellen. Seit sechs Wochen war es an keinem Tag wärmer als minus 10 Grad. Die könnte hier theoretisch schon tagelang liegen und immer noch taufrisch aussehen.«

»Taufrisch würde ich ihren Zustand nicht gerade nennen«, brummt Stave. Er sieht sich um. Die Baustraße war einst Teil eines Kleine-Leute-Viertels: Dutzende Blocks braunroter, backsteinverkleideter Mietshäuser, fünf Geschosse, gepflegt, Bäume auf der Straße. Arbeiter, Handwerker, Händler lebten hier. Alles zerstört. Stave blickt über zersprengte Mauern, die Stümpfe abgebrannter Bäume, Schuttberge. Nur am Ende der Straße steht rechts das gelb verputzte Mathias-Stift, ein Kinderheim, wie durch ein Wunder vom Bombenregen verschont.

»Zwei Buben aus dem Stift haben die Tote entdeckt«, sagt einer der Schupos, der wieder neugierig nähergetreten ist und den Blick des Kripo-Beamten richtig gedeutet hat.

Stave nickt. »Gut, ich werde sie gleich befragen. Und damit, Herr Doktor, hat sich die Frage nach dem Todeszeitpunkt schon vereinfacht. Läge diese Frau hier schon lange, dann wäre sie von den Bengels aus dem Stift längst entdeckt worden.«

Er mag den Gerichtsmediziner, der wegen seines Namens – »Tschisini« ausgesprochen – endlose Witzeleien über sich ergehen lassen muss. In der Zeit nach 1933 zumeist Anspielungen auf seinen polnischen Namen und irgendwie bedrohlich. Czrisini arbeitet schnell, ein Junggeselle, dessen ganze Leidenschaft Leichen und Zigaretten gilt.

»Denken Sie das Gleiche wie ich?«, fragt ihn der Arzt.

»Vergewaltigung?«

Czrisini nickt. »Jung, hübsch, nackt und tot. Das würde passen.«

Stave wiegt den Kopf hin und her. »Bei minus 20 Grad hat auch der verrückteste Vergewaltiger Angst um sein bestes Stück. Andererseits kann man ihr das auch in einer warmen Stube angetan haben.« Er deutet auf die Schleifspuren. »Sie ist bloß hier abgelegt worden.«

»Liegt sie erst einmal bei mir auf dem Seziertisch, werden wir bald mehr herausfinden«, erwidert der Gerichtsmediziner fröhlich.

»Nur ihren Namen nicht«, murmelt Stave. Was, wenn der Täter sein Opfer nicht aus mörderischer Lust entkleidet hat? Sondern aus kühler Berechnung? Eine Nackte inmitten eines Ruinenfeldes, in dem seit Jahren niemand mehr wohnt. »Wird nicht so einfach sein, sie zu identifizieren«, verkündet er.

Kurze Zeit später trifft der Spezialist der Spurensicherung ein, der zugleich Polizeifotograf ist – der Kripo fehlen gut ausgebildete Leute. Stave deutet auf die Schleifspuren. Der Fotograf beugt sich über die Leiche. Als sein Blitzlicht zündet, hat Stave plötzlich das Mündungsfeuer der Flak am Stadtrand vor Augen und die grellen, an Fallschirmen langsam zu Boden segelnden Fackeln, mit denen die ersten britischen Flugzeuge den nachfolgenden Bombern die Ziele markierten. Er presst kurz die Lider zusammen.

»Vergessen Sie nicht die Schleifspuren«, ordnet er nochmals an. Der Fotograf nickt stumm – Staves Befehl klang unfreundlicher, als er ihn gemeint hat.

Anschließend lässt er sich die beiden Jungen bringen, die die Tote gefunden haben: Keine zehn Jahre alt, mager, blass, blaue Lippen, zitternd, wohl nicht nur vor Kälte. Waisenkinder. Stave überlegt einen Moment lang, ob er den strengen Polizisten spielen soll, entscheidet sich aber rasch dagegen. Er beugt sich zu ihnen hinunter, fragt freundlich nach den Namen, verspricht dann, dass sie wegen ihres frühmorgendlichen Ausflugs keine Strafe zu befürchten hätten.

Fünf Minuten später weiß er alles, was es in diesem Fall zu wissen gibt: Die beiden Buben sind noch vor dem Frühstück ausgebüxt, um in den Trümmern nach MG-Patronen und den glänzenden Hülsen von Flakgeschossen zu suchen. Fast jeden Tag verstümmeln sich irgendwo in der Stadt Kinder, die zwischen den Ruinen scharfe Munition finden. Doch es ist sinnlos, die beiden Jungen zu ermahnen. Stave kann sich noch ganz gut an seine eigene Kindheit erinnern. Hätte er nicht genauso fasziniert nach diesen Relikten gesucht? Und hätte es etwas genützt, wenn ihm ein Erwachsener dieses Abenteuer verboten hätte? Zuletzt fragt er die beiden Jungen, ob sie häufig auf die Suche gehen. Verlegenes Schweigen, dann zögerliches Kopfschütteln: Nein, das sei ihr erster Streich gewesen. Auch keines der anderen Kinder habe zuvor Derartiges wagen können – das Mathias-Stift wurde erst vor wenigen Tagen wieder bezogen. Stave notiert sich die Namen der Buben, dann schickt er sie ins Stift zurück.

»Verdammtes Pech, dass die so neu hier sind«, murmelt er in Richtung des Gerichtsmediziners, der beobachtet, wie zwei Leichenträger die Tote auf eine Bahre heben.

»Also haben Sie doch keine Zeugen dafür, dass die Unbekannte erst letzte Nacht hier abgelegt worden ist.

Sie sind auf meine Ergebnisse angewiesen.« Doktor Czrisini stellt dies nüchtern fest, trotzdem klingt er dabei irgendwie triumphierend.

Stave wirft dem Kollegen der Spurensicherung einen fragenden Blick zu. Der schleicht in immer größer werdenden Kreisen um den Fundort.

»Nichts«, ruft ihm der Fotograf und Spurensicherer zu. »Kein Kleidungsstück, keine Zigarettenkippe, keine Fuß- oder Fingerabdrücke und schon gar kein Draht. Aber wir kämmen noch das ganze Ruinenfeld durch.«

In diesem Moment stolpert Ruge über die Schuttberge, ein wenig außer Atem. »Diese verdammten Ärzte im Marienkrankenhaus …«, beginnt er.

»Ersparen Sie es mir«, sagt Stave und winkt müde ab. »Haben Sie mit der Zentrale telefoniert oder nicht?«

»Ja, nach einigen Diskussionen.« Die Stimme des jungen Polizisten klingt noch immer empört.

»Und?«

Der Schupo schaut ihn einen Moment lang erstaunt an, dann begreift er. »Wir, das heißt, Sie sollen sich, sobald Sie mit der Arbeit hier fertig sind, sofort bei Herrn Breuer melden.«

Stave schweigt. Carl »Cuddel« Breuer ist seit einem Jahr Leiter der Kriminalpolizei. Sechsundvierzig Jahre alt war er, als ihn die Briten einsetzten, reichlich jung für diesen Posten. Er galt in der braunen Zeit als Sozialdemokrat, verschwand 1933 sogar für einige Zeit im KZ Fuhlsbüttel, danach ließ man ihn in Ruhe. Ein Mann, der seinen Laden von Nazis säubert und zugleich die Beamten auf Präzision und Professionalität einschwört. Stave fragt sich, warum ihn Cuddel gleich zu Beginn der Ermittlungsarbeiten einbestellt, das sieht ihm nicht ähnlich. Muss was Großes sein, denkt er. Aber was? Laut sagt er nur zu Ruge: »Wir sehen uns noch etwas um. Danach fahren wir zur Zentrale.«

Der Oberinspektor dreht sich langsam um die eigene Achse: Ruinen, wohin er auch blickt. Nur jenseits der Bahnlinie, etliche hundert Meter entfernt, im grauen Morgenlicht kaum auszumachen, ein Würfel aus Beton. Der Hochbunker von Eilbek. Ein sieben Geschosse hoher Monolith, die Wände bis zu sechs Meter dick. Fast sieben Dutzend Hochbunker haben die Nazis im Krieg erbauen lassen, für Zehntausende der einzige Schutz vor dem Bombenhagel. Nun sind die fast unzerstörbaren, fensterlosen Festungen Notunterkünfte für Ausgebombte, Flüchtlinge, Gestrandete. Niemand weiß genau, wie viele Menschen dort hausen, in stickiger Luft, in Enge, Lärm, Schmutz und Gestank.

»Aus den Fenstern wird niemand was beobachtet haben, das ist mal sicher«, brummt der Schupo, als er dem Blick Staves mit den Augen folgt.

»Wenn ich in dieser Grotte wohnen müsste«, sagt der Oberinspektor, »dann würde ich mich dort nur zum

Schlafen verkriechen und den Rest der Zeit frische Luft atmen, selbst bei diesen Temperaturen.«

Ruge ahnt, was der Oberinspektor als Nächstes vorhat. »Wir können bis fast vor den Klotz fahren«, antwortet er wenig begeistert.

»Gut«, sagt Stave. »Hören wir uns bei den Bunkermenschen um.«

Zurück durch die Trümmer und über die Bahngleise, dann im Wagen vorsichtig die verwüsteten Straßen entlangfahrend: Sie brauchen beinahe eine Viertelstunde, bis sie über das Kopfstein der winzigen Von-Hein-Straße rumpeln, die von dem Klotz des Bunkers fast erdrückt zu werden scheint. Stave steigt aus dem Mercedes und sieht sich um. Ruinen neben dem Hochbunker, direkt gegenüber zwei wundersamerweise unzerstörte, barackengroße Autowerkstätten, verrammelt, da es keine Autos zu reparieren gibt. Hinter den Werkstätten ein schmaler Park an einem Bach, die meisten Bäume bis auf den Stumpf verbrannt oder von Holzsammlern kleingeschlagen.

Der Nordostwind bläst ihm ins Gesicht. Ein Einbeiniger wankt auf Krücken gegen den Sturm an, verschwindet im Bunker. Stave folgt ihm. Der Zugang ist ein gemauerter Verschlag neben dem Betonquader, an der Stahltür flattert noch die Verordnung zum Verhalten bei Fliegeralarm. Innen eine Stahlwendeltreppe und Luft wie in einem U-Boot: schwer, abgestanden, feucht. Wasser rinnt am rissigen Beton herunter. Der Gestank nach Schweiß, Desinfektionsmitteln, feuchter Kleidung, Kohl, Schimmel.

Die Treppe führt ins Innere des Hochbunkers. Die erste Etage, eine mit weißer Ölfarbe unsauber hingepinselte römische Ziffer markiert an einer Stahltür das erste Geschoss. Stave betrachtet den zittrigen Strich, die blasige, zerlaufene Farbe, die im Licht einer nackten 15-Watt-Birne wie vernarbtes Gewebe aussieht. Dahinter Wände aus ungehobelten Brettern, die das Geschoss in ein Labyrinth verwandelt haben. So teilen sich die Bewohner winzige »Wohnungen« ab, Verschläge, in denen vier, sechs oder noch mehr Menschen hausen. Jacken und feuchte Regenumhänge baumeln an Nägeln. Irgendwo schreit erbärmlich ein Kind.

»Ich übernehme diese Etage, Sie die da drüber«, befiehlt Stave dem Schupo. »Und dann immer abwechselnd, bis wir den ganzen Hochbunker durchgekämmt haben. Fragen Sie jeden, ob er rund um den Fundort etwas beobachtet hat. Es mag noch so trivial gewesen sein. Und fragen Sie nicht nur nach den letzten vierundzwanzig Stunden, sondern auch nach den Tagen davor. Kann sein, dass die Tote dort schon länger liegt. Wenn sich jemand verweigert, treten Sie energisch auf. Bunkermenschen reden nicht gern und schon gar nicht mit der Polizei.«

Ruge grinst, schlägt die Hacken zusammen und fährt mit der Rechten zu seinem Schlagstock. Stave entgeht das nicht, doch er schweigt. Er ist zu müde, um Kindermädchen für übereifrige Schupos zu spielen.

Stave klopft an die Bretter des ersten Verschlages. Keine Antwort. Er schiebt ein dreckiges Tuch beiseite, das den Zugang zum Verschlag verdeckt. Eine Wehrmachtskrankenbahre als Bett, aufgebockt auf alten Obstkisten; schmutzige Kleidung auf dem Boden, ein Abiturzeugnis angepinnt an der Wand, das Papier gelb und rissig. Auf dem Laken der Bahre liegt ein ausgemergelter junger Mann und schnarcht. Stave rüttelt an seiner Schulter. Der Junge stöhnt und dreht sich zur Wand, öffnet aber nicht die Augen. Er stinkt nach selbstgebranntem Schnaps. Der Kerl ist betrunken. Er versetzt ihm mit der Rechten einen harten Stoß an der Schulter. Der Schläfer grunzt nur. Sinnlos.

Stave geht zum nächsten Verschlag: leer. Dann der nächste. Er klopft an das raue Holz.

»Wenn du pennen willst, geh nach nebenan!« Eine heisere Stimme. »Da ist niemand mehr. Aber lass dich vom Verwalter nicht erwischen und mach keinen Lärm.«

»Kriminalpolizei«, antwortet Stave und hebt einen alten, schweren Mantel an, der den Eingang verdeckt. Ölzeug, vielleicht von einem Seemann.

An der gegenüberliegenden Wand steht ein verrostetes Etagenbett ohne Matratzen. Auf dem unteren Bett liegt eine zusammengeknäulte Decke, am Kopfende ein alter Rucksack als Kissen. Dem oberen Bett fehlt das eiserne Netz, auf das man normalerweise die Matratze legt. Ein paar quer über den Rahmen gelegte Bretter bilden eine Art Regal, auf dem ein Seesack liegt, so randvoll gepackt, dass Stave befürchtet, die Hölzer unter ihm könnten knicken und ihre Ladung auf das Bett krachen lassen. Vor der Schlafstatt steht ein uralter Wohnzimmersessel, das Muster des Stoffes zu undefinierbaren Farben zerschlissen, die Rückseite verrußt: ein Beutestück aus einem zerbombten Haus.

Auf dem Sessel hockt ein Mann, den der Oberinspektor auf den ersten Blick für siebzig Jahre gehalten hätte. Dann sieht er genauer hin: fünfzig vielleicht. Eisgraues Haar, seit Wochen ungewaschen. Fettige Strähnen, die bis auf die Schultern reichen. Ein weißer Schuppenkranz auf den Schultern, leuchtend wie Schnee auf dem dunkelblauen Marinepullover aus schwerer Wolle. Dunkle Hose, große, eisenbeschlagene Arbeitsstiefel. Ein Mann, der in seiner Jugend groß und stark gewesen sein muss: Seine Muskeln, noch immer imposant, liegen halb verborgen unter einer erschlafften, faltigen Haut. Blaue Augen, buschige Brauen, eine fingerbreite Narbe, die sich vom linken Mundwinkel über die Wange bis zum Hals unter dem Ohr hin zieht. Blaue Tätowierungen auf den trotz der Kälte hochgekrempelten Unterarmen: Ein Anker, eine nackte Frau, ein Wort, das Stave nicht entziffern kann. Gestrandeter Seemann, denkt der Oberinspektor. Er tastet nach dem Griff seiner Pistole, während er gleichzeitig mit der Linken den gelben Polizeiausweis zückt.

»Anton Thumann«, sagt der Mann, steht aber nicht auf. Im Verschlag gibt es keine weitere Sitzgelegenheit als das untere Etagenbett, auf das sich Stave aber nicht zwängen will. Also erzählt er stehend, dass sie in der Nähe eine nackte Frauenleiche gefunden haben.

»Und was hat das mit mir zu tun?«, unterbricht ihn Thumann, noch bevor er fertig ist.

»Waren Sie in den letzten Tagen in der Baustraße? Oder beim Bahnhof Landwehr? Ist Ihnen irgendetwas Verdächtiges aufgefallen?«

»Ich gehe hier fast nie raus. Zu kalt. Ich mache in diesem Bunker so eine Art Winterschlaf. Wenn der Hafen nicht mehr zugefroren ist und uns die Engländer endlich wieder richtige Schifffahrt erlauben, dann bin ich hier weg. Bis dahin hocke ich in diesem Loch und versuche mich möglichst wenig zu bewegen.«

Stave beschreibt die Tote, so gut er kann. »Kennen Sie diese Frau?«

Thumann lacht dreckig. »Ich kenne viele junge, nackte Frauen. Billige und nicht so billige. Könnte jede von denen sein, so wie Sie die beschrieben haben.«

Der Oberinspektor atmet tief durch, trotz der muffigen Luft. »Wohnt hier vielleicht eine junge Dame, auf die eine solche Beschreibung passen würde? Mittelblonde, halblange Haare, blaue Augen, etwa zwanzig Jahre alt?«

Lachen, dann Kopfschütteln. »Woher soll ich das wissen? Bin froh, wenn ich von den anderen nichts mitbekomme. Zwei Verschläge weiter liegt dieses junge Wrack, sternhagelvoll Tag und Nacht. Nebenan hat sich einer mit Tuberkulose zu Tode gehustet. Danach ist vor ein paar Wochen eine Familie aufgekreuzt, niemand von denen sprach ein Wort Deutsch. Franzosen wahrscheinlich. Vielleicht DPs aus einem Lager. Hab keinen Satz mit denen gewechselt, aber gehört, wie sie untereinander tuschelten. Die Wände sind ja dünn. Irgendwann kam einer ihrer Kollegen hier vorbei und hat die Bande abgeholt. Jetzt ist der Verschlag wieder frei, irgendjemand wird sich dort verkriechen, mir ist das egal. Jede Nacht schreit eine Frau, als würde man ihr die Hand abhacken. Grauenhaft. Aber glauben Sie, ich wüsste, wer so herumbrüllt? Oder aus welchem Verschlag die Schreie kommen? Keine Ahnung. Und auf den Etagen über mir war ich noch kein einziges Mal. Wozu auch? Ich kenne hier niemanden und schnüffle niemandem hinterher, nicht mal einer jungen, blonden Maus. Will bloß meine Ruhe haben. Ist hier schwer genug zu bekommen.«

»Danke für Ihre Auskunft«, erwidert Stave und tritt grußlos aus dem Verschlag.

Eine Stunde später trifft er sich vor dem Eingang zum Hochbunker mit Schupo Ruge wieder. Stave schnappt nach Luft.

»Hätte nie geglaubt, dass ich mich jemals über diesen verdammten sibirischen Sturm freuen würde«, sagt er und schüttelt den Mantel aus. Er hat das Gefühl, als würde der Gestank nach Hoffnungslosigkeit und Herzensträgheit in seinen Kleidern hängen.

Auch Ruge ist blass, ein wenig verschwitzt, müde. »Bunkermenschen«, keucht er, als würde das alles erklären.

Der Oberinspektor nickt. In den Betonhöhlen stranden die Ausgestoßenen, die Antriebslosen, die Einsamen. Jeden, der noch ein wenig Kraft in sich spürt, treibt es nach einiger Zeit wieder hinaus. Der baut sich eher aus Pappe und Schutt einen Verschlag irgendwo zwischen Ruinen, als sich unter sechs Meter Stahlbeton lebendig begraben zu lassen.

»Einen Alten habe ich gerade dabei erwischt«, berichtet Stave, »wie er im Verschlag seines schlafenden Nachbarn zwei Papierbilder von der Wand gerissen hat. Kinderzeichnungen. Als ich den Alten zur Rede stellte, sagte der nur, dass er alles hasst, was diesen Bunker schöner macht. Verrückt.«

»Niemand will irgendetwas in den Ruinen gegenüber gesehen haben«, meldet Ruge. »Niemand will dort in letzter Zeit hingegangen sein. Niemand hat irgendetwas Verdächtiges bemerkt. Niemand kennt eine junge Frau. Am liebsten würde ich die ganze Bande verhaften.«

»Die sitzen doch schon im Gefängnis«, entgegnet Stave müde und klopft gegen die Betonwand. »Mir hat auch niemand etwas Vernünftiges sagen können. Ich glaube ihnen. Hier kriecht tatsächlich kaum noch jemand vor die Tür.«

»Sieht also so aus, als hätten wir keinen Zeugen, Herr Oberinspektor.«

Inzwischen ist es später Vormittag. Stave ist hungrig und müde. Gut, denkt er, dass ich mal nicht zu Fuß gehen muss.

Ruge lenkt den Mercedes an Schutthügeln vorbei, der schwere Wagen rumpelt durch Schlaglöcher. Stave muss sich festhalten, um nicht vom Sitz zu rutschen.

»Entschuldigung«, nuschelt der junge Schupo, der sich verbissen aufs Fahren konzentriert. »Gleich wird es besser.«

Tatsächlich sind in Altstadt und Neustadt einige große Straßen schon freigeräumt. Stave lehnt sich zurück und schließt die Augen, bis sie vor der Kripo-Zentrale anhalten.

Das Hochhaus am Karl-Muck-Platz ist ein elfgeschossiger Backsteinkoloss aus den zwanziger Jahren, braunrote Steine mit weißen Fenstern, modern, schnörkellos. Früher residierte hier eine Versicherung, nach dem Krieg zog die Kripo ein. Die meisten Beamten haben für den Klotz nicht viel übrig, wenn sie es auch schätzen, dass er fast unbeschädigt ist. Dicht schließende Fenster sind selten in Hamburg. Stave jedoch mag das Hochhaus, weil es das genaue Gegenteil der wulstigen, neobarocken, verspielten Konzerthalle ist, die am Platz gegenüber aufragt – so als wolle die Kripo der frivolen Leichtigkeit der Kunst die Strenge und Korrektheit der Polizei entgegensetzen.

Mit einem knappen Gruß verabschiedet sich Stave von Ruge und steigt aus dem Mercedes. Zehn wuchtige, eckige Pfeiler tragen eine Art Vorhalle des Hochhauses. Blau, weiß und gelb lasierte Kacheln in der Decke formen bunte Muster, versteckte Farbkleckse in einer grauen Stadt. Auch Wappen und allegorische Keramikfiguren schmücken die Halle, dazu ein drei Meter hoher Bronzeelefant, den selbst die Materialbeschaffer der Nazis im Weltkrieg nicht einzuschmelzen wagten und den die Krimsches »Anton« nennen. Über dem Haupteingang trägt eine junge Frau eine in Gold, Braun, Blau und Weiß leuchtende Kogge. »Seemannsbraut« nennen manche Beamte diese Figur oder, wenn sie schlecht gelaunt sind, »Hafenhure«.

Stave hat keine Ahnung, was die Figur ursprünglich symbolisieren sollte. Er tritt durch die zweiflügelige Tür zur Kripo-Zentrale, die so hoch ist, dass ein Segelschiff hindurchgleiten könnte. Dann hinkt er die Treppen hoch, auf denen unzählige kleine Fliesen braunrot-weiß-schwarze Linienmuster formen. Jedes Mal muss er an eine riesige Schlangenhaut denken, wenn er darauf tritt.

Endlich ist er da, sechster Stock, Zimmer 602.

Im Vorzimmer, halb verborgen hinter einer riesigen schwarzen Schreibmaschine, sitzt Erna Berg auf einem Stuhl, der aussieht, als würde er jeden Moment kollabieren. Stave grüßt seine Sekretärin und ringt sich dabei ein Lächeln ab. Keinen Grund, schlechte Laune zu verbreiten, nur weil er heute Morgen eine nackte Tote gesehen hat. Er mag Erna Berg. Blond, fröhliche blaue Augen, immer optimistisch, etwas mollig. Weiß der Himmel, wie sie trotz der Hungerrationen auf Lebensmittelkarten so viel Fleisch auf den Rippen behält.

Sie ist voller Energie, obwohl sie Kriegerwitwe ist: Hat 1939 noch schnell einen zur Front ziehenden Soldaten geheiratet, der Sohn kam ein Jahr später. Der Mann gilt seit 1945 als vermisst, heimkehrende Kameraden haben ihr erzählt, dass er gefallen sei. Bestätigt ist das aber nicht, also gibt es keine Witwenrente. Stave weiß, dass sie sich und ihren Sohn nicht nur mit dem kargen Gehalt als Sekretärin bei der Kripo durchbringt, sondern auch hin und wieder Schwarzmarktgeschäfte macht. Er drückt dabei ein Auge zu.

»Sie sollen zum Chef«, ruft sie und zwinkert. »Hab von der Toten gehört«, setzt sie leiser hinzu.

»Das spricht sich ja schnell herum«, brummt Stave. »Legen Sie schon einmal eine neue Akte an. ›Unbekannte Tote, Baustraße.‹ Den Bericht schreibe ich später. Und beantragen Sie eine Leichenöffnung bei der Staatsanwaltschaft. Doktor Czrisini weiß Bescheid.«

Seine Sekretärin verdreht die Augen. »Den müssen Sie mir buchstabieren«, stöhnt sie. »Diesen Namen werde ich mir niemals merken.«

Stave schreibt den Namen des Gerichtsmediziners auf ein Blatt Papier, sucht auf dem winzigen Schreibtisch vergebens nach einer freien Stelle und heftet den Zettel schließlich an die Wand hinter Bergs Schreibtisch. »Ich bin beim Chef«, sagt er und schließt die Tür hinter sich.

Ein paar Augenblicke später steht er im Büro des Leiters der Hamburger Kriminalpolizei. Cuddel Breuer ist mittelgroß, hat ein rundes Gesicht, gelichtetes Haar, einen gemütlichen Blick. Man könnte ihn für den freundlichen, biederen Schalterbeamten einer Postfiliale in der Provinz halten. Und viele Polizisten ebenso wie Verbrecher tun dies auch – bei der ersten Begegnung.

Breuers Augen sind flink, seine Schultern viel zu breit

für einen bloß gemütlichen Menschen. Stave bewundert seinen Chef, doch er ist auch auf der Hut.

»Setzen Sie sich, Stave«, sagt Breuer und deutet auf einen hölzernen Besucherstuhl. Beide haben noch ihre Wintermäntel an, die Temperatur im Büro liegt bei zehn Grad, höchstens.

»Kaffee?«, fragt der Kripochef. »Ersatzzeug, aber immerhin heiß.«

Stave nickt dankbar und wärmt seine Hände an der Emailletasse.

Breuer deutet auf ein Papier in einer Ablage seines Schreibtischs. »Die Zahlen des letzten Jahres«, sagt er. »1946 sind in Hamburg 29 Morde verübt worden, 629 Raubüberfälle, 21 696 schwere Diebstähle und 61 033 einfache Diebstähle. Genauer: Das sind die Verbrechen, die uns angezeigt worden sind. Dazu Vergewaltigungen, Körperverletzungen, Schmuggel aller Art. ›Kriminalität des Elends‹ nennt der Herr Staatsanwalt das, und ich befürchte, dass er recht hat. Außerdem befürchte ich, dass 1947 kein besseres Jahr werden wird, zumal in diesem Winter.«

Stave nickt. Vor ein paar Tagen hat eine Streife zwei DPs mit schwarz geschlachtetem Fleisch erwischt. Die beiden Täter, ehemalige polnische Zwangsarbeiter, zogen Pistolen und schossen sofort. Ein Schupo starb, der andere liegt noch immer schwer verletzt im Krankenhaus. Sie haben später beide verhaftet, ein britisches

Militärgericht hat die DPs zum Tode verurteilt. Sie warten jetzt auf ihre Hinrichtung.

»Eine erwürgte, nackte Frau hatten wir bislang aber noch nicht«, fährt Breuer fort. Er klingt noch immer freundlich. »Das wird sich herumsprechen – als wenn wir nicht schon genug Sorgen hätten! Vereiste Wohnungen, kaum Strom, Hungerrationen. Kohlezüge, die in Schneewehen irgendwo blockiert sind. Oder die, wenn sie durchkommen, geplündert werden. Britische Offiziere, die die besten Villen der Stadt requiriert haben und Schilder aufstellen: ›Für Deutsche kein Zutritt!‹ Jeden Tag neue Flüchtlinge in der Stadt, aus der Ostzone, aus DP-Lagern. Entlassene Kriegsgefangene. Wo sollen wir die alle noch unterbringen? Wir können keine Häuser wieder aufbauen, bei dieser Kälte kann man nicht einmal Mörtel anrühren. Die Menschen hier sind zornig.«

»Und da sie ihre Wut an niemandem sonst auslassen können, werden sie uns die Hölle heiß machen, wenn wir den Mörder nicht rasch finden«, wirft Stave ein.

»Sie verstehen mich.« Breuer nickt zufrieden.

Stave skizziert seinem Chef kurz den Fall: die junge, unbekannte Tote, die Ruinen, die spärlichen Zeugenaussagen.

»Doktor Czrisini wird die Leiche öffnen?«, fragt Breuer.

»Noch heute.«

Breuer lehnt sich zurück und verschränkt die Arme hinter dem Kopf. Minutenlang schweigt er, doch Stave hat gelernt, nicht ungeduldig zu werden. Schließlich nickt der Kripochef, zündet sich eine Lucky Strike an und saugt genüsslich deren Rauch ein.

»In Hamburg arbeiten 700 Krimsches«, sagt er schließlich und lässt dabei den Qualm zwischen den Lippen herausquellen. »Die meisten sind Anfänger, viele weitere Kollegen sind politisch vorbelastet.«

Stave schweigt. Die meisten Polizisten standen schon vor 1933 ziemlich weit rechts, später arbeiteten allein bei der Hamburger Gestapo rund 200 Mann. Als die Briten kamen, haben sie mehr als die Hälfte aller höheren Beamten sofort entlassen. Ohne diese politische Säuberung hätte Breuer niemals den Chefsessel bekommen – und auch er, Stave, hätte keine Karriere mehr gemacht. So etwas macht einen bei den nicht entlassenen, älteren Kollegen, die der Aktion der Briten oft nur haarscharf entgangen waren, nicht gerade beliebt.

»Eine Tote, von der wir nicht einmal den Namen wissen. Eine nackte, junge Frau. Ein Verbrecher, der selbst in dieser schwersten Stunde nicht aus Not zuschlägt, sondern weil ihn offenbar ein abscheulicher Trieb dazu zwingt. Ein Mörder, von dem wir keine Spur haben. Eine Stadt, die von uns rasche Arbeit verlangt«, fährt Breuer fort und klingt dabei fast verträumt. »Ein mieser Job ist das, Stave. Da kann ich keinen Anfänger dransetzen. Und keiner der älteren Kollegen reißt sich um diesen Fall.«

Also gibst du ihn mir, weil ich sowieso schon unbeliebt bin, denkt Stave, sagt aber laut: »Ich werde ihn übernehmen, Chef.«

»Gut. Sprechen Sie Englisch?«

Stave sitzt plötzlich gerade im Stuhl. »Ein wenig. Nicht gut, fürchte ich.«

»Schade«, sagt Breuer, dann leichthin: »Macht nichts. Ihr Mann hat, so habe ich gehört, geradezu hervorragende Deutschkenntnisse.«

»Mein Mann?«

»Die Briten werden bei den Ermittlungen einen Verbindungsoffizier abstellen.«

»Scheiße«, entfährt es Stave.

»Wegen der besonderen politischen und massenpsychologischen Sensibilität des Falles«, fährt sein Chef ungerührt fort. »Sie haben darum ersucht. Außerdem beordere ich einen Kollegen von der Sitte ab, der mit Ihnen arbeiten soll. Selbstverständlich unter Ihrer Führung.«

»Der Sitte?«

»Die Tote ist nackt«, erinnert ihn Breuer sanft.

»Wen?«

»Polizeiinspektor Lothar Maschke. Er hat sich sofort freiwillig gemeldet.«

»Das ist heute nicht mein Glückstag«, murmelt Stave.

Breuer lächelt und ruft seiner Sekretärin zu: »Führen Sie die beiden Herren herein!«

Der Mann, der als Erster ins Büro tritt, trägt die braungrüne Uniform eines Lieutenant des britischen Heeres. Stave schätzt ihn auf Mitte zwanzig, obwohl das helle, fast rosige Gesicht unter blonden, kurzen Haaren ihn noch jugendlicher wirken lässt; nicht sehr groß, drahtig, mit dem federnden Schritt des Sportlers. Stave fragt sich unwillkürlich, woran es liegen mag, dass ihm die Uniform, obwohl tadellos gebügelt, eine Spur zu salopp, der Gesichtsausdruck des Offiziers, obwohl freundlich und verbindlich, einen Hauch blasiert vorkommt.

»Lieutenant James C. MacDonald von der britischen Verwaltung in Hamburg, Public Safety Branch«, stellt ihn Breuer vor.

Der Offizier fährt mit der Hand ruckartig zur Mütze und grüßt. Stave, der mit dem militärischen Salut nichts anfangen kann, weiß nicht so recht, wohin mit seiner Hand.

MacDonald lächelt, ergreift dann seine Rechte. »Sehr erfreut, Herr Oberinspektor.«

Er spricht mit weichem britischem Akzent, doch Stave vermutet, dass die Aussprache MacDonalds einzige sprachliche Schwäche ist. Würde mich nicht wundern, wenn der seine Berichte besser schreiben könnte als die meisten Kollegen, denkt er. Laut sagt Stave: »Willkommen bei der Kripo, Herr Lieutenant.«

Der zweite Mann folgt dem Briten ein wenig zögerlich ins Büro des Kripo-Chefs. Stave schätzt ihn auf dreißig Jahre, sehr groß und schlaksig in einem viel zu weiten, etwas schäbigen Zivilanzug. Rotblonde Haare und noch etwas rötlicherer dünner Oberlippenbart. Zeige- und Mittelfinger der Rechten nikotingelb, die Bewegungen fahrig – ein starker Raucher, der in diesen Zeiten nie genug Zigaretten bekommt.

Stave nickt ihm einen Gruß zu. Polizeiinspektor Lothar Maschke von der Sitte, er kennt ihn schon. Maschke ist noch nicht lange weg von der Polizeischule, doch er hat es schon geschafft, sich bei den meisten Krimsches unbeliebt zu machen, obwohl eigentlich niemand den genauen Grund dafür nennen könnte. Stave glaubt, dass sich Maschke einen Schnäuzer wachsen lässt, um älter zu wirken. Und er macht sich heimlich über Maschke lustig, weil er noch bei seiner Mutter lebt. Ausgerechnet ein Beamter der Sitte.

»Meine Herren«, ruft Breuer und reibt sich die Hände, »ich bin gespannt auf Ihre Ermittlungsergebnisse.«

»Gehen wir in mein Büro«, schlägt Stave vor.

Mit einem Kopfnicken verabschiedet er sich von seinem Chef, dann weist er den beiden anderen Männern den Weg. Die haben mir gerade noch gefehlt, denkt er resigniert und folgt ihnen über den düsteren Flur, den nur eine gelbliche 15-Watt-Birne erhellt.

Sein Zimmer ist licht, das Fenster gibt den Blick auf die Musikhalle frei und auf die Ruinen dahinter. Staves alter, hölzerner Schreibtisch ist wie leergefegt. Penibel räumt er stets alle Unterlagen in die Schubladen unter der Platte, hängt jede Akte sauber beschriftet in einen wuchtigen, metallgrauen Schrank für Hängeregistraturen.

Erna Berg kommt herein und legt ihm einen grünen Pappordner hin, in den sie ein Blatt abgeheftet hat: die neue Mordakte.

Der Oberinspektor stellt seine Sekretärin den beiden Männern vor.

Maschke nickt nur kurz und murmelt Undeutliches. MacDonald hingegen ergreift ihre Hand.

»Freut mich, Sie kennenzulernen«, sagt er.

Stave bemerkt erstaunt, wie seine Sekretärin errötet.

»Ich bringe Ihnen noch einen Stuhl«, erwidert sie, eine Spur zu hastig.

»Lassen Sie mich das machen«, wehrt MacDonald ab. Er springt ins Vorzimmer und trägt einen zweiten Besucherstuhl hinein.

Erna Berg lächelt ihn an.

Mit einem Nicken bedeutet Stave ihr, sich zurückzuziehen und die Tür zum Büro zu schließen. Dann muss er plötzlich an Margarethe denken und wie es war, als er sie kennenlernte. Diese Schüchternheit und Erregung. Plötzlich beneidet er den jungen britischen Offizier. Blödsinn. Er verscheucht die Gedanken an seine Frau, an alle Frauen – bis auf eine: die nackte Tote.

»Setzen Sie sich«, bittet er förmlich, »Ich werde Ihnen einen Überblick geben.«

Methodisch berichtet der Oberinspektor von der nackten Leiche mit der Blinddarmnarbe und den Würgemalen, vom Fundort, von den beiden Buben, von der Befragung der Bunkermenschen, von der vergeblichen Spurensuche. Als er geendet hat, zieht MacDonald eine Packung englischer Zigaretten hervor und bietet sie den beiden anderen an. Stave und Maschke zögern, so als warte jeder auf die Reaktion des anderen. Dann gibt sich der Oberinspektor einen Ruck und nimmt die Zigarette dankend an. Eigentlich raucht er nicht mehr, doch offenbar hat Maschke abgewartet, ob er, der nun für die Dauer der Ermittlungen sein Vorgesetzter ist, diese Gabe eines ehemaligen Feindes annimmt. Gierig saugt der Polizeiinspektor von der Sitte am Glimmstängel – so gierig, dass MacDonald ihm mit einem halb höflichen, halb ironischen Lächeln noch einen zweiten aufdrängt. »Und was machen wir nun?«, fragt er dann.

Stave blickt ihn erstaunt an.

»Ich bin Soldat, nicht Polizist«, fährt MacDonald fort. »Ich führe Kriege, keine Ermittlungen.«

Maschke hustet so stark, dass ihm bläulicher Qualm aus Mund und Nase quillt.

Stave zwingt sich ein Lächeln ins Gesicht. »Je mehr wir über das Opfer lernen, desto mehr erfahren wir auch über den Täter«, beginnt er. »Denn oft kennen sich Täter und Opfer. Also werden wir versuchen, zunächst mehr über die Identität der Toten herauszufinden. Wir werden die Leiche öffnen.«

»Wir sollen die Leiche öffnen?«, unterbricht ihn MacDonald, nun nicht mehr lächelnd.

»Ein Gerichtsmediziner wird das tun«, beruhigt ihn Stave und blickt nun seinerseits zum ersten Mal freundlich auf. Sein naiver Schock macht ihm den jungen Briten auf einmal sympathisch. Ein schöner Soldat bist du, denkt er, dass du dich vor Toten fürchtest. »Wir erhalten nur den ärztlichen Bericht. Dann wissen wir vielleicht mehr, etwa über den exakten Zeitpunkt des Todeseintritts. Ich glaube aber nicht, dass uns irgendein Arzt auf dieser Welt noch viel über die Identität der Unbekannten verraten kann.«

»Außer dem Doktor, der ihr den Blinddarm herausoperiert hat«, wirft Maschke ein.

»Ja«, gibt Stave zu. »Das ist ein Ansatz. Wir werden Abzüge vom Polizeifotografen bestellen und die Bilder an die Hamburger Krankenhäuser verteilen. Vielleicht erkennt ja jemand die Frau. Allerdings ist eine Blinddarmoperation Routine, an die sich kaum ein Arzt oder eine Krankenschwester erinnern werden.«

»Zumal ja in den letzten Jahren in den Krankenhäusern viel zu tun war«, ergänzt Maschke. »Und sofern die Krankenhäuser überhaupt noch stehen und die Ärzte noch leben.«

Der Oberinspektor wirft seinem Kollegen einen warnenden Blick zu. Ärgerlich genug, dass sie einen Besatzungsoffizier in der Ermittlergruppe haben. Da muss man den nicht auch noch provozieren.

Doch MacDonald tut so, als habe er nichts bemerkt. »Und wenn uns die Ärzte nicht weiterhelfen können?«, fragt er.

»Wir werden Plakate drucken mit dem Bild der Toten und in der Stadt anschlagen. Auch wenn das ein wenig«, Stave zögert, er sucht nach dem richtigen Wort, »heikel ist«, schließt er lahm.

Als der Brite nur fragend die Augenbraue hebt, erläutert er: »Einerseits müssen wir versuchen, irgendwie an Hinweise aus der Bevölkerung zu kommen. Gut möglich, dass jemand die Tote erkennt, wahrscheinlich sogar. Andererseits will ich die Hamburger nicht gerade mit der Nase darauf stoßen, dass ein Mörder hier sein Unwesen treibt. Das könnte zu Unruhe führen.«

»Deshalb bin ich abkommandiert worden«, sagt MacDonald mit entwaffnender Offenheit. »Auch die britischen Stellen haben großes Interesse daran, die Ermittlungen so schnell und so diskret wie möglich durchzuführen.«

»Verstehe.« Stave hüstelt und drückt seine nur halb gerauchte Zigarette aus, was Maschke, der seine längst bis zu den Fingerkuppen heruntergeraucht hat, mit einem verwunderten Blick quittiert. »Wir haben sonst nicht viele Anhaltspunkte«, gesteht er, »eher einen vagen Anfangsverdacht.«

Befriedigt registriert er, wie der Offizier plötzlich gerader im Stuhl sitzt, aufmerksamer, ja fast angespannt. Maschke hingegen starrt noch immer auf die glimmende Zigarette im Aschenbecher. Der weiß, was jetzt kommt, vermutet Stave.

»Gepflegte Erscheinung, saubere, unverletzte Hände, gute Haut, befriedigender Ernährungszustand – unsere Frau ist keine Arbeiterin. Ich glaube auch nicht, dass sie in den letzten Wochen mit einem Flüchtlingstreck aus dem Osten nach Hamburg gekommen ist, dann wäre sie ausgemergelter. Und ein DP scheint sie mir eher auch nicht zu sein. Deren Körper zeigen oft Spuren der früheren«, wieder suchte er nach dem richtigen Wort, »Entbehrungen.«

»Entbehrungen?«, fragt MacDonald.

Stave seufzt. Zwecklos, um den heißen Brei herumzureden. Nicht in einem kleinen Team von Ermittlern, nicht in einer solchen Mordsache.

»Keine eintätowierte KZ-Nummer«, erläutert er, »außer der Operationsnarbe keine Verletzungsspur, kein Hinweis auf Schläge, Tritte, extreme Unterernährung. Selbstverständlich ist es trotzdem möglich, dass sie eine Polin gewesen ist, oder eine Russin oder Ukrainerin, ins Reich geholt zum Arbeitseinsatz. Möglich, dass sie einem Bauern irgendwo in Schleswig-Holstein oder Niedersachsen zugeteilt war oder irgendeiner Fabrik. Und dass sie dann 1945 beschlossen hat, lieber als DP hierzubleiben statt heimzukehren zu Väterchen Stalin. Aber, wie gesagt: keine Arbeitshände.«

»Eine Tochter aus gutem Hause?«, spekuliert MacDonald. Dem Offizier scheinen die Ermittlungen plötzlich Spaß zu machen, denkt Stave.

»Möglich. Verschwundene Töchter aus gutem Hause werden jedoch meist relativ schnell als vermisst gemeldet. Das ist bislang nicht der Fall. Vielleicht kommt in den nächsten Stunden noch eine solche Anzeige bei uns herein. Wenn aber bis heute Abend nichts Derartiges eintritt, dann wird uns der Besuch einer Blankeneser Villa erspart bleiben.«

»Also wer könnte die Tote gewesen sein?«

»Eine Straßenschwalbe«, wirft Maschke ein, der die frustrierende Betrachtung der ausgedrückten Zigarette endlich aufgegeben hat.

»Diesen Ausdruck kenne ich nicht aus meinem Deutschunterricht«, gesteht MacDonald.

Maschke lacht laut auf. »Hure. Flittchen. Leichtes Mädchen. Prosti-tu-ierte. Deshalb gehöre ich doch zum Ermittlungsteam, nicht wahr?«

Stave nickt. Inzwischen hat er begriffen, warum Maschke bei den Krimschcs so unbeliebt ist. »Das Äußere würde jedenfalls passen«, stimmt er dem Polizeiinspektor widerwillig zu. »Und die Umstände ihres Todes wohl auch. Genug Indizien, um Maschkes Klienten einmal auf den Zahn zu fühlen.«

»Was soll das bedeuten?«

»Wir ziehen auf die Reeperbahn«, verkündet Stave und lächelt säuerlich.

MacDonald verzieht erfreut den Mund. »Meine Kameraden im Offiziersclub werden mir nicht glauben, dass ich das während meiner Dienstzeit tun darf.«

»Es lohnt sich immer, einen Krieg zu gewinnen«, flüstert Maschke. Doch so leise, dass Stave nicht sicher ist, ob ihn der Brite verstanden hat.

»Ich muss Sie warnen, Herr Lieutenant«, sagt er schnell und eine Spur zu laut. »Ich befürchte, dass die Herren auf der Reeperbahn nicht gerade erfreut sein werden, uns zu sehen. Und die Damen leider auch nicht.«

Dann ruft er seine Sekretärin herein. »Wir brauchen Abzüge des Fotografen. Nur den Kopf der Toten, sodass man das Gesicht erkennt. Aber nicht zu gruselig, wenn es geht.«

»Wie viele?«, fragt Erna Berg, wobei sie allerdings nicht Stave anblickt, sondern den britischen Offizier.

So viel zu meiner Autorität, denkt Stave. »Ein Dutzend für Polizeiinspektor Müller. Der soll sich ein paar Beamte schnappen und mit den Bildern die Krankenhäuser abklappern und jedem Chirurgen, den sie auftreiben können, das Foto unter die Nase halten. Das Opfer ist am Blinddarm operiert worden, vielleicht erinnert sich einer der Herren Doktoren. Dann ein weiterer Abzug für die Druckerei. Wir brauchen eintausend«, er zögert, denkt nach, »nein, nur fünfhundert Plakate. Ich werde den Text nachher schreiben. Sagen Sie den zuständigen Stellen bei der Schutzpolizei Bescheid, übermorgen können Streifenpolizisten die Plakate aufhängen. Und dann brauche ich noch drei Abzüge für die beiden Herren hier und für mich.«

»Wird erledigt, Chef«, flötet Erna Berg und eilt hinaus.

MacDonald blickt ihr nach, dann, als er sich von Stave ertappt fühlt, sieht er sich im Zimmer um. »Nett haben Sie es hier«, sagt er.

Stave lächelt nachsichtig. Dann zieht er aus einer Schreibtischschublade Papier und einen Bleistiftstummel. »Ich schreibe den Text für das Plakat«, erklärt er. »Wir treffen uns in einer halben Stunde am Haupteingang. Zum Bummel über die Reeperbahn.«

Neunundzwanzig Minuten später steht Stave in der Vorhalle vor der riesigen Tür. Er ist hungrig, ihm ist kalt, und er kann sich tausend Dinge vorstellen, die er jetzt lieber tun würde, als Luden und Huren zu verhören.

MacDonald wartet schon. Maschke eilt kurz darauf mit wehendem Mantel die Treppe hinunter, zwei Minuten zu spät, wie Stave verärgert feststellt. Er fragt sich, was der Kollege von der Sitte in der letzten halben Stunde gemacht hat.

Als sie ins Freie treten, blickt sich MacDonald erstaunt um. »Wo ist Ihr Wagen, Stave?«

»Das Benzin ist auch für die Polizei rationiert, Herr Lieutenant. Wir gehen meist zu Fuß oder nehmen die Straßenbahn. Von hier zur Reeperbahn ist es ein Spaziergang.«

»Hätte ich das gewusst, hätte ich mir einen Jeep genommen«, erwidert MacDonald und schnalzt bedauernd mit der Zunge.

»Und mit dem britischen Jeep wären wir dann auf der Reeperbahn von Puff zu Puff gefahren«, brummt Maschke. »Jede englische Streife würde vor uns salutieren.«

Stave schüttelt den Kopf, unwirsch. Dann verteilt er die Abzüge der Totenbilder; sie riechen noch nach Chemikalien.

»Gehen wir.«

Er schlägt den Mantelkragen hoch. Es ist inzwischen

früher Nachmittag, und seit dem elenden Frühstück am Morgen hat er nichts mehr gegessen. Der Wind pfeift immer noch eisig durch die Ruinen. Stave fühlt sich, als sei er verprügelt worden. MacDonald, in gebügelter Uniform und mit rosigem Gesicht, sieht hingegen aus, als ginge er auf einen Verdauungsspaziergang – was wahrscheinlich auch zutrifft, denkt Stave. Maschke hat sich die zweite englische Zigarette zwischen die Lippen geklemmt und schlendert einige Schritte hinter ihnen her, so als gehöre er nicht dazu.

An einer schmutzigen Hauswand kleben gelbliche Zettel und Plakate, manche so groß wie Tischdecken: »Military Government – Germany/Law No 15«, liest Stave im Vorübergehen, »Militärregierung – Deutschland/Gesetz Nr. 15«. Zweisprachige Bekanntmachungen der Besatzungsbehörde. Routiniert überfliegt der Oberinspektor die Papiere. Nichts Neues. Plakate wie diese, dazu handschriftliche Zettel und Kreidekritzeleien auf nackten Mauern sind die Zeitungen, die wir uns verdient haben, denkt Stave. Die eigentliche Presse erscheint kaum ein-, zweimal wöchentlich, nur ein paar dünne Blätter, zu mehr reichen die Papiervorräte nicht. Ein deutsches Radio, so hat er gehört, soll erst in den nächsten Wochen wieder erlaubt werden. Und im Kino bringen die Wochenschauen vor allem die von Briten und Amerikanern gelieferten Filme.

Wie sonst erreicht man die Bürger, wenn man sein

Anliegen nicht an die Hauswände pappt? Also pflastert die Militärregierung entlang aller größeren Straßen die Hauswände sowie alle noch unzerstörten Litfaßsäulen zu: neue Rationierungen, Veränderungen der Zeiten zur Ausgangssperre, neue Gesetze – möge kein Deutscher sagen, er hätte davon nichts gewusst! Und die Deutschen selbst machen es den neuen Herren notgedrungen nach: kleben Suchmeldungen nach verschollenen Verwandten, Tauschanzeigen, Wohnungsannoncen an die Ziegel. Der Bürgermeister lässt seine Verordnungen so verbreiten. Und wir Krimsches, sagt sich Stave, dekorieren das alles mit Verbrechervisagen und Totenfotos auf unseren Fahndungsplakaten.

Sie erreichen das Heiligengeistfeld, einen riesigen, schmutzigen Platz, schutzlos den kalten Böen ausgeliefert. Zwei grauschwarze Hochbunker ragen in den Himmel, massige Klötze wie Tempel einer untergegangenen, düsteren Religion. Ein schäbiges Schild zeigt an, dass im Erdgeschoss des einen Bunkers die Redaktion der »Nordwestdeutschen Hefte« untergebracht ist, doch niemand geht dort um diese Zeit ein oder aus. Über dem anderen Bunkerzugang prangt ein nur wenig größeres Schild: »Scala«. Und darunter das aktuelle Programm: »Tausend und eine Frau.« Ein Revue-Theater im Bunker, fast eintausend Plätze, leicht bekleidete Mädchen in Fantasiekostümen aus bemaltem Cellophan, sentimentale Schlager. Stave findet das Etablissement an gerade diesem Ort pervers. Zu der Stunde jedoch ist es ebenfalls wie ausgestorben.

Auch Hamburgs Amüsiermeile wirkt noch geisterhaft. Zwar wird das Licht schon fahl, doch niemand hat Strom für Leuchtschriften. Einige Kneipen und Varietés sind zerbombt: das »Panoptikum«, die »Volksoper«, das »Café Menke« in Ruinen. Aus Brettern und geretteten Ziegeln haben Kneipenwirte Buden in die Trümmer gebaut, erbärmliche Verschläge, in denen abends Männer, die immer noch nicht genug vom Schießen haben, mit Armbrüsten auf Scheiben anlegen können. Aber niemand versucht dort gerade sein Glück.

Trotzdem sind viele Menschen unterwegs. Frauen und Männer, auch viele Kinder in ausgewaschenen Mänteln, die an der Ecke Reeperbahn und Hamburger Berg scheinbar ziellos auf dem Bürgersteig schlendern, Kreise drehen, in den Himmel starren. Schwarzmarkt.

Als die drei Ermittler näher kommen, weichen die Menschen vor ihnen zurück, als hätten sie Aussatz. Stave flucht in Gedanken: dämliche britische Uniform. Alleine hätte er unauffällig unter Dutzenden umherschlendern können. So aber sieht er hastige Bewegungen, wenn Zigaretten oder Schnaps oder weiß Gott was in Mänteln verschwindet, dann drehen sich Frauen und Jungs weg, niemand sieht sie an, ein paar Kerle verschwinden in Nebengassen. Die Einzigen, die sich ihnen schließlich doch nähern, sind zwei junge Mädchen. Achtzehn Jahre, schätzt Stave, nicht einmal erwachsen. Blond, Iltispelzchen am Hals, falsches Lächeln. Noch ein paar Dutzend Meter, dann werden sie bei ihnen sein.

Der Oberinspektor geht die Reeperbahn einige Schritte entlang, zunehmend verstimmt. Die Davidwache ist unversehrt geblieben, zum großen Ärger aller Hamburger Luden. Das »Zillertal« hat den Bombenhagel überstanden und noch wenige andere Etablissements: »Onkel Hugos Speiserestaurant«, das »Alkazar« und das »Kamsing«, einige Dutzend Meter weiter bis zur Talstraße, Hamburgs einziges Chinarestaurant, das selbst in diesen Zeiten, aus welch dunklen Quellen auch immer, scharfe Suppen und exotisch gewürzten Reis anbietet. Stave spürt den Hunger, wenn er an das »Kamsing« denkt. Und dann fasst er einen Entschluss.

»Das führt zu nichts«, verkündet er den beiden. »Die leichten Mädchen kommen zu uns, aber alle anderen verduften.«

»Besser als umgekehrt«, bemerkt MacDonald und lächelt die Bordsteinschwalben an.

Der würde mir hier am hellichten Tag verlorengehen, wenn ich nicht aufpasse, denkt Stave.

»Wir teilen uns«, ordnet er an. »Herr Lieutenant, Sie und ich gehen in die Etablissements und quetschen die dortige Klientel aus. Maschke, Sie bleiben auf der Straße und fragen die Damen und ihre Beschützer. Wir treffen uns in zwei Stunden wieder vor der Davidwache.«

Damit holt Stave den britischen Offizier aus dem Rampenlicht. Er hat keine Lust mehr darauf, dass ihn alle anstarren. In den Kneipen und Puffs wird MacDonald zwar auch auffallen, doch kann sich da kaum jemand schnell verdrücken. Maschke allein wird die Mädchen und ihre Kerle auf der Reeperbahn unauffälliger befragen können. Und nebenbei muss er zwei eisige Stunden draußen bleiben, während der Engländer und er sich zumindest von Etablissement zu Etablissement aufwärmen können. Zum ersten Mal seit Stunden lächelt Stave.

Mit einem Nicken verabschieden sie sich von Maschke, dann drehen sie ab, bevor die beiden Blondinen nahe heran sind. Ein Mädchen blickt ihnen enttäuscht nach, die andere sieht aus, als wolle sie ihnen einen wenig freundlichen Spruch hinterherrufen. Dann jedoch weitet sie erschrocken die Augen.

»Bonjour, Mesdemoiselles«, flötet Maschke liebenswürdig, »vous avez la bonne chance de trouver un vrai cavalier.«

Das Mädchen hat Maschke von der Sitte erkannt, denkt Stave. Zu spät, mein Täubchen. Und er fragt sich zerstreut, wo sein Kollege so gut Französisch gelernt hat. Stave sieht noch, wie Maschke seinen Polizeiausweis aus der Manteltasche zückt und ihn den beiden

Damen unter die Näschen hält. Dann hat er MacDonald zum »Zillertal« bugsiert und öffnet die Tür.

Abgestandene Luft, der kalte Hauch von altem Tabak, billigem Schnaps und Kohlsuppe. Die meisten Tische sind unbesetzt. An einem sitzen vier ältere Männer mit geröteten Gesichtern, Wassergläser vor sich, in denen eine farblose Flüssigkeit schimmert. Zwei müde Mädchen am Nebentisch, die so tun, als hörten sie die anzüglichen Bemerkungen der Männer nicht, und ihre mageren Hände an Emailletellern wärmen, in denen Kohlsuppe dampft. Zwei junge Männer an einem Tisch im Hintergrund des Raumes: teure Mäntel, Vorkriegsware, gute Schuhe. Sie rauchen Ami-Zigaretten, blicken kurz zu Stave und MacDonald hin, drehen beiden dann den Rücken zu und flüstern. Schwarzhändler.

An der Theke ein Wirt, der noch nicht alt ist und der einmal fett war; nun hängen ihm Hautlappen von den Wangen. Hastig räumt er unmarkierte Flaschen vom Tresen und verstaut sie in einem Schapp. Der Alkoholausschank wird von den Behörden streng reglementiert, doch jedermann weiß, dass die Kneipiers von St. Pauli geschmuggelten oder selbstgebrannten Schnaps als »Sprudelwasser« anbieten.

Nicht mein Problem, denkt sich Stave und geht auf den Wirt zu, dessen Hautlappen noch ein wenig fahler werden als zuvor. Er zieht seinen Ausweis hervor, dann hält er dem Mann das Foto der Toten vor das Gesicht. »Schon mal irgendwo gesehen?«, fragt er.

Der Mann starrt ihn an, dann den Ausweis, das Bild und schließlich MacDonald, von dem er sich wohl so etwas wie eine Rettung erhofft. Der Brite jedoch lächelt nicht mehr, vielmehr stellt Stave fest, dass der Lieutenant kalt zurückstarrt. Wie ein Henker, denkt er und fragt sich auf einmal, ob allein MacDonalds Deutschkenntnisse der Grund dafür sind, dass er zu den Ermittlungen abkommandiert worden ist. Oder ob er noch ganz andere Fähigkeiten hat. Der Wirt gibt schließlich auf. Konzentriert und ein wenig angewidert starrt er auf das Foto, dann schüttelt er den Kopf.

»Die kenne ich nicht. Wer ist denn das?«

»Danke«, sagt Stave, nickt knapp und wendet sich ab.

»Fragen wir mal die Jungs mit den Zigaretten«, flüstert er MacDonald zu. »Aber achten Sie darauf, dass währenddessen die beiden Damen brav ihre Suppe weiterlöffeln. Sie sollen nicht verschwinden.«

»Und wenn eine auf die Toilette geht?«

»Dann gehen Sie hinterher.«

Stave hat den Tisch an der Rückseite des Raumes erreicht. Die zwei Schwarzhändler drehen ihm noch immer den Rücken zu, obwohl sie ihn sicherlich längst bemerkt haben.

Stave zieht ungefragt einen Stuhl heran und setzt sich

zu ihnen. MacDonald bleibt einen Schritt hinter ihm stehen.

Endlich blickt der Oberinspektor in zwei Gesichter: gut rasiert, gut genährt, spöttisches Lächeln, harte Augen. Kerle, die kaum zwanzig sind, die aber im Krieg schon alles gesehen haben. Totschlägerfratzen. Stave muss den Impuls unterdrücken, die beiden Männer einfach zu verhaften. Wieder zückt er nur Ausweis und Foto, zeigt beides herum.

»Kennen Sie die Dame?«, fragt er höflich.

Die beiden Männer sind eine Sekunde lang so verblüfft, dass ihnen das Grinsen aus den Gesichtern fällt. Sie haben vom Polizisten etwas anderes erwartet: Fragen nach Zigaretten, Geld, Medikamenten, die üblichen Schwarzmarktverhöre. Stave sieht, wie sich ihre Körper entspannen.

»Nein«, sagt der größere der beiden. »Tut mir leid«, setzt er sogar hinzu.

Sein Begleiter lässt sich etwas mehr Zeit, doch auch er schüttelt den Kopf. »Kein Mädchen von der Reeperbahn, das ist mal sicher, Herr Oberinspektor.«

»Und eine Kundin?« Stave verzichtet darauf zu ergänzen: vom Schwarzmarkt.

Die Männer wechseln einen raschen Blick, dann entscheiden sie sich, seine Frage zu verstehen. »Nicht leicht, da den Überblick zu behalten, wenn Sie verstehen, was ich meine«, antwortet der Größere. »Also kann ich nicht hundertprozentig sicher sein. Aber ich denke nicht, dass ich diese Frau schon einmal gesehen habe.«

»Die war sicherlich mal hübsch«, ergänzt der andere, als ob das irgendetwas damit zu tun hätte.

Stave schließt die Augen. Er glaubt den beiden Schwarzhändlern, er glaubt auch dem Wirt – die Sache fängt nicht gut an. »Danke«, sagt er freundlich. Als er aufsteht, merkt er, wie müde er ist. Am liebsten wäre er mit den beiden in der Runde sitzen geblieben. Absurd.

»Fragen wir noch die Mädchen. Und dann nichts wie raus hier«, zischt er MacDonald zu.

»Und die Trinker?«, fragt der Brite.

»Gut, Sie fragen die vier Helden, ich die beiden Mädchen.«

»Umgekehrt wäre es mir lieber«, flüstert MacDonald, doch er lächelt dünn und setzt sich zu den Männern mit den Wassergläsern in Bewegung.

»Was gibt's denn, Herr Wachtmeister?«, sagt die ältere der beiden Frauen, als Stave zu ihnen tritt.

Sie hat mich beobachtet, denkt er, und sie weiß längst, dass ich kein Freier bin. Kluges Mädchen. Er starrt sie einen Moment lang wortlos an.

Die Ältere grinst frech zurück, die Jüngere wird verlegen. Beide sind Anfang, Mitte zwanzig. So alt wie die Tote.

»Ihr Kollege da ist ein ganz Eifriger«, sagt die Ältere und deutet mit der Rechten zum Fenster.

Stave folgt der Bewegung ihrer Geste, blickt hinaus und erkennt Maschke, der sich vor einer unglücklich aussehenden, älteren Prostituierten aufgebaut hat.

»Den Roten da kenne ich. Der verhört jede Frau, die auch nur einen Strich Lippenstift im Gesicht hat, weil er keine elegante Dame von einem Straßenmädchen unterscheiden kann. Irgendwann wird er noch die Frau des Bürgermeisters verhaften. Aber Sie kenne ich nicht – und Ihren englischen Begleiter auch nicht.«

Stave verzichtet auf seinen Ausweis, nennt auch seinen Namen nicht, zieht nur das Foto hervor. Die Ältere bleibt ungerührt, die Jüngere wird fahl und hält vor Schreck eine Hand vor den Mund.

»Welches Schwein hat das getan?«, fragt die Ältere. Ihr Akzent ist breit, ihre Aussprache schleppend. Ostpreußen, schätzt Stave.

»Das wüsste ich auch gerne«, antwortet er. »Aber ich wüsste auch gerne, wer die Tote ist.«

»Nie gesehen.«

»Und Sie?« Stave reicht der Jüngeren das Foto über den Tisch.

»Mir wird schlecht«, stöhnt die. »Ich muss mich gleich übergeben. Nehmen Sie das Foto da weg!«

Stave rührt sich nicht. »Sie können kotzen, aber erst nachdem Sie mir gesagt haben, ob Sie diese Frau schon einmal gesehen haben.«

»Nein«, sie schreit es fast heraus. Dann fährt sie hoch und läuft gekrümmt zu einer schmuddeligen Tür in der Rückseite des Raumes.

MacDonald ist aufgesprungen. Zu seinem Schrecken sieht Stave, dass der Brite eine Pistole gezogen hat. Verdammt schneller Kerl, denkt er, während er hastig abwinkt. Der Lieutenant setzt sich wieder zu den Männern, die blass geworden sind und ihn ängstlich anstarren.

»Hildegard ist erst seit einer Woche im Geschäft«, flüstert die ältere der beiden Frauen entschuldigend. »Da, wo sie herkommt, sieht man so etwas nicht jeden Tag.«

»Und Sie sehen das jeden Tag?«

Sie lacht hart. »Ich bin mit einem Treck aus Breslau gekommen. Unterwegs habe ich so viele Tote gesehen, dass mich ein Foto nicht mehr umhaut. Glauben Sie, dass sie ein leichtes Mädchen war?«

Stave will ihr unwirsch antworten, dass sie das gar nichts anginge. Doch gerade noch rechtzeitig hört er das Körnchen Angst aus ihrer frechen Stimme heraus: die Furcht jeder Hure, dass der nächste Freier mehr will als eine schnelle Nummer hinter einer Hausecke. Hässlicheres. Tödliches.

»Wie heißen Sie?«, fragt er stattdessen.

Sie zögert kurz. »Ingrid Domin«, flüstert sie dann. »Für meine Kunden bin ich allerdings Veronique. Klingt erotischer. Französisch, Sie verstehen.« Sie macht eine müde, verächtliche Bewegung.

Stave denkt an Maschkes Begrüßung der beiden Straßenmädchen von vorhin. Dann verscheucht er seine Gedanken, reißt einen Zettel aus seinem Block und kritzelt etwas darauf: Tel. 34 10 00, Nebenanschluss 8451 – 8454, darunter setzt er seinen Namen.

»Tun Sie mir einen Gefallen: Wenn Sie irgendetwas hören, dann rufen Sie mich an – oder kommen Sie vorbei.« Er schreibt auch noch seine Büronummer auf. »Gleichgültig, wie unsinnig oder hysterisch Ihnen das zunächst vorkommen mag – sagen Sie es mir. Versprochen?«

Sie nickt und lässt den Zettel rasch in ihrer Handtasche verschwinden.

Der Oberinspektor erhebt sich. »Ich weiß nicht, ob die Tote eine«, er sucht nach einem passenden Wort, »eine Dame Ihres Gewerbes war. Bis vor ein paar Minuten habe ich das vermutet. Jetzt bin ich mir da schon nicht mehr so sicher, aber möglich ist es doch. Also passen Sie auf sich auf. Und reden Sie auch mit Ihren Kolleginnen darüber.«

»Ich bin ein braves Mädchen und pass auf mich auf«, verspricht Ingrid Domin. Zum ersten Mal lächelt sie.

»Sie haben Erfolg bei Frauen«, flüstert MacDonald, als er zu ihm tritt.

Staves Mundwinkel zucken. »Die eine ist kotzend aus

dem Raum gestürzt, als ich mit ihr geredet habe«, erinnert er den Lieutenant.

»Aber die andere war netter zu ihnen als die vier Trinker zu mir«, gibt MacDonald zurück.

»Also war es ein Fehlschlag.«

»Auf ganzer Linie. Nie gesehen, die Dame. Wobei mindestens einer der Herren so angetrunken war, dass er wahrscheinlich nicht mal mehr seine eigene Mutter erkannt hätte.«

»Das passiert häufiger, als man denkt, dass Kinder die Leichenfotos ihrer Mütter nicht wiedererkennen«, gibt Stave zurück.

»Und nun?«

»Auf ins nächste Etablissement. Und ins nächste. Und ins nächste.«

»Zum Glück stehen ja hier nicht mehr so viele«, murmelt MacDonald. »Hätte nie gedacht, dass ich den Kameraden der Air Force einmal für ihre Bomben dankbar sein würde.«

Stave erwidert nichts, sondern drückt nur die Tür auf.

Anderthalb Stunden später betreten die beiden das »Kamsing«, die letzte Station ihrer Tour. Nichts. Ein halbes Dutzend Wirte, ein paar Gäste, mindestens zwanzig leichte Mädchen, etliche Luden und Schwarzhändler haben sie befragt. Niemand will die Tote je gesehen haben.

»Ich lade Sie auf eine dieser schauderhaften chinesischen Suppen ein«, sagt MacDonald. »Wahrscheinlich servieren sie einem hier Affenhirn und Rattenschenkel.«

»Solange sie nur heiß sind«, murmelt Stave dankbar und lässt sich auf einen wackeligen Stuhl an einem kleinen, runden Tisch fallen. Dann blickt er sich um.

Das Restaurant ist voll, voller zumindest als die anderen Orte, die sie abgeklappert haben. An einem großen Tisch in einer Art Nische spielen acht junge, elegant gekleidete Männer Karten. Poker. Und die Scheine, die auf dem Tisch liegen, sind 1000-Reichsmark-Scheine.

Scheißkerle, denkt Stave, doch er weiß selbst, dass Neid seine moralische Entrüstung befeuert. Schwarzhändler, die nächtelang zocken, goldene Uhren am Handgelenk. »Das Ritterkreuz des Schwarzhändlers«, nennt ein Kollege das. Stave weiß von ihm, dass hier Lebensmittelkarten unter Mantelkragen versteckt sind, dass Schmuck und Medikamente über die Tische gehen, eingewickelt in Zeitungspapier. Doch nicht schon jetzt, am frühen Abend. Und außerdem ist das nicht sein Problem. Vorsichtig schlürft er die heiße Suppe.

»Keine Ahnung, was das für Gewürze sind«, nuschelt MacDonald zwischen zwei Löffeln erstaunt, »aber das wärmt fast so gut auf wie ein Single Malt Whiskey.«

Stave verzichtet darauf, dem Lieutenant zu erzählen, dass er seit acht Jahren keinen Schluck Whiskey mehr gekostet hat. »Gut«, murmelt er nur. Zum ersten Mal an diesem Tag fühlt er sich gewärmt, sein Mund brennt und ist zugleich betäubt von exotischen Gewürzen. Er spürt, wie sich alle seine Muskeln entspannen. Wenn ich jetzt nicht aufstehe, dann schlafe ich vor MacDonalds Augen ein, denkt er. Also drückt er sich hoch.

»Auf in den Kampf. Sie übernehmen die Hälfte der Gäste«, er deutet vage eine Linie quer durch den Raum an, »ich die andere. Wir treffen uns an der Tür.«

Nach ein paar Minuten verlassen sie gemeinsam das »Kamsing«, so klug wie zuvor. Sie schlendern über die Reeperbahn zurück bis zur Davidwache, wo Maschke schon auf sie wartet. Sein Atem steht als kleine, weiße Wolke vor dem Mund, die Nasenspitze ist bläulich verfroren, er schlägt die Hände zusammen. Plötzlich hat Stave Mitleid mit ihm.

»Niemand hat unsere Frau je hier auf der Reeperbahn gesehen. Muss ein braves Mädchen gewesen sein«, verkündet er.

Maschkes Zynismus irritiert ihn. Ist der wirklich so abgebrüht? Oder verbirgt sich dahinter etwas anderes? Die Schüchternheit des erwachsenen Mannes, der noch bei seiner Mutter wohnt? Oder hat Maschke sogar, wie viele ältere Kollegen bei der Sitte, schon in seiner kurzen Dienstzeit eine Art Beschützerinstinkt gegenüber »seinen« Straßenschwalben entwickelt? Klingt da vielleicht so etwas wie Erleichterung durch? Erleichterung darüber, dass keines der Reeperbahnmädchen vermisst wird?

»Wir marschieren zurück ins Büro, besprechen kurz die Lage und gehen dann heim zu Muttern«, bestimmt der Oberinspektor.

In seinem Büro starrt Stave aus dem Fenster. Hamburg liegt fast so düster unter ihm wie zu Zeiten der Verdunkelung. Zwei, drei gelbliche Lichtschimmer irgendwo aus Häusern, wahrscheinlich welche, die die Briten requiriert haben. Der flackernde Schein von Holzfeuern in selbstgebauten Öfen, lebensgefährlich in den kleinen, halb zerbombten Gebäuden. Das Glimmen von Kerzen. Sein Büro selbst wird von einer trüben Glühbirne in gräuliches Licht getaucht. Stave wirft ihr einen besorgten Blick zu. Sollte sie durchbrennen, dann weiß er nicht, wann er Ersatz bekommen wird. Vielleicht erst im nächsten Frühjahr. Er seufzt und wendet sich den beiden anderen zu, die am Schreibtisch vor ihm sitzen.

Erna Berg ist längst gegangen. Auf den Tisch hat sie den Bericht von Polizeiinspektor Müller gelegt. Stave überfliegt ihn schweigend. »Kein Chirurg hat die Tote erkannt«, verkündet er schließlich. Er ist erschöpft. »Selbstverständlich hat der Kollege an einem Nachmittag noch nicht alle einschlägigen Ärzte der Stadt angetroffen, er wird morgen weitermachen. Aber auch die Blinddarmnarbe der Toten scheint uns zumindest vorerst nicht auf die Spur zu bringen. Eine Vermisstenmeldung ist übrigens in den letzten Stunden auch nicht eingegangen.«

Maschke trommelt mit seinen nikotingelben Fingern ungeduldig auf die Schreibtischplatte. »Sieht mir danach aus, als sei sie kein Straßenmädchen gewesen«, verkündet er.

»Vielleicht war sie neu in Hamburg?«, wirft MacDonald ein.

»Das Eis auf der Elbe ist einen Meter dick, der Hafen ist zu«, gibt Stave zu bedenken. »Die meisten Bahnstrecken sind vereist: festgefrorene Weichen, Schneewehen.«

»Zerbombte Brücken, zerstörte Bahnhöfe«, setzt Maschke bissig hinzu. MacDonald ignoriert ihn.

»Die meisten Züge, die dennoch durchkommen, haben Kohle oder Kartoffeln in den Waggons, nicht Menschen. Und bei den wenigen Personenzügen haben heimkehrende Kriegsgefangene Vorrang. Nicht unmöglich, doch unwahrscheinlich, dass eine Fremde von auswärts in den letzten Tagen hier angekommen ist, zumindest in einer so guten körperlichen Verfassung wie das Opfer.«

»Es sei denn, jemand hat sie mit dem Auto gefahren«, murmelt MacDonald versonnen.

Stave bewundert die Ehrlichkeit des Lieutenant, denn daran hat er auch schon gedacht, doch nicht gewagt, das so offen anzusprechen. »In der Tat«, antwortet er. »Benzin ist rationiert, Deutsche müssen ein Fahrtenbuch führen, längere Touren müssen genehmigt werden. Zudem existieren kaum noch intakte Autos oder Lastwagen. Nicht sehr wahrscheinlich, dass ein Deutscher die Unbekannte mitgenommen haben könnte. Ein Brite hingegen hätte das tun können.«

»Nette Theorie«, murmelt Maschke schadenfroh.

MacDonald bleibt ungerührt. »Ich habe ja ein Foto der Toten. Ich höre mich mal bei meinen Kameraden um.«

Stave lächelt. »Danke. Glücklicherweise ist die, nennen wir sie ›britische Spur‹, nicht die einzige, die wir verfolgen. Gehen wir als Hypothese davon aus, dass unsere Tote weder ein Straßenmädchen noch eine verloren gegangene Tochter aus gutem Hause noch eine Arbeiterin noch ein Neuankömmling war – dann bleiben immer noch ein paar Alternativen übrig. Vielleicht war unsere Unbekannte Sekretärin, bei der Stadtverwaltung, bei den Besatzungsbehörden, in einer der Firmen, die schon wieder geöffnet haben.«

»Oder Verkäuferin, vielleicht in einem Modegeschäft«, wirft Maschke ein. »*C & A* an der Mönckebergstraße ist offen.«

Der Oberinspektor nickt. »Weiter: Unsere Unbekannte verdient also auf ehrliche Art ihr Geld, genug jedenfalls, um sich ordentlich zu pflegen. Jetzt verschwindet sie, aber niemand meldet sich bei der Polizei. Also hat sie vielleicht weder Freunde noch Verwandte hier?« Er denkt an Erna Berg. »Vielleicht eine Kriegerwitwe? Oder eine Flüchtlingsfrau, die aber schon vor ein, zwei Jahren in Hamburg angekommen ist?« Stave steht auf und geht mit großen Schritten durch sein Büro. Plötzlich fühlt er sich nicht mehr müde. »Andererseits: Vielleicht hat sie auch einen Freund, einen Verwandten, aber der wird sich hüten, bei uns aufzukreuzen – weil er nämlich der Mörder ist! In den meisten Fällen wie diesen kennen sich Täter und Opfer. Müssen wir also nach dem Verlobten der Unbekannten suchen? Oder nach ihrem Onkel? Möglich.«

»Was also schlagen Sie vor?«, fragt MacDonald.

»Abwarten. Bald haben wir den Obduktionsbericht. Bald hängen überall in der Stadt unsere Plakate. Nur Geduld. Dieser Fall ist noch nicht einmal einen Tag alt.«

»Einen anstrengenden Tag«, brummt Maschke.

Stave lächelt kühl. »Wir treffen uns morgen wieder hier. Guten Abend.«

Eine Stunde später steht er in seiner eisigen Wohnung und facht das Feuer an. Aus dem Keller hat er drei Kartoffeln von seinen kargen Vorräten geholt. Sie sind eingefroren und sondern beim Auftauen einen süß-säuerlichen Schleim ab. Er kocht sie auf seiner Brennhexe, danach seinen letzten Weißkohlkopf. Anschließend dreht er Kartoffeln und Kohl durch den Fleischwolf, formt die breiige Masse zu einem langen Laib, gibt Salz hinzu und brät alles in der Pfanne. »Falsche Bratwurst« nennt eine Nachbarin das Gericht. Sie hat ihm das Rezept verraten. Und obwohl das Kochen auf der kleinen Feuerstelle mehr als eine Stunde dauert, nimmt sich Stave diese Zeit. Erstens hat er am Ende als Belohnung wenigstens die Illusion, etwas Nahrhaftes zu essen. Und zweitens lenkt ihn das Kochen vom Denken ab.

Irgendwann jedoch ist er fertig. In Pullover, Trainingshosen und viele Decken gehüllt, liegt er auf dem Bett und starrt zum Fenster, wo sich Mondlicht in der Eisschicht bricht und seltsame grünliche Muster formt.

Stave will an die Tote denken. Will das Für und Wider aller Theorien im Geist abwägen, nach möglicherweise übersehenen Spuren suchen. Doch vor das Bild der Unbekannten schiebt sich unweigerlich das Bild seiner Frau. Und dann ist sein Geist gefangen in jener Bombennacht vor fast vier Jahren.

Wenn ich wenigstens Schnaps hätte, denkt Stave, dann könnte ich mich betrinken.

Gefrorener Boden

Dienstag, 21. Januar 1947

Eine Flammenwand, gelb, rot, weiß, blau. Gluthitze im Gesicht, schmerzender Atem. Berstende Balken, platzende Ziegelsteine, lauter als Maschinengewehrfeuer. Der Gestank nach brennenden Haaren und verschmorter Haut. Stave in den Trümmern, überall Feuer, er rennt und rennt, sein verdammtes Bein lässt ihn stolpern, er ist quälend langsam, obwohl er doch weiß, dass Margarethe nur wenige Schritte entfernt ist. Ihre Schreie. Sie ruft nach ihm. Und er bleibt irgendwo stecken, Mauern vor seinen Augen, loderndes Holz, er will ihren Namen herausbrüllen, doch Rauch dringt in seinen Mund, er würgt und hustet. Margarethe ist nun still, so schrecklich still.

Stave schreckt aus dem Bett hoch, kalter Schweiß auf der Haut. Eis auf dem Fenster, Dunkelheit in der Wohnung – doch er spürt noch die Glut, das gleißende Licht von Flammen, die fünf Stockwerke hoch lodern. Verfluchter Alptraum, denkt er und streicht sich über die Augen. Dabei hatte er in der Unglücksnacht am anderen Ende Hamburgs Dienst. Er war zwar gefangen in einem einstürzenden Haus – sein steifes Bein erinnert ihn täglich daran. Doch die Ruine seines eigenen Hauses hat er, verletzt und halb besinnungslos vor Angst, erst Stunden nach dem Bombenhagel betreten, er hat Margarethe niemals schreien gehört.

Andere werden nachts von Erlebnissen heimgesucht, die sie tatsächlich durchlitten haben: Todesangst an der Front, im U-Boot, im Keller, in einer Zelle der Gestapo. Damit kann man irgendwie umgehen, denkt Stave – vielleicht jetzt, nach dem Krieg, jenen Schreckensort wieder aufsuchen. Aber wie wird man einen Albtraum los, der sich so niemals zugetragen hat?

Selbstmitleid hilft auch nicht weiter, und er schält sich aus dem Bett. Die Decken knacken leise, weil der Raureif bricht. Muss mir bald neues Holz besorgen, denkt Stave, als er die Brennhexe anwirft.

Kurz darauf macht er sich zu Fuß auf den langen Weg zur Kripo-Zentrale. Für Busse gibt es kein Benzin. Einige Straßenbahnlinien sind schon wieder instand gesetzt worden, doch fahren sie nur wenige Stunden am Tag. Ich könnte mich an Ruges Chauffeur-Service gewöhnen, denkt der Oberinspektor.

Aber eigentlich ist er dankbar für eine Stunde Marsch. An den Anblick der Ruinen, der vergilbten Plakate, der Kreidebotschaften, der verhuschten Gestalten auf den Straßen hat er sich längst gewöhnt, das deprimiert ihn nicht mehr. Dafür genießt er es, mit raschen Schritten zu gehen. Das wärmt von innen, die eisige Luft bläst gleichzeitig den Kopf frei. Für eine Stunde hat er keine Sorgen, spürt keine Unruhe.

Gut gelaunt betritt er schließlich das Hochhaus am Karl-Muck-Platz. Erna Berg ist schon da, lächelt ihn an, noch eine Spur fröhlicher als gewöhnlich, wie ihm scheint.

»Der Herr Lieutenant wartet schon in Ihrem Büro.«

Maschke ist ebenfalls da, doch offenbar hat die Sekretärin dessen Anwesenheit schon wieder vergessen oder ihn absichtlich nicht erwähnt. Der Oberinspektor begrüßt die beiden und setzt sich. Den Mantel behält er lieber an. Erna Berg eilt hinzu, legt ihm zwei hektographierte Blätter auf den Schreibtisch, wirft MacDonald einen scheuen Blick zu und verschwindet wieder.

»Der Bericht von Doktor Czrisini«, erklärt Stave. Die beiden schweigen, während er ihn einige Minuten lang studiert. »Ein paar Dinge sind jetzt immerhin geklärt«, verkündet Stave schließlich. »Todeszeitpunkt wohl zwischen dem 18. und 20. Januar, eher am Ende dieser Spanne. Also für uns der 20. Januar als Hypothese. Todesursache Erdrosseln, wahrscheinlich hat der Täter eine Drahtschlinge benutzt. Mit ziemlicher Sicherheit befand er sich im Rücken seines Opfers und zog die Schlinge von hinten zu. Sieht nicht so aus, als hätte sich die Frau gewehrt. Ansonsten keine Auffälligkeiten am oder im Körper.«

»Geschlechtsverkehr?«, fragt Maschke.

Stave schüttelt den Kopf. »Keine Anzeichen für eine Vergewaltigung. Auch keine Spermaspuren oder sonstige Hinweise auf freiwilligen Geschlechtsverkehr kurz vor dem Tod. Auch wenn man das selbstverständlich nicht ganz ausschließen kann.«

MacDonald hüstelt verlegen. »Inwiefern?«

Maschke lächelt freudlos. »Wenn sie es freiwillig getrieben hat, dann gibt es keine typischen Verletzungen. Untenrum. Und wenn der Glückliche, den sie zuletzt rangelassen hat, einen Pariser benutzte, dann finden wir auch kein Sperma.«

»So kann man das formulieren«, brummt Stave. »Klar ist auch, dass sie höchstens zwei Tage dort lag, vielleicht sogar kürzer. Der Täter hat noch nicht viel Zeit gehabt, sich aus dem Staub zu machen.«

Der Lieutenant lächelt. »Zumal ja keine Schiffe und nur wenige Züge aus der Stadt abgehen. Er wird also noch in Hamburg sein.«

»Was die guten Bürger hier nicht unbedingt beruhigen wird«, wirft Maschke ein.

»Aber uns die Arbeit erleichtert, hoffe ich«, verkündet Stave. Dann wendet er sich wieder an MacDonald. »Haben Sie sich bei Ihren Kameraden umgehört?«

»Die haben geguckt, als ich ihnen abends im Club das Foto einer erwürgten Frau präsentiert habe«, antwortet der Lieutenant. »Aber niemand hat diese Dame je gesehen. Die Offiziere werden sich noch bei den Mannschaften umhören, aber ich befürchte, dass das auch zu nichts führen wird.«

Maschke schnaubt verächtlich, doch er sagt nichts, als er Staves warnenden Blick auffängt.

»Bleiben Sie trotzdem dran«, murmelt der Oberinspektor. »Es ist wie mit den Chirurgen und der Blinddarmoperation: Solange wir nicht alle potenziellen Zeugen erwischt haben, können wir nicht hundertprozentig sicher sein.«

Der Lieutenant nickt. »Es ist mir ein Vergnügen.«

Für den ist die Fahndung vielleicht so eine Art Sport wie die Fuchsjagd, denkt Stave, und vielleicht ist das nicht einmal die verkehrteste Einstellung. Er seufzt. »Ich muss jetzt zum Staatsanwalt und ihm Bericht erstatten. Herr Lieutenant, wären Sie so freundlich und würden sich noch ein wenig bei Ihren Kameraden umhören? Britische Soldaten sind nämlich zurzeit die Einzigen, die Hamburg problemlos verlassen können. Die Zeit drängt also.«

MacDonald nickt.

»Und Maschke, gehen Sie zu den Kollegen vom Raubdezernat. Vielleicht haben wir es mit Raubmord zu tun. Ein Opfer, das komplett ausgeplündert wird. In diesen Zeiten bringt ja selbst eine Unterhose etwas auf dem Schwarzmarkt ein. Schauen Sie, ob die etwas in ihren Unterlagen haben.«

Maschke räuspert sich, plötzlich verlegen. »Sie wissen doch, Herr Oberinspektor: die Akten …«

Stave flucht leise. Die Gestapo hatte ab dem 20. April 1945, als die Briten kurz vor der Stadt standen, Akten verbrannt, zum Teil in den Krematorien des Konzentrationslagers Neuengamme. Damit hatten sie nicht nur die Spuren ihrer Verbrechen verwischt, sondern auch viele Unterlagen über Straftaten gewöhnlicher Krimineller vernichtet. Sollte also vor 1945 ein Raubmörder mit einer derartigen Vorgehensweise umgegangen sein – Mord durch Drahtschlinge, Plünderung der Opfer bis zur Unterwäsche –, dann würden sie womöglich über ihn keine Akten mehr finden.

»Versuchen Sie es trotzdem«, ordnet Stave an.

Maschke erhebt sich und geht. Mit einem Nicken verabschiedet er sich von Stave, den Lieutenant ignoriert er.

MacDonald hat sich ebenfalls erhoben. Beiläufig fragt er: »Welcher Staatsanwalt ist für diesen Fall zuständig?«

»Doktor Ehrlich«, antwortet Stave. »Ich hatte bis jetzt noch nie etwas mit ihm zu tun.«

»Ich kenne ihn – aus England.« Der Lieutenant blickt ihn halb spöttisch, halb mitleidig an. »Sie sollten sich auf etwas gefasst machen. Ein harter Knochen, auch wenn man ihm das nicht ansieht. Aber ich glaube, dass Ehrlich auf die Hamburger Polizei nicht allzu gut zu sprechen ist.«

Stave lässt sich wieder auf seinen Stuhl fallen und bietet MacDonald ebenfalls Platz an. »Ein paar Minuten haben wir noch. Ich wäre Ihnen dankbar, wenn Sie mich ins Bild setzen.«

MacDonald lächelt. »Das bleibt unter uns.«

»Selbstverständlich.«

»Herr Ehrlich«, fährt der Lieutenant versonnen fort, »ist seit 1929 bei der Staatsanwaltschaft Hamburg. Ein sehr kultivierter Mann, hochgebildet, musisch begabt, ein Sammler moderner Kunst, vor allem der Expressionisten. Und, leider, Jude.«

Der Oberinspektor schließt die Augen, weil er ahnt, was kommen wird.

»1933 wurde er selbstverständlich sofort entlassen«, MacDonald erzählt dies noch immer im Plauderton. »Er schlug sich zunächst als Korrekturleser für einen juristischen Fachverlag durch, seine Frau – eine Arierin wie aus einer Wagneroper übrigens – gab Klavierstunden. Die beiden Söhne schickten sie auf ein englisches Internat, um sie aus der Schusslinie zu bringen. Dann kam die Reichskristallnacht.«

Stave nickt. Er erinnert sich an diese Nacht: Als die ersten Brandmeldungen eingingen, wollte er aus dem Kommissariat in Wandsbek zur nächsten Synagoge eilen. Doch dann kam der Befehl, im Büro zu bleiben. Ein ziemlich rüder Befehl. Er parierte. Nicht gerade die heldenhafteste Tat in seinem Leben. Er hatte nie mit jemandem darüber gesprochen, nicht einmal mit Margarethe.

»Ehrlich wurde noch am 1. November 1938 verhaftet und ins KZ Neuengamme gebracht. Muss eine harte Zeit gewesen sein, auch wenn er nie mehr als Andeutungen darüber gemacht hat. Nach einigen Wochen kam er wieder frei, weil ihm Freunde aus London ein britisches Visum verschafft hatten. Er verkaufte seine Kunstsammlung – zu einem Spottpreis, wie ich vermute. Mit seinem letzten Geld ergatterte er im Sommer 1939 eine Passage nach England. Seine Frau durfte nicht mit, das Visum galt nur für ihn. Dann brach der Krieg aus.«

MacDonald machte eine fast entschuldigende Geste. »Die Frau war allein. Gedemütigt, verlassen von Mann und Söhnen. Die Nachbarn mieden sie, sie konnte nicht einmal Klavierstunden mehr geben, weil sich niemand bei ihr blicken lassen wollte. Ehrlich war in London wie ein gefangener Tiger, er hat alles versucht, sie herauszuholen – über die Schweiz, die USA, Spanien, Portugal. Keine Chance. 1941 kam dann über das Rote Kreuz die Nachricht, dass seine Frau sich mit einer Überdosis Schlaftabletten das Leben genommen hatte.

Ich kannte Ehrlich da schon. Er war in Oxford untergekommen und dozierte über römische Rechtsgeschichte. Wir haben uns, nun, angefreundet wäre wohl zu viel gesagt. Vor ein paar Monaten habe ich ihm die Stelle bei der Staatsanwaltschaft vermittelt.«

»Sie haben was?«, entfährt es Stave.

MacDonald lächelt ironisch, und Stave fragt sich, wie viel Macht jener junge Offizier tatsächlich hat.

»Ehrlich wollte nach Deutschland zurückkehren – um mitzuhelfen, die Demokratie aufzubauen, wie er sagt. Da habe ich bei unseren Leuten nachgefragt und ihm diesen Posten angeboten. An unbelasteten Juristen mangelt es, wir sind dankbar für jeden Nicht-Nazi, den wir irgendwo auftreiben können. Nicht nur bei der Staatsanwaltschaft, auch bei der Polizei.«

Ein Kompliment, erkennt Stave verblüfft. »Aber warum ausgerechnet in Hamburg? Hier hat Ehrlich doch noch etliche Rechnungen offen. Kein gutes Motiv für einen Staatsanwalt.«

»Im Gegenteil: ein exzellentes Motiv«, erwidert MacDonald. »Herr Ehrlich ist einer der Ankläger im Curiohaus-Prozess.«

Das muss MacDonald Stave nicht erklären: In dem Gebäude an der Rothenbaumchaussee findet seit dem 5. Dezember 1946 das Gerichtsverfahren gegen neun Männer und sieben Frauen statt, die angeklagt sind, als Aufseher des Frauen-KZs Ravensbrück für den Mord an Tausenden verantwortlich zu sein.

»Und da hat er noch Zeit für diesen neuen Fall?«

»Er hat selbst darum gebeten. Herr Ehrlich arbeitet viel«, antwortet der Lieutenant.

Nachdem der Brite das Büro verlassen hat, bleibt

Stave noch sitzen. Warum Ehrlich? Beim Curiohaus-Prozess kann er besonders brutale Nazis auf das Schafott bringen. Aber was interessiert einen politisch eingestellten Staatsanwalt wie ihn eine nackte, namenlose Frauenleiche? Ein schwieriger Fall, vielleicht. Aber kein politischer. Oder doch?

Schließlich gibt Stave auf und erhebt sich seufzend. Möglicherweise reizt den Staatsanwalt gerade das Rätselhafte an diesem Mord, jenseits aller persönlichen Motive. Oder vielleicht hofft er, über eine Straftat, an deren Aufklärung die Kripo scheitert, ein paar Krimsches fertigzumachen, die damals allzu eng mit der Gestapo zusammengearbeitet und trotzdem die Entlassungen nach 1945 überstanden haben.

Gut möglich, dass er es bald herausfindet. Leider auch möglich, dass Ehrlich irgendwie erfährt, was Stave 1938 unternommen hat, um die Plünderung der Synagogen zu verhindern. Nämlich nichts.

Das Hamburger Strafjustizgebäude ist ein riesenhaftes Renaissanceschloss: hellrote Fassade, weißgelber Sandstein, weiße, hohe Fenster, manche von gedrechselten Säulen flankiert. Ein wuchtiger Kasten aus dem 19. Jahrhundert, der unglaublicherweise von jeder Bombe des Zweiten Weltkriegs verfehlt worden ist. Die Staatsanwaltschaft hat dort ihre Büros.

Stave betritt das Gebäude. Es waren nur ein paar

Schritte von der Kripo-Zentrale quer über den Platz, an der Musikhalle vorbei und durch einen verwilderten kleinen Park.

Kurz darauf sitzt er auf einem unbequemen Besucherstuhl in Ehrlichs Büro. Stave ist nervös, fast fühlt er sich wie ein Schüler, der ins Zimmer des Rektors gerufen worden ist; er ärgert sich über sich selbst, aber das vertreibt die innere Unruhe auch nicht. Verstohlen schaut er sich um, während sein Gegenüber noch in Akten blättert.

Doktor Albert Ehrlich ist klein und glatzköpfig; die Augen schwimmen hinter den dicken Gläsern einer altmodischen, dunklen Hornbrille. Schlips, Kragen, messerscharf gebügelte Hosen, englisches Tweed-Jackett. Kein Foto seiner Frau oder seiner Söhne im Büro, überhaupt kein persönlicher Gegenstand, überall nur Aktenordner und Zettel, an einem kleinen Nebentisch eine schwarze, wuchtige Schreibmaschine. Stave starrt verstohlen auf die kurzen, breiten, mit hellem Haarflaum überzogenen Finger Ehrlichs: kein Ehering.

Stave selbst trägt auch keinen mehr. Er hat ihn im Sommer 1943 nachts im Hafen in die Elbe geschleudert. Eine Zeit lang hatte er an der Spitze des Piers gestanden. Das Wasser war verführerisch nah und so dunkel … Aber dann war er doch umgekehrt und nach Hause gegangen – wenn man die Trümmer denn so nennen will. Stave schließt kurz die Augen.

»Ich bedaure außerordentlich, dass ich Sie habe warten lassen müssen«, sagt Ehrlich schließlich und klappt den Aktendeckel zu. »Tee?« Eine kultivierte, leise Stimme.

Stave lächelt zaghaft. »Sehr gerne.« Dann reißt er die Augen auf, als eine Sekretärin mit einer Kanne hereinkommt, aus der es dampft und duftet. Echter Tee, stellt Stave fest, Earl Grey, nicht aufgegossene Brennnesseln.

Ehrlich schenkt ein. »Früher war ich Kaffeetrinker«, gesteht er. »Tee habe ich mir erst in England angewöhnt. Er ist auch deutlich leichter zu beschaffen – vor allem, wenn man in der britischen Zone lebt.«

»Sind Sie deshalb gerade nach Hamburg zurückgekehrt, dem Hafen der britischen Zone?«, fragt Stave.

»Ah, ich sehe, Lieutenant MacDonald hat Sie bereits informiert«, erwidert Ehrlich und lächelt amüsiert. Der Blick seiner eulenhaft vergrößerten Augen ist jedoch aufmerksam, ein wenig lauernd.

Dummkopf, ärgert sich Stave über sich selbst. Typische Kripo-Marotte: gleich im Gespräch überfallen, überraschen, verunsichern. Nicht der richtige Weg bei diesem Staatsanwalt.

»Danke, dass Sie unserem Antrag auf Leichenöffnung so schnell zugestimmt haben«, sagt er, um das Thema zu wechseln.

Ehrlich entspannt sich. »Reden wir über den Fall. Ich bin ganz Ohr.«

Stave berichtet alles, was sie bis jetzt erfahren haben sowie über den bisherigen Ermittlungsstand und alle Theorien zu Opfer und Täter.

»Das wird schwierig«, sagt Ehrlich nachdenklich, als der Oberinspektor geendet hat.

»Wir müssen unbedingt herausfinden, wer die Tote ist. Sonst werden wir vielleicht nie weiterkommen«, gibt Stave zu.

»Dann glauben Sie also selbst nicht einmal an die These vom Raubmord, obwohl Sie Maschke losgeschickt haben, um Akten aufzutreiben, die, wie Sie und ich wissen, in gewissen Öfen verbrannt worden sind.«

Ist der fix, denkt Stave erschrocken. Bei einem Raubmord führt die Identität des Opfers nicht unbedingt zum Täter, denn oft überfallen Kriminelle ihnen unbekannte Personen. Ehrlich muss daraus geschlossen haben, dass Täter und Opfer sich gekannt haben und Stave einen anderen Verdacht hat. »Ich bemühe mich um Gründlichkeit«, erwidert er.

»Eine sehr deutsche Tugend«, antwortet der Staatsanwalt mit feiner Ironie.

»Eine kriminalistische Tugend überall auf der Welt.« Stave ist das Katz-und-Maus-Spiel plötzlich leid. »Aber Sie haben recht«, fährt er in versöhnlichem Ton fort und entspannt sich. Vielleicht fasst er auf einmal Vertrauen zu Ehrlich, vielleicht ist es auch einfach der heiße Tee: Er beschließt, ganz gegen seine Gewohnheit, den Staatsanwälten stets nur harte Fakten und plausible Vermutungen zu präsentieren, diesmal auch einen erst halb begründeten Verdacht anzusprechen. »Das Verbrechen ist nicht nur brutal«, erklärt Stave zögernd, »sondern auch effizient: Gewalt, die direkt zum Tod führt. Danach eine Plünderung der Leiche, die äußerst gründlich war.«

»Kaltblütig«, wirft Ehrlich ein.

»Ja. Sorgfältig geplant, perfekt ausgeführt. Jemand, der dazu fähig ist, ist entweder moralisch vollkommen abgestumpft – oder geisteskrank bei gleichzeitig klarstem logischem Bewusstsein.«

»Nach diesem Krieg und den zwölf Jahren dieses Regimes laufen in Deutschland genug Leute frei herum, denen eine Tote mehr oder weniger auf ihrem offenbar unterentwickelten Gewissen nichts mehr ausmacht. Psychopathen sind ganz sicher darunter. Aber die meisten würden wir wohl als Biedermänner bezeichnen.«

»Und doch wird in Hamburg nicht jeden Tag eine junge Frau mit einem Draht erdrosselt, entkleidet und in den Trümmern abgelegt.«

Der Staatsanwalt nickt. »Touché. Also: Was vermuten Sie wirklich, Herr Oberinspektor?«

»Ich tippe auf einen Geistesgestörten. Jemanden, der das Opfer kannte oder es zumindest eine Zeit lang unauffällig beobachtet hat. Der womöglich über Wochen oder Monate die Tat geplant hat. Und der im geeigneten Augenblick zuschlug.«

»Indizien?«

»Außer den brutalen Tatumständen: keine.« Stave hält es für sinnlos, dem Staatsanwalt etwas in dieser Hinsicht vorzumachen. »Wir haben es bei der Arbeit nicht oft mit derartigen Geistesgestörten zu tun. Ich bin kein Experte auf diesem Gebiet. Wenn solche Menschen, wie ich einmal gelesen habe, irgendwelche Muster bei ihren Untaten verfolgen, dann kann ich die noch nicht erkennen. Dazu wäre es zu früh.«

Beide schweigen eine lange Zeit. Unnötig auszusprechen, was Stave und Ehrlich denken: dass dieser Toten weitere folgen könnten.

»Was haben Sie nun vor?«, fragt der Staatsanwalt schließlich und schenkt Tee nach.

Der Oberinspektor nickt dankbar und wärmt seine Hände an der Tasse, saugt den Duft ein und lächelt. Dann holt er eine Papierrolle aus seiner Manteltasche, die noch nach Druckerfarbe riecht.

»Das erste Exemplar des Fahndungsplakats«, erklärt er und reicht es dem Staatsanwalt über den Tisch.

»1000 RM Belohnung!«, liest Ehrlich laut vor. »Raubmord in der Baustraße in Hamburg – Am Montag, den 20. Januar 1947, wurde auf dem Trümmergrundstück, Hamburg, Baustraße 13, eine bisher noch unbekannte weibliche Person tot aufgefunden. Es liegt Raubmord vor. – Na, ein Dichter sind Sie nicht, Herr Oberinspektor.« Ehrlich betrachtet das Foto der Ermordeten, liest die Personenbeschreibung.

»Gerade sagen Sie mir, dass Sie nicht wirklich an Raubmord glauben«, sagt er schließlich. »Und hier lese ich das schwarz auf weiß, wie eine Tatsache.«

»Ich will niemanden beunruhigen«, rechtfertigt sich Stave. »Außerdem hilft uns die Erwähnung eines möglicherweise geistesgestörten Täters nicht weiter, fürchte ich.«

»Erklären Sie mir das.«

»Wenn wir irgendwo einen Irren suchen, dann melden sich bei uns Hunderte Zeugen, die Nachbarn, Kollegen oder alle möglichen Leute anzeigen, die ihnen einmal in die Quere gekommen sind. Das bindet Arbeitskraft und bringt nur Ärger.«

»Vermutlich haben Sie recht.«

»Das Plakat wird bald überall in der Stadt hängen. Wir warten ab, ob sich nicht jemand meldet, der die Tote kennt.«

»Und was machen Sie bis dahin?«

»Zum Friedhof gehen«, erwidert Stave. »Heute Nachmittag ist die Beerdigung der Unbekannten auf dem Öjendorfer Friedhof. Ich bleibe im Hintergrund – mal sehen, ob ein Trauergast auftaucht.«

Nach dem Besuch bei Ehrlich kehrt Stave nicht direkt in sein Büro zurück. Ziellos wandert er durch die Stadt. Er muss seine Gedanken ordnen, und das gelingt ihm am besten, wenn er in Bewegung ist. Noch einmal geht er alle Details des Falles durch: Was weiß er über das Opfer? Fast nichts. Über den Täter? Noch weniger. Was bleibt ihm anderes übrig als zu warten? Darauf, dass sich ein Zeuge meldet, irgendjemand, der die Unbekannte auf dem Fahndungsplakat identifizieren kann. Und falls nicht? Hat er irgendetwas übersehen? Aber was?

Der Oberinspektor fühlt sich bedrängt – und hasst dieses Gefühl. Von Cuddel Breuer. Von Ehrlich. Stave jedoch arbeitet am liebsten allein. Spezialisten holt er sich gerne hinzu, wenn sie notwendig sind: Fotografen, Spurensicherer, Gerichtsmediziner. Aber was soll er mit Maschke anfangen? Und erst MacDonald. Kein Krimsche, kein Profi. Andererseits mag der Blick des Außenseiters hilfreich sein; dem Briten mögen Dinge auffallen, die er, Stave, vielleicht übersieht. Klug genug scheint er zu sein – und einflussreich.

Stave taucht aus seinen Gedanken auf. Er findet sich am Eppendorfer Baum wieder, ein gutes Stück entfernt vom Karl-Muck-Platz. In einem halb zerstörten Haus hat sich ein Imbiss eingenistet: Die Obergeschosse eines alten, mehrstöckigen Hauses hat eine Bombe aufgerissen, sodass das Gebäude dasteht wie eine halb ausgeweidete Leiche. Nur das Erdgeschoss scheint intakt geblieben zu sein, über der Tür wirbt ein ungeschickt fabriziertes Holzschild für »frische Gerichte«.

Stave betritt den hellen, leider ungeheizten Raum und setzt sich an einen Tisch. Er ignoriert das Pochen aus seinem verdammten linken Fußgelenk. Gewohnheitsmäßig schaut er sich um: Mittagszeit, ein paar Arbeiter und Angestellte, eine Mutter mit zwei Kindern, allein in der Ecke eine dürre Gestalt mit Russlandgesicht im umgefärbten Wehrmachtsmantel, dessen linker Ärmel vorne lose festgenäht ist.

Stave bestellt das Tagesgericht für eine Reichsmark: ein saurer Hering, zwei dünne Gurkenscheiben, ein Löffel Gemüsesalat undefinierbarer Farbe und unbeschreiblichen Geschmacks. Er schlingt die Sachen hinunter und fühlt sich danach hungriger als zuvor. Wenn er wenigstens einen Kaffee trinken könnte. Er seufzt, zahlt und hinkt hinaus.

Im Büro wartet MacDonald bereits auf ihn – das sagt er zumindest. Der Oberinspektor hat den leisen Verdacht, dass den Lieutenant eher die Aussicht auf einen Plausch mit Erna Berg zum Karl-Muck-Platz gelockt hat als die Mordermittlungen.

»Was gibt es Neues aus der Army?«, fragt er ihn.

MacDonald macht eine entschuldigende Geste, die ihn für einen winzigen Moment wie einen kleinen Jungen aussehen lässt. »Überall große Augen, wenn ich das Foto hervorziehe. Aber niemand scheint die Tote zu kennen.«

»Haben Sie Ihren Jeep dabei?«

Der Lieutenant nickt. »Eine Verfolgungsjagd? So wie in diesen amerikanischen Filmen? Soll ich uns Maschinenpistolen besorgen?«

Gegen seinen Willen muss auch Stave lächeln. »Und die Knarren verstecken wir in einem schwarzen Sarg. Wir fahren zum Friedhof.«

Der Oberinspektor ist erleichtert, dass er sich nicht mit der Straßenbahn und zu Fuß auf den langen Weg bis in Hamburgs Osten machen muss. MacDonald führt ihn bis zu einem kastenförmigen, schlammfarbenen Jeep, der vor dem Haupteingang parkt. Als er losfährt, wackelt die klappbare Windschutzscheibe, es zieht erbärmlich durch die Ritzen im Stoffverdeck, die Stoßdämpfer sind so hart, dass jedes Schlagloch wie ein Fausthieb in die Lendenwirbel kracht. Egal. Stave schließt für einen Moment die Augen und massiert, unauffällig, wie er glaubt, den Oberschenkel seines verkrüppelten Beines. Die Muskeln schmerzen, weil er verkrampft geht.

»Eine alte Verletzung?« MacDonald fährt aufmerksam und sieht nach vorne, doch er muss ihn irgendwie aus den Augenwinkeln beobachtet haben.

Stave fühlt sich ertappt. »Ein Dachbalken von oben; war nicht schnell genug«, erklärt er knapp.

Der Lieutenant nickt nur.

»Wieso sprechen Sie so gut Deutsch?«, will Stave wissen, weil er von sich ablenken will und ihm keine bessere Frage einfällt. Er muss die Stimme heben, um den röhrenden Motor zu übertönen.

»Ich habe es in Oxford gelernt. Oriel College. Dort habe ich Geschichte studiert und mich dabei schließlich auf Preußen spezialisiert. Meinen Master habe ich über Bismarcks Einstellung zu Großbritannien vor 1870 geschrieben. Ich war sogar in Berlin, um Akten einzusehen.«

»Und das alles vor dem Krieg?«, entfährt es dem Oberinspektor. »Wie alt sind Sie denn?«

MacDonald lacht. »Ich bin ein Weihnachtskind, 24. Dezember 1920. In Berlin war ich in meinem ersten Studienjahr, mit achtzehn. Das war im Sommer 1939. Eigentlich wollte ich mehrere Monate bleiben, doch als im August immer klarer wurde, dass ein Krieg droht, habe ich meine Zelte abgebrochen. In einem möblierten Zimmer dort müssen noch ein paar Bücher von mir verstauben. Falls das möblierte Zimmer nicht ausgebrannt ist.«

»Und wie kamen Sie gerade auf preußische Geschichte? Ziemlich exotisches Fach in Oxford, nehme ich an.«

»Oxford besteht ausschließlich aus exotischen Fächern.« MacDonald lächelt nostalgisch, dann wird er plötzlich ernst.

»Wissen Sie, wie eine Klassengesellschaft funktioniert, Herr Oberinspektor? Earls und Dukes, Eliteinternate, Clubs in London, steife Oberlippen, Ahnen, die mit Wilhelm dem Eroberer im Boot saßen?«

Stave schüttelt den Kopf, nickt dann aber, selbst überrascht. »Bei uns hieß das: Parteigenosse oder Volksgenosse oder gar Nichtarier. Ritterliche Vorfahren musste man zwar nicht haben, aber es hat kolossal geholfen, wenn man 1923 beim Marsch auf die Feldherrenhalle schon dabei war oder doch wenigstens vor dem März 1933 in der Partei.«

»Sie aber wollten sich nicht helfen lassen.«

»Volksgenosse ja, das ließ sich nicht ändern. Parteigenosse: nein.«

MacDonald schweigt und starrt nach vorne. Ziegelschutt und Betonplatten beidseits der Straße, verbogene Rohre darin wie groteske Skulpturen. Eine einzelne, vier Stockwerke hohe Mauer. Ganz oben noch Tapetenfetzen, die im Wind flattern wie Flaggen. Dann ein freigeräumtes Gelände, darauf zwei Dutzend Nissenhütten: Baracken, die aussehen wie der Länge nach aufgeschnittene Fässer aus Wellblech. Von den Briten aufgebaute Notunterkünfte für Tausende Ausgebombte.

»Ich bin nicht mit steifer Oberlippe geboren«, fährt der Lieutenant nach einer Weile fort. »Meinen Eltern gehört ein Kramladen in Lockerbie, einem Ort in Südschottland. Ich wollte aber nicht mein Leben im Nirgendwo verbringen. Ich habe gelernt, bis ich ein Stipendium für Oxford ergattert habe. Dort habe ich dann deutsche Geschichte belegt, weil ich mir sicher war, dass wir noch einmal Krieg mit euch haben werden. Es war mir klar, dass ihr nach dem Ersten Weltkrieg noch eine Rechnung mit uns offen hattet. Da dachte ich mir, lerne den zukünftigen Feind kennen, dann bist du nützlich für dein Land.«

»Scheint funktioniert zu haben«, murmelt Stave.

MacDonald lächelt. »Am Anfang habe ich mich manchmal gefragt, ob ich im Sommer 1939 nicht in Berlin hätte bleiben sollen. Hitler sah wirklich wie der sichere Sieger aus. Aber schließlich kam es ja doch anders – und nun bin ich hier in Hamburg. Sie werden es nicht glauben, Herr Oberinspektor: Aber selbst in ihrem jetzigen Zustand gefällt mir die Stadt besser als das Kaff, aus dem ich stamme.«

»Stimmt: Ich glaube es Ihnen nicht«, antwortet Stave müde. »Da vorne rechts. Bald sind wir da. Unser Friedhof ist auf jeden Fall größer als der von Lockerbie.«

Sie halten vor dem niedrigen, breiten Torbau. Der Friedhof dahinter war vor dem Krieg ein schöner, großer Park – so groß, dass sogar Straßen hindurchführten mit Bushaltestellen. Nun sind die meisten Büsche und Bäume kleingehackt von Holzsammlern, viele Gräber verwildert, weil niemand mehr die Kraft hat, sie zu pflegen – oder weil niemand mehr da ist.

Stave und MacDonald schlendern über einen geraden Weg, der zum Zentrum des Öjendorfer Friedhofs führt. Viele neu angelegte Gräber, denkt der Oberinspektor. Dann fällt sein Blick zufällig auf einen Urnenhain, eine Art Garten inmitten des Friedhofs, wo unter Blumenrabatten Urnen vergraben sind. Es gibt keine neuen Gräber hier, denn niemand verbrennt mehr Leichen, da auf Tote kein kostbares Brennmaterial verschwendet werden darf. Im Zentrum des Urnenhains erhebt sich die Bronzeskulptur einer sitzenden Trauernden. Ein Wunder, dass sie bislang Plünderern entgangen ist.

Stave erinnert das Frauenbildnis plötzlich an Margarethe, obwohl die Figur keine Ähnlichkeit mit seiner Gattin hat. Er wendet sich ab, damit MacDonald nicht sieht, wie er um Fassung ringt. Margarethe liegt auch auf dem Öjendorfer Friedhof, doch Stave scheut sich, zusammen mit dem Lieutenant an ihr Grab zu treten. Er sagt nichts und geht weiter, schneller als zuvor.

Sie kommen pünktlich an: ein müder Pastor, zwei Sargträger, eine offene Grube. Der Boden ist mehr als einen Meter tief gefroren; Stave fragt sich, wie sie das Grab geschaufelt haben. Wahrscheinlich nicht geschaufelt, sondern mit der Spitzhacke aufgebrochen.

Der Pastor murmelt ein Gebet, eine schwarze Bibel in bläulich verfrorenen Händen. Er hat es eilig, Stave kann kein Wort verstehen. Diskret bleiben er und der Lieutenant im Hintergrund stehen und sehen sich unauffällig um. Niemand in der Nähe. Die Leichenträger schleppen den Sarg bis zur Grube, legen ihn auf zwei quer liegenden Balken darüber und öffnen an einem Hebel den Sargboden. Die in ein gräuliches Tuch eingehüllte Leiche stürzt heraus wie durch eine Falltür und trifft mit dumpfem Schlag auf den harten Boden. Das Geräusch ihres Aufpralls klingt schreckenerregend laut in der Stille. Die beiden Männer schließen den Behelfssarg wieder und schleppen ihn davon. Sie werden ihn noch oft verwenden; auch das spart Holz. Der Pastor nickt Stave und MacDonald zu, dann wendet er sich ab.

»Das hätten wir uns wohl sparen können«, murmelt der Lieutenant und schlägt die Hände zusammen.

»Es war einen Versuch wert«, antwortet Stave. Seine Stimme klingt unbeteiligt.

Ein alter Mann

Samstag, 25. Januar 1947

Stave sitzt in seiner dämmrigen Wohnung und wärmt sich die Hände an der Tasse mit dampfendem Ersatzkaffee. Langsam schlürft er das bittere Getränk. Eigentlich sollte er schon längst aufgestanden sein, sollte schon seit dem frühen Morgen die Bahnsteige am Hauptbahnhof abpatrouillieren, sollte nach seinem Sohn fragen.

Karl ist ihr einziges Kind. Sie hätten gerne mehr gehabt, doch er und Margarethe haben keine weiteren bekommen; die Ärzte fanden nie heraus, warum. Karl ist jetzt neunzehn Jahre alt, denkt Stave. Falls er noch lebt.

Er wünschte, sie hätten sich nicht gestritten, damals, als Karl sich freiwillig noch für die Front meldete. Jugendlicher Idealismus, Kampfesmut, Verachtung für den Vater? Er muss ihn suchen.

Andererseits ist Stave müde. Zwar ist er aus Gewohnheit früh aufgestanden, doch dann hat er in seiner Wohnung die wenigen Möbel hin und her gerückt, hat endlos lange bröseliges Brot und Magerquark gekaut, Frühstück und Mittagessen zugleich. Jetzt ist es schon nach zwei Uhr mittags und er ist immer noch nicht aus dem Haus gekommen. Er fürchtet sich, wieder ein Wochenende vergebens auf ein Zeichen seines Sohnes zu hoffen, vergebens eine ausgemergelte Gestalt nach der anderen anzusprechen, er fürchtet die leeren Blicke, die gleichgültigen Gesten.

Und ihm steckt die letzte Arbeitswoche in den Knochen. Nichts, gar nichts. Niemand hat sich auf das Fahndungsplakat hin gemeldet, nicht einmal die üblichen Verrückten, die sich solche Gelegenheiten zur Anzeige sonst nie entgehen lassen. Wahrscheinlich ist es zu kalt, um zur nächsten Polizeiwache zu gehen, selbst für Spinner. Aber ist es denn möglich, dass mitten in Hamburg eine junge Frau verschwinden und sterben kann, ohne dass sie irgendjemand vermisst? Wenn sie denn schon keine Familie, keine Freunde hatte – irgendein Nachbar muss sie doch kennen. Stave weiß zwar, wie es im Hochbunker zugeht und in anderen Notunterkünften: Wenn man dort verschwindet, dann wird das Quartier ohne Zögern neu belegt, und es ist, als hätte man dort nie gelebt. Aber das Foto der ermordeten Frau müsste doch selbst den hartherzigsten Bunkermenschen zur Polizei treiben.

Breuer und Ehrlich haben ihn in Ruhe gelassen, aber der Oberinspektor ahnt, dass sie Ergebnisse von ihm sehen wollen. Aber welche? Er weiß nicht weiter. Er fühlt sich zerschlagen und durchgefroren und würde sich am liebsten unter die Bettdecke verkriechen.

Und deshalb ist er fast erleichtert, als jemand an seine Tür klopft. Jetzt muss er sich aufraffen, wozu auch immer.

Als er Ruge vor sich sieht, weiß Stave, dass sein Versteckspiel vor der Wirklichkeit beendet ist. Der junge Schupo nimmt Haltung an, holt Luft, doch der Oberinspektor kommt ihm zuvor.

»Wenn Sie eine frische Leiche haben, dann kommen Sie erst einmal herein«, sagt er leise. »Ihre Meldung muss ja nicht durchs Treppenhaus dröhnen.«

Der Angesprochene lächelt unsicher, tritt ein und zieht im engen Flur den Tschako vom Kopf. »Tut mir leid, Herr Oberinspektor. Das passiert scheinbar immer dann, wenn ich im Dienst bin. Ich hoffe, dass mich das nicht zum Verdächtigen macht.«

»Freuen Sie sich nicht zu früh«, brummt Stave, greift sich Pistole, Mantel, Hut und Schal und schafft es dabei noch, Ruge eine Zigarette anzubieten.

Der zögert diesmal nicht, nickt dankend.

»Wo?«, fragt Stave.

»Lappenbergsallee, Eimsbüttel.«

»Das ist weit im Westen. Warum muss gerade ich kommen?«

»Der Tote ist nackt, Herr Oberinspektor. Und es sieht so aus, als sei er erwürgt worden. Ein alter Mann diesmal.«

»Eine Abwechslung«, murmelt Stave und drückt die Wohnungstür auf. »Sind Maschke und MacDonald bereits informiert worden?«

»Kollegen sind unterwegs zu ihnen. Sie sollen alle zum Fundort kommen. Das hat Herr Breuer angeordnet. Er wird auch dort sein.«

Das kann heiter werden, denkt Stave. Bis sie am Fundort jenseits der Alster angelangt sein werden, wird es fast dunkel sein. Nicht gerade ideal, um den Platz abzusuchen – vor allem dann, wenn man seinen Chef als aufmerksamen Zuschauer dabeihat.

Eine Minute später fährt der alte Mercedes mit röchelndem Motor los. Stave starrt aus dem Seitenfenster und versucht ein Muster in den Taten zu erkennen: nackte Opfer, erwürgt. Aber warum zuerst eine junge Frau, nun ein alter Mann? Für einen Moment wird ihm übel. Ist nur die abgestandene Luft im Auto und der Hunger, sagt er sich, doch er ahnt, dass ihm etwas ganz anderes zu schaffen macht: Angst.

Von Wandsbek bis nach Eimsbüttel sind es über elf Kilometer. Obwohl Ruge den Mercedes quält, dass er durch Schlaglöcher springt und um große Bombenkrater schlingert, dauert es fast eine halbe Stunde, bis sie am Fundort eintreffen. Als sie endlich stoppen, öffnet Stave erleichtert die Tür und steigt aus. Er atmet tief durch, bis sich das flaue Gefühl im Magen aufgelöst hat, dann sieht er sich um: wieder ein Kleine-Leute-Viertel, das im Krieg schwer bombardiert worden ist. Die Bäume an der Lappenbergsallee sind niedergebrannt oder von Holzsammlern zu Stümpfen zerhackt. Dahinter erhoben sich einst viergeschossige Wohnblocks aus Backstein, doch die sind allesamt zerstört. Im letzten Sommer haben Arbeitstrupps die noch aufragenden Fassaden und Wände niedergerissen, weil sie einzustürzen drohten. Nun ist das Gelände eine bizarre Wüste von drei, fünf oder zehn Meter hohen Ziegel- und Schutthaufen, aus denen Abwasser- und Regenrohre, Kabelknäuel und zersplitterte Dachbalken ragen; Trampelpfade führen ohne erkennbares System durch die Trümmer. Die nächsten noch einigermaßen intakten Häuser stehen, schätzt Stave, mindestens 150 Meter entfernt.

Ein Jeep bremst mit quietschenden Reifen und stoppt so dicht hinter dem Mercedes, dass Stave einen Moment lang fürchtet, er würde ihn rammen. MacDonald steigt aus und grüßt mit einem Nicken, nicht mit dem militärischen Mützengruß, wie der Oberinspektor erleichtert feststellt.

»Waren Sie schon einmal am Fundort einer Leiche, Herr Lieutenant?«, fragt er. Er möchte den Briten lieber schonend auf den Anblick eines Mordopfers vorbereiten, damit ihm der nicht gleich aus den Stiefeln kippt.

Doch MacDonald bleibt gelassen. »Wie man es nimmt: Ja, weil ich im Krieg Tote geborgen habe. Nein, weil wir Soldaten das damals sicherlich anders gemacht haben, als Sie Polizisten das tun.«

Stave lächelt dünn und deutet auf eine Glocke aus Licht, die zwischen den Trümmerbergen erstrahlt: zwei mobile Scheinwerfer, gespeist von einem Dieselgenerator, dessen Brummen bis zu ihnen schallt. »Dort wird es sein, schätze ich.«

Sie folgen von der Lappenbergsallee aus einem Trampelpfad, der sich um einen hohen Schuttberg windet. Schon nach zehn Schritten ist der Pfad von der Straße aus nicht mehr einsehbar. Noch ein paar Trümmerhügel. Dann ein eisgefüllter Bombenkrater, vielleicht anderthalb Meter tief. Darin ein zerbeultes Benzinfass.

Und daneben der Tote.

Zwei frierende Schupos stehen im flackernden Licht der Scheinwerfer, ein dritter beugt sich über den Generator. Der Fotograf baut seine Ausrüstung auf. Maschke schlendert ein paar Schritte entfernt von ihm auf und ab, rauchend. Doktor Czrisini streift seine wildledernen Handschuhe von den Fingern und zwängt sich stattdessen in Gummihandschuhe mit hohen Stulpen.

»Ein Lustmord war das wohl nicht«, sagt der Gerichtsmediziner zur Begrüßung und deutet auf die Leiche.

»Wenn ich mal nicht mehr mag, dann schlage ich Sie für meinen Posten vor«, brummt Stave.

»Wir können tauschen«, erwidert Czrisini fröhlich.

Sie beugen sich über den Toten: ein nackter Mann,

fünfundsechzig bis siebzig Jahre alt, schätzt Stave. Nicht sehr groß, vielleicht 1,60 Meter. Schlank, doch nicht unterernährt. Keine Arbeitshände. Das Opfer liegt auf dem Rücken, der Körper wie entspannt, die Füße eng beieinander, die linke Hand neben dem Rumpf, halb geöffnet, die rechte verborgen unter dem Gesäß. Der Körper ist gefroren und leicht verschneit, als läge Puderzucker auf dem Toten, die weiße Haut darunter zeigt mehrere Totenflecken.

Der Gerichtsmediziner deutet stumm auf den Kopf: Grauer, buschiger Bart, krumme, ziemlich große Nase. Die Augen geschlossen. Als Stave sich tiefer zum Opfer hinabbeugt, erkennt er, dass sie zugequollen sind, wie nach Schlägen.

»Blut an beiden Ohren«, sagt Doktor Czrisini nüchtern, »kleine Wunde an der linken Kinnspitze, Stirn und Augen verschwollen von Prellungen. Der Mann ist verprügelt worden, mit der Faust oder einem stumpfen Gegenstand.«

»Tödliche Verletzungen?«

Der Gerichtsmediziner schüttelt den Kopf. »Sicher weiß ich das natürlich erst nach der Leichenöffnung, aber ich vermute, dass die Schläge ihn bloß geschwächt haben. Vielleicht ist er zu Boden gegangen, hat möglicherweise das Bewusstsein verloren.« Er deutet auf die linke Hand des Toten. »Schürfwunden. Scheint sich gewehrt zu haben, zunächst zumindest. Dann aber hat er keine Chance mehr gehabt. Sehen Sie die feine Drosselungsmarke am Hals? Er ist erstickt worden, mit einer Drahtschlinge vermutlich.«

Stave schließt kurz die Augen. »Der Mann wurde von vorne oder von der Seite angegriffen, er wurde mit heftigen Schlägen gegen das Gesicht und gegen den Kopf niedergestreckt und dann, als er sich nicht mehr wehrte, erdrosselt. Womöglich war er da schon bewusstlos.«

Crzisini deutet auf einen unterarmlangen, vierkantigen Eisenstab, der neben dem Kopf des Opfers im Dreck liegt. »Die Verfärbung am Eisen, schätze ich, ist Blut.«

»Die Waffe, mit der man den Mann niedergeschlagen hat?«

»Vielleicht. Kann aber auch sein, dass der Stab schon dort lag und Blut erst darauf gespritzt ist, als der Mann direkt daneben stürzte.«

Stave wünscht sich, dass es noch Tag wäre. Das flackernde Licht lässt seine Augen schmerzen, überall scheinen Schatten durch die Ruinen zu tanzen, sein Kopf dröhnt vom Lärm des Generators.

Sie warten, bis der Fotograf die ersten Bilder des Opfers gemacht hat. Dann bewegt Czrisini behutsam den Körper des Unbekannten.

Er zieht die Augenlider auseinander. »Blaue Augen.« Mit beiden Händen drückt er den Unterkiefer des Toten nach unten. »Keine Zähne«, verkündet er. »Das Opfer trug vermutlich eine Prothese.«

Er untersucht den Mann, arbeitet sich langsam und systematisch vom Kopf an hinunter. »Pfenniggroße Warze an der linken Hüfte.« Dann deutet er auf den Unterleib. »Hodenbruch, Hodensack stark erweitert. Wenn man das hat, dann trägt man ein Suspensorium. Trotzdem wäre man beim Gehen behindert.«

Stave deutet stumm auf den Rand des Bombenkraters. Dort liegt ein schwarzbraun polierter Spazierstock aus Bambus. Der Griff ist geschnitzt, eine zarte Schneedecke bedeckt die Gehhilfe – ungefähr so dünn wie die, die auch den Körper des Toten einhüllt.

»Das könnte der Stock des Toten sein«, murmelt er.

Im flackernden Licht blitzt neben dem Körper noch ein Metallknopf auf. Als sie den Toten endlich auf eine Bahre legen lassen, entdecken sie unter seinem Leib einen abgerissenen Lederriemen, vielleicht von einem Wanderrucksack.

Und dann sieht Stave etwas Kleines, Glänzendes im Schutt, dort, wo eben noch die Schultern des Toten lagen. Er bückt sich und hebt es auf: ein Medaillon aus Silber, rund, groß wie ein Groschen, an einer dünnen, zerrissenen Kette aus demselben Metall.

»Das muss der Täter beim Plündern übersehen haben«, vermutet Czrisini.

Stave starrt auf die winzige Scheibe in seiner behandschuhten Faust, tritt näher an den Scheinwerfer, flucht still über dessen flackerndes Licht. Die Rückseite des Medaillons ist unverziert und glatt poliert vom langen Tragen auf der Haut. Die Vorderseite zeigt ein Kreuz, das auf einer Art gezacktem Hügel steht. Könnten Felsen sein, oder Flammen, denkt der Oberinspektor. Links und rechts oberhalb des Kreuzes schweben zwei schräg gestellte Objekte, die Stave zunächst für zwei weitere Kreuze hält.

Der Gerichtsmediziner, der neben ihn getreten ist, deutet darauf. »Das sind Dolche«, behauptet er.

»Sind Sie sicher?«

»Länger als ein Messer, kürzer als ein Schwert. Klassische leicht ovale Klingenform.«

»Das würde bedeuten, dass die Spitzen beider Dolche genau auf das Kreuz zeigen.«

»Seltsam, nicht wahr? Das habe ich noch nie gesehen.«

Stave starrt auf das Medaillon. Czrisini hat recht, denkt er. Dolche und ein Kreuz. Was soll das sein? Er lässt das Objekt in eine Papiertüte gleiten. Eine Spur, denkt er. Ich habe eine erste Spur. Fragt sich nur, wohin die führt. »Wie lange liegt er wohl schon hier?«, fragt Stave.

Der Gerichtsmediziner zuckt mit den Achseln. »Mindestens einen Tag, den Totenflecken nach zu urteilen, vielleicht auch deutlich länger. Das ist bei diesen sibirischen Temperaturen schwer zu schätzen.«

»So lange wie die Tote aus der Baustraße?«

Czrisini blickt ihn einen Moment lang schweigend an. »Möglich, dass beide annähernd zur gleichen Zeit getötet wurden.«

»Was denken Sie, Herr Lieutenant?«, fragt Stave schließlich, während sich Czrisini mit einer schmerzerfüllten Grimasse die klammen Gummihandschuhe von den Händen streift.

MacDonald hat ihnen bislang schweigend zugesehen und sich diskret im Hintergrund gehalten. »Der Unglückliche geht auf dem Pfad durch die Trümmer. Dort lauert ihm sein Mörder auf, knüppelt ihn nieder, erwürgt ihn und raubt ihn aus bis auf die Haut.«

Stave kratzt sich am Kopf. »Würde ein alter Mann mit Suspensorium und Gehstock einen unebenen Trampelpfad wie diesen hier benutzen?«, fragt er.

Der Lieutenant lächelt anerkennend. »Wahrscheinlich würde ich mich in seinem Zustand auf geräumten Straßen sicherer fühlen. Also denken Sie, dass der Mann auf der Lappenbergsallee unterwegs war? Sein Angreifer schlägt ihn dort nieder, schleift den Wehrlosen bis hierhin, wo ihn niemand sieht, dann beendet er seine Tat.«

»Kann sein«, erwidert der Oberinspektor knapp. Dann denkt er wieder an die junge Frau aus der Baustraße. »Nehmen wir mal für einen Augenblick an, dass wir es hier mit demselben Täter zu tun haben wie bei dem Fall Anfang der Woche. Wie gesagt: eine Hypothese, denn manche Indizien sprechen dagegen. Zunächst eine junge Frau, nun ein alter Mann. Im ersten Fall keine ersichtliche Gegenwehr, im zweiten eindeutige Spuren von Schlägen und Gegenwehr des Opfers. Nur die dünnen Würgemale am Hals gleichen sich sehr.«

»Und in beiden Fällen finden wir die Toten zwischen Trümmern. Nackt. In einem zerbombten, früher eher einfachen Wohnviertel«, wirft Maschke ein, der interessiert zu ihnen getreten ist. »Vielleicht kennt sich der Täter dort aus.«

Stave nickt. »Ja, aber einmal im Osten der Stadt und einmal im Westen. Die Fundorte liegen mehr als zehn Kilometer auseinander. Hat der Täter früher mal in Eilbek, mal in Eimsbüttel gewohnt? Möglich. Möglich aber auch, dass er sich diese zertrümmerten Stadtteile nur aussucht, weil er dort vor Zeugen relativ sicher ist. Möglich sogar, dass er seine Opfer an einem ganz anderen Ort getötet hat und deren Körper nur jeweils auf solchen Ruinenfeldern ablegt, wo ihn niemand stört.«

»Sind Spazierstock, Knopf, abgerissenes Medaillon und Lederriemen nicht Indizien dafür, dass zumindest der Mann an Ort und Stelle ausgeraubt worden ist?«, fragt MacDonald.

»Indizien ja«, erwidert Stave, »aber leider keine Beweise. Sie können zufällig neben dem Körper gelegen haben. Diese Trümmerviertel sind voller verstreuter Habseligkeiten. Aber Sie haben recht: Diese Dinge könnten Spuren sein, vielleicht wird jemand sie identifizieren. Ich werde Bilder des Medaillons machen lassen. Soll sich Polizeiinspektor Müller mal dransetzen – vielleicht findet er heraus, was es mit dem Kreuz und den beiden Dolchen auf sich hat.«

»Und ich«, verkündet Maschke mit ergebener Miene, »melde mich freiwillig dazu, wieder Dutzende von Weißkitteln abzuklappern. Nämlich alle Zahnärzte, die wir kriegen können. Kann es kaum erwarten, denen Fotos des Toten unter die Nase zu halten und sie zu fragen, ob sie ihm mal ein Gebiss verpasst haben.«

»Gute Idee«, lobt Stave und lächelt müde. Dann wendet er sich an einen der Schupos. »Jetzt will ich erst einmal mit dem Zeugen sprechen, der den Toten gefunden hat.«

»Eine Zeugin, Herr Oberinspektor. Eine Plünderin.«

Der Schupo führt eine verhüllte Gestalt heran, die bislang hinter einem Schutthaufen verborgen gewartet hatte – unter Bewachung. Denn ein weiterer Beamter, den Stave zuvor ebenfalls noch nicht bemerkt hatte, folgt direkt hinter ihr. Stave blickt die Frau an, als sie in den Lichtkreis neben der Leiche tritt: schlank, fast so groß wie er. Sie schlägt die Kapuze eines schweren, englischen Wollmantels zurück, der vor Jahren sicher einmal sehr teuer gewesen war, nun jedoch so zerschlissen wirkt, als könne man ihn mit zwei Fingern zerreißen. Stave blickt in ein schmales Gesicht, leicht mandelförmige, dunkle Augen, lange, schwarze Haare. Anfang dreißig, schätzt er, und früher einmal wohlhabend. Keine Arbeitshände.

»Wie heißen Sie?«, fragt er.

»Anna von Veckinhausen.«

Leise Stimme, denkt Stave. Aber getränkt mit dem Selbstbewusstsein, das nur seit der Kindheit genossener Reichtum und Status geben können. Jedoch, so wie eine falsch spielende Violine in einem großen Orchester, mit einem Missklang von Nervosität darin. Oder Angst.

»Sie haben den Toten gefunden?«

»Ja.«

Stave räuspert sich. Er spürt, wie ihn Maschke, der Arzt, MacDonald und die Schupos anstarren. Kann ja ein zähes Verhör werden, denkt er.

Er beschließt freundlich zu sein. Stellt sich vor, geht wie zufällig einen Schritt nach vorne, sie folgt ihm unwillkürlich, sodass sie sich um eine Winzigkeit von den anderen Beamten entfernen.

»Erzählen Sie mir, was geschehen ist«, fordert er sie auf.

Anna von Veckinhausen zögert kurz. Sie überlegt sich genau, was sie mir jetzt sagt, denkt der Oberinspektor und wartet.

»Ich war auf der Collaustraße und bin von dort auf den Trampelpfad zwischen den Trümmern gegangen, weil ich zur Lappenbergsallee wollte. Eine Abkürzung.«

Stave holt umständlich seinen Notizblock aus der Tasche. Er schindet damit Zeit – Zeit für die Zeugin, sich ihre Geschichte noch einmal zu überlegen. Zeit für sich selbst, um nachzudenken. Eine Plünderin, hat einer der Schupos gesagt. Es ist für die Polizisten schwierig, Gestalten in den Trümmergeländen einzuschätzen. Ehemalige Anwohner, die ihre Habe suchen? Bauarbeiter, die in öffentlichem Auftrag einsturzgefährdete Wände niederreißen oder wertvolles Metall bergen? Passanten, die nur eine Abkürzung gehen? Oder Plünderer, die Holz, Metall, Möbel, die irgendetwas Brauchbares zusammenklauben? Fast jeder Hamburger hat schon Brauchbares »organisiert« – Stave muss nur an das Holz denken, das er in seiner Brennhexe verfeuert. Doch wer erwischt wird, kommt vor ein britisches Schnellgericht: ein englischer Richter, ein Dolmetscher, eine Stenotypistin, ein paar kühle Fragen, ein Urteil, der nächste. 40 Zigaretten aus alliierten Beständen: 21 Tage Haft. Ein Arbeiter, der aus einem Kühlhaus drei als Abfall aussortierte Schweinepfoten hinausschmuggeln wollte: 30 Tage. Plünderer, die in Ruinen herumsuchen, erhalten 50 bis 60 Tage.

Er beschließt, den Vorwurf der Plünderung zunächst nicht anzusprechen. »Was geschah dann?«

Die Zeugin lächelt für einen winzigen Augenblick, erleichtert. Dann wird sie ernst und reibt ihre feinen Hände aneinander, als würde sie sie mit Seife waschen. Wie eine Krankenschwester, die sich desinfiziert, schießt es Stave durch den Kopf. Oder wie eine Ärztin.

»Ich habe zufällig«, sie zögert, sucht nach dem richtigen Wort, »den Körper gesehen. Dann bin ich zur Lappenbergsallee geeilt und habe mich zur nächsten Polizeiwache durchgefragt.«

»Durchgefragt?«

»Ja«, Anna von Veckinhausen blickt ihn verwundert an. »Ich habe ein paar Passanten angesprochen, bis ich jemanden getroffen habe, der mir den Weg zur nächsten Wache beschreiben konnte.«

Stave kann sich immer noch nicht an das neue Selbstbewusstsein der Frauen gewöhnen. Vor einigen Jahren noch wäre es undenkbar gewesen, dass eine Frau – eine Dame zudem – eine Leiche entdeckt und so reagiert wie die Zeugin. Früher hätte eine Frau geschrien oder wäre in Ohnmacht gefallen. Wahrscheinlich liegt es daran, dass Frauen seit dem Krieg die Ernährer der Familien sind: Schwarzmarkt, Hamsterfahrten, schwere Arbeit – Frauen organisieren alles Lebensnotwendige so gut wie Männer. Mindestens so gut. Andererseits zahlen sie dafür einen hohen Preis, nicht nur mit Müdigkeit und körperlicher Abnutzung. Viele Ehen gehen in die Brüche, wenn Männer nach Jahren aus dem Krieg zurückkehren und es nicht ertragen können, dass ihre Frauen in der neuen Welt der Trümmer und illegalen Märkte besser zurechtkommen als sie. Stave starrt wieder unauffällig auf die Hände von Anna von Veckinhausen: kein Ehering.

»Das war das 22. Polizeirevier«, sagt Stave. »Da Sie es nicht kennen, nehme ich an, dass Sie nicht hier in der Nähe wohnen.«

Die Zeugin zögert kurz. »Nein«, gesteht sie, »ich wohne in einer der Nissenhütten am Eilbekkanal.«

Stave notiert sich die Adresse. Eine Plünderin, vermutet er, die sich in einem neuen Revier umgesehen hat. Aber er sagt nichts. Anna von Veckinhausen imponiert ihm, schüchtert ihn sogar ein wenig ein. Diese Selbstsicherheit. Sie stammt aus einer anderen Welt. Ein Hauch von Dialekt in ihrer Stimme, aber woher? Nicht aus Hamburg oder dem Norden. Vielleicht irgendwo aus dem Osten? »Sie haben also die Leiche gesehen und sind zur Lappenbergsallee gerannt, bis Sie die Wache erreichten? Gibt es dafür Zeugen?«

Sie blickt ihn verwirrt an und schweigt.

»Die Menschen, die Sie auf der Lappenbergsallee nach dem Weg gefragt haben – wissen Sie, wer die gewesen sind? Haben Sie deren Namen notiert?«

»Was soll das?,« fragt sie empört. Ihre Stimme ist noch immer leise. »Verdächtigen Sie mich?«

Stave lächelt, obwohl er selbst weiß, wie falsch diese

Grimasse in diesem Augenblick wirkt. »Reine Routine«, erklärt er.

Sie wirft den Kopf zurück und blickt ihm in die Augen. Herausfordernd. »Verhüllte Gestalten. Männer mit Hut und hochgeschlagenem Mantelkragen, Frauen mit Tüchern und Mützen. Alle in Eile bei der Kälte. Ich habe mir keine Namen notiert, und die Gesichter könnte ich auch nicht beschreiben.«

Stave macht sich wieder eine Notiz. »Und zuvor? Als Sie die Leiche fanden: Haben Sie sie angerührt?«

»Sie stellen wirklich erstaunliche Fragen. Ich sehe einen nackten Toten, was soll ich da anrühren?«

»Aber Sie wussten sofort, dass er tot ist?«

»Ich habe schon ein paar Tote im Schnee liegen sehen, wenn es das ist, was Sie meinen. Ich war mir sofort sicher, wie es um ihn stand.«

Stave verzichtet darauf, sie zu fragen, wann und wo sie Tote gesehen hat. »Wissen Sie, woran er gestorben ist?«

Anna von Veckinhausen schüttelt den Kopf. »Nein. Woran?«

Der Oberinspektor ignoriert ihre Frage, macht sich wieder eine Notiz. Seine Finger sind inzwischen wie Eiszapfen. Umständlich schreibt er Worte auf, kaum leserlich. Er ist sich bewusst, dass seine langsamen Notizen die Zeugin nervös machen. Sollen sie auch, denkt er. »Haben Sie sonst noch etwas bemerkt? Etwas bei der Leiche? Lag dort vielleicht ein Gegenstand?«

Sie schüttelt den Kopf. Auch ihr ist elend kalt, vermutet Stave.

»Und unmittelbar davor? Als Sie noch nicht wussten, was Sie in den Ruinen erwarten würde: Gab es etwas Verdächtiges, das Sie auf dem Trampelpfad gesehen haben? Vielleicht eine Person? Oder haben Sie ein Geräusch gehört?«

»Nein, gar nichts.«

Eine schnelle Antwort. Zu schnell. Plötzlich ist Stave sich sicher, dass sie ihm etwas verheimlicht. Soll er sie zur Zentrale mitnehmen und intensiv verhören? Ihr vielleicht drohen, sie als Plünderin anzuzeigen? Er zögert. Meistens, das ist seine Erfahrung, reden Zeugen doch von alleine. Man muss ihnen nur etwas Zeit geben, dann erscheinen sie bei der Kripo und ergänzen ihre Aussage. Und falls Anna von Veckinhausen nicht zu dieser Art Zeugen gehört, dann kann er sie ja jederzeit noch einmal befragen. Sie wiedersehen.

Das fehlt dir gerade noch, dass du dich verguckst, denkt Stave und hakt diese Überlegung schnell ab. »Sie können gehen«, sagt er. Er gibt Anna von Veckinhausen einen Zettel, auf den er seine Telefonnummer gekritzelt hat. »Falls Ihnen noch etwas einfällt, dann rufen Sie mich bitte an.«

»Danke«, erwidert sie und faltet den Zettel sorgsam zusammen, bevor sie ihn in der Manteltasche verschwinden lässt. Sie sieht plötzlich erschöpft aus.

Früher hätte Stave einen Streifenwagen herbeigeordert, um die Zeugin nach Hause fahren zu lassen. Aber nicht jetzt, mit den wenigen Autos und dem rationierten Benzin. »Auf Wiedersehen«, sagt er nur. Es soll freundlich sein, aber irgendwie rutscht es ihm so heraus, dass es wie eine Drohung klingt.

»Warum lassen Sie die Frau laufen?«, fragt Maschke, als Anna von Veckinhausen hinter einem Schuttberg verschwunden ist. Er und MacDonald sind wieder zu Stave getreten, der die beiden kurz über die Aussage der Zeugin informiert.

»Wir haben doch keine Verdachtsmomente«, rechtfertigt sich der Oberinspektor.

»Sie war beim zweiten Mord in der Nähe«, erwidert Maschke. »Und sie wohnt in den Nissenhütten am Eilbekkanal – das ist nicht allzu weit vom Fundort der ersten Leiche entfernt.«

Stave seufzt. Das ist ihm auch schon aufgefallen, doch wollte er es nicht ansprechen. »Beim ersten Mord ist sie eine von Tausenden, die im erweiterten Umkreis wohnen. Und heute hat sie selbst die Polizei gerufen.«

»Und außerdem kann ich sie mir kaum als jemanden vorstellen, der anderen Leuten Drahtschlingen um den Hals wirft«, mischt sich MacDonald ein.

»Ich schon«, murmelt Maschke.

»Lassen wir die Kollegen hier alles aufräumen«, ordnet Stave müde an. »Czrisini wird die Leiche haben wollen. Fahren wir zur Zentrale und überlegen wir, was sich für uns geändert hat.«

»Nicht so hastig, meine Herren. Geben Sie mir fünf Minuten.«

Cuddel Breuer, die massige Gestalt im langen, dunklen Mantel, mit Schlapphut, schwarzen Lederhandschuhen. Stave hat ihn nicht gehört, als er nähergetreten ist.

»Entschuldigen Sie, dass ich nicht eher erscheinen konnte«, fährt ihr Chef fort, »aber ich hatte noch einen Termin beim Bürgermeister. Verdammte Kälte«, murmelt er, obwohl er nicht so aussieht, als ob er fröre.

»Ich lasse den Fundort bewachen«, erklärt Stave, nachdem er knapp Bericht erstattet hat. »Ein Schupo muss hierbleiben. Ich hoffe, er wird nicht erfrieren. Morgen werden wir alles noch einmal absuchen, sobald es hell genug ist.«

Der Chef nickt, dann blickt er die drei Ermittler an. »Was denken Sie? War es derselbe Täter?«

Stave hat die Frage gefürchtet und überlegt sich seine Antwort sorgfältig. »Wir ermitteln weiterhin in alle Richtungen«, beginnt er. »Manche Indizien deuten auf den gleichen Täter – oder die Täter, denn auch das will niemand ausschließen. Andere Spuren passen nicht so gut zu dem ersten Mord.«

»Was werden Sie unternehmen?«

»Die Identität des Opfers herausfinden. Vermisstenmeldungen durchkämmen, wenn es sein muss, ein Plakat herausgeben. Diesmal haben wir immerhin neben dem Foto des Opfers auch den Spazierstock. Wir haben das Medaillon. Und wir werden Zahnärzte fragen, der Mann trug eine Prothese.«

Breuer starrt ihn schweigend an.

»Es kann nicht sein, dass in einer Stadt wie Hamburg zwei Menschen getötet werden, die von niemandem vermisst werden«, verteidigt sich Stave. »Wenn es eine Verbindung vom Täter zu seinen Opfern gibt, dann wird uns das weiterhelfen.«

»Und falls das nicht der Fall sein sollte?«

»Dann wird es schwierig«, gesteht der Oberinspektor. »Wenn wir es tatsächlich mit einem Mörder zu tun haben, der seine Opfer willkürlich auswählt, dann erscheint mir sein Vorgehen unberechenbar. Einmal tötet er eine junge Frau, einmal einen alten Mann. Einmal schlägt er im Osten zu, einmal im Westen, einmal muss er bei seinem Opfer keine Gegenwehr niederringen, einmal bricht er mit Gewalt den Widerstand.«

»Und was sage ich dem Bürgermeister morgen?« Cuddel Breuer klingt so freundlich, als ginge es darum, ob Stave eine Einladung zum Picknick annimmt.

»Bitten Sie ihn, keine voreiligen Schlüsse zu ziehen. Der Fall ist kompliziert. Wir brauchen einfach etwas Zeit.«

Breuer kratzt sich am Kopf und seufzt. »Das weiß ich. Aber Hamburg ist vom Eis eingeschlossen. Die Kohlenvorräte der Heizkraftwerke reichen noch für ein paar Tage. Wir haben kaum noch Lebensmittel. Jeden Tag erfrieren Menschen. Es ist nicht einfach für den Bürgermeister, seine Stadt zusammenzuhalten. Zeit ist genau das, was er nicht hat.«

»Aber dann muss es erst recht in seinem Interesse sein, dass Ruhe herrscht«, entfährt es Stave.

Breuer lächelt. »Gut. Niemand hat ein Interesse daran, diese Sache an die große Glocke zu hängen. Ich werde dem Bürgermeister raten, die Fälle von seiner Seite aus einfach zu ignorieren. Vorerst.«

Er tippt an seinen Hut, dann dreht er sich weg und geht.

»Scheiße«, murmelt Maschke, als der Chef außer Hörweite ist.

Doch Stave täuscht er damit nicht. In der Stimme des Kollegen schwingt ganz leise etwas mit, das ihm überhaupt nicht behagt: Schadenfreude.

Schweigend rumpeln sie in MacDonalds Jeep zurück zur Kripo-Zentrale. Im trüben gelben Licht der Scheinwerfer leuchten Schuttberge und Hauswände auf wie die Kulissen eines expressionistischen Stummfilms. Stave würde sich nicht wundern, sähe er aus den Augenwinkeln irgendwo die Fledermausgestalt Nosferatus auf einer Ruine, die klauenhaften Finger ihm entgegengereckt. Nimm dich zusammen, sagt er sich. Nicht nach einem Vampir sucht er, sondern nach einem normal aussehenden Menschen, der eine Drahtschlinge oder ein Kabel in seiner Tasche versteckt. Der sich nicht scheut, auf junge Mädchen und alte Männer loszugehen.

Am Ende der Karolinenstraße regelt ein durchgefrorener Schupo mit scharfen, wütenden Bewegungen den Verkehr: Jeeps, britische Lastwagen, zwei Unerschrockene, die mit Fahrrädern dem eisig die Straße entlangpfeifenden Wind trotzen. MacDonald fährt ruckartig an. Im Auspuff unter ihnen knallt eine Fehlzündung, der Schupo zuckt zusammen. Der Lieutenant, der ihn im Rückspiegel beobachtet, lächelt zufrieden. Drei Minuten später sind sie da.

Als sie sein Büro betreten, sieht Stave erstaunt, dass Erna Berg bereits auf sie wartet und so etwas wie Tee aufgegossen hat. Dankbar nimmt er die heiße Tasse entgegen und saugt den Duft ein. Brennnessel, vermutet er. Hauptsache warm.

»Was machen Sie hier?«, fragt er.

»Herr Breuer ließ mir ausrichten, dass es heute noch Arbeit geben wird«, antwortet sie. »Ich kann mir einen anderen Tag freinehmen. Wenn es wieder ruhiger geworden ist.«

Auf den ruhigen Tag wirst du lange warten müssen,

denkt Stave düster. »Also schön«, sagt er, nachdem sie sich in seinem engen Büro Plätze gesucht haben, »nach wem sollen wir suchen?«

»Nicht nach einem Lustmörder«, meint MacDonald.

»Dann bleiben uns in Hamburg nur noch ungefähr 900 000 potenzielle Täter.« Der Oberinspektor starrt an die Decke, als würde sich dort ein Fahndungsplakat materialisieren.

»Gehen wir das Ganze neu an«, sagt er und klingt dabei, als spräche er eher zu sich selbst als zu den anderen. »Keine heiße Spur. Welche Gemeinsamkeiten könnte es geben zwischen einem Mädchen in Eilbek und einem alten Mann in Eimsbüttel? Eine Straßenschwalbe und ihr Freier? Unsere Freunde von der Reeperbahn kennen das Mädchen nicht, also deutet nichts darauf hin. Was aber verbindet sie sonst noch? Ein Ort, an dem sie sich treffen? Ein gemeinsames Schicksal?«

Niemand sagt etwas, da alle wissen, dass er die Antwort selbst geben will.

»Der Schwarzmarkt, selbstverständlich«, fährt Stave fort.

Der ist illegal, doch allgegenwärtig. Männer und Frauen, die auf Straßen oder Plätzen herumstehen, langsam auf und ab schlendern, die Gesichter unter Hüten und hochgeschlagenen Mantelkragen verborgen. Geflüsterte Worte, rasche Gesten. Da ist das zu haben, was man auf Bezugsschein nicht bekommt – ein Radio, ein paar Damenschuhe, ein Pfund Butter, schwarz gebrannter Schnaps. Im Tausch oder gegen dicke Bündel von 100-Reichsmark-Scheinen oder gegen Zigaretten. Immer wieder gibt es Razzien, doch gegen den Schwarzmarkt ist nichts zu machen. Die Polizei hat im vergangenen Jahr über 1000 Tonnen Lebensmittel sichergestellt, Zehntausende Liter Wein, über 4800 Ampullen Morphium aus Armeebeständen, gestohlenes Penicillin, sogar Pferde und Autos.

Für viele Hamburger hat dieser heimliche Handel etwas Schmutziges, zutiefst Entwürdigendes. Herumstehen am Straßenrand wie ein leichtes Mädchen. Elende Preise für mühsam aus den Bombennächten gerettete Erbstücke, ein paar Zigaretten für einst teure Antiquitäten, aber 1000 Reichsmark für ein paar Pfund Butter. Schwarzhändler und Hehler werden in den Zeitungen »Ernährungsschädlinge« geschimpft, ganz in der alten Diktion, so als seien die Nazis noch an der Macht. Und doch: Wenn einem das einzige Paar Schuhe am Fuß zerfällt und man in der ganzen Stadt keinen Ersatz auf Bezugsschein bekommt – was bleibt einem anderes übrig, als sich zu den flüsternden Gestalten zu gesellen?

Auf dem Schwarzmarkt begegnen sich alle Hamburger: Reiche und Arme, Alte und Junge. Jeder kann mit jedem Waren tauschen, jede noch so absurd erscheinende Verbindung zwischen zwei Personen ist dort möglich. Und: Es geht um hohe Summen, um alte Schätze oder um Waren, ohne die man kaum überleben kann. Gründe genug, sogar einen Mord zu begehen. Zumal kaum ein Schwarzhändler von sich aus zur Polizei ginge.

»Es könnte was mit dem Schwarzmarkt zu tun haben«, stimmt MacDonald zu.

»Jedes verdammte Verbrechen in Hamburg könnte mit dem Schwarzmarkt zu tun haben«, erwidert Maschke. »Aber Genaueres wissen wir nicht. Keine Indizien. Vielleicht sind die Opfer ja auch Plünderer gewesen? Und sind Konkurrenten in die Quere gekommen? Revierkämpfe um die besten Trümmerhaufen, vielleicht sind wir schon so weit.«

Stave nickt. »Auch eine Möglichkeit. Und mir fallen noch ein paar ein: die Vermissten etwa. Wir haben Hunderte Vermisstenfälle in der Stadt. Offenbar passt keiner der Fälle auf die junge Frau. Und wie es mit dem Alten aussieht, werden wir frühestens morgen wissen. Und doch könnte es sein, dass wir unter den Vermisstenfällen vielleicht irgendeine Art Muster erkennen.«

MacDonald zieht eine Augenbraue hoch. Offenbar mag er Staves Überlegungen nicht folgen. »Welches Muster?«, fragt er.

Der Oberinspektor zuckt mit den Achseln. »Keine Ahnung. Vielleicht stellen wir fest, dass in der letzten Zeit auffallend viele junge Mädchen verschwunden sind. Oder alte Männer. Oder dass es einen Vermissten gibt, der mit einem jungen Mädchen und einem alten Mann verwandt ist. Was weiß ich?«

»Scheint mir eine ziemlich vage Spur zu sein«, bemerkt der Lieutenant.

Stave ignoriert den Einwand, denn der Brite hat ja recht. »Dann gibt es da noch die DPs«, fährt er fort. »Menschen ohne Wurzeln hier. Menschen, die nichts mehr zu verlieren haben. Menschen, deren Identität manchmal nicht einmal die alliierten Behörden kennen, deren Bewegungen kaum jemand kontrolliert und deren Geschäfte niemanden interessieren. Vielleicht kein Wunder, dass kein Hamburger sich auf das Plakat hin gemeldet hat.«

»Aber wir haben die Plakate auch in den DP-Lagern anschlagen lassen«, wirft Maschke ein. »Dort leben die Menschen dicht beieinander. Irgendjemand hätte die Tote erkannt. Und selbst wenn die DPs schweigen, vielleicht aus Angst oder weil sie den deutschen Behörden nicht trauen – ein britischer Wächter hätte die Unbekannte gemeldet.«

Maschke stemmt sich aus dem Stuhl und geht im Büro auf und ab. Scheint unruhig zu sein, denkt Stave. Vermutlich, weil er langsam realisiert, dass wir keine einzige heiße Spur haben und nur eines mit ziemlicher Sicherheit vermuten können: dass es kein Sexualdelikt ist. Dann braucht man bei den Ermittlungen keinen Krimsche von der Sitte mehr. Der hat Angst, dass ich ihn zu seinen Freiern und Mädchen zurückschicke, vermutet Stave und hat plötzlich so etwas wie Mitleid mit Maschke.

»Also gut«, sagt er deshalb laut, »gestehen wir uns ein, dass es keine zwingende Theorie gibt. Vorerst. Nehmen wir dafür alle vagen Spuren ernst. Ich werde eine große Schwarzmarkt-Razzia organisieren. Für kommenden Montag schon. Nehmen wir ein paar Händler hoch und sehen wir, was wir finden – vielleicht einen Rucksack, bei dem ein Riemen fehlt. Oder noch ein Medaillon mit einem Kreuz und zwei Dolchen darauf. Oder ein Suspensorium.«

Die beiden anderen lachen kurz auf.

»Sie, Herr Lieutenant, gehen die Vermisstenmeldungen durch. Vielleicht entdecken Sie ja irgendein Muster. Zögern Sie nicht, mir selbst unsinnig klingende Vermutungen zu nennen. Man kann nie wissen. Und Sie, Maschke, klappern die Zahnärzte ab. Und schauen Sie beim Aufräumungsamt am Heiligengeistfeld vorbei. Die Beamten dort organisieren alles, was mit Wiederaufbau und Schuttabräumung zu tun hat. Wenn jemand von Revierkämpfen unter Plünderern gehört hat, dann diese Ruinenheinis.«

Ich mag dich zwar nicht, aber du bleibst an Bord, denkt Stave. Und Maschke lächelt erleichtert.

»Gute Idee«, sagt der Mann von der Sitte.

Maschke und MacDonald verlassen das Büro. Stave nickt seiner Sekretärin zu, bevor er die Tür zum Vorraum schließt. »Ich brauche Sie gleich noch«, sagt er entschuldigend.

Er zieht sich hinter seinen Schreibtisch zurück. Papierkram. Stave legt eine neue Mordakte an, schreibt mit der Hand den Bericht über die Auffindung der Leiche vor. Dann der Text zum neuen Fahndungsplakat. Schließlich der Antrag auf Leichenöffnung.

Als Stave, die Papiere in der Hand, endlich wieder nach draußen tritt, bleibt er überrascht in der Tür stehen: MacDonald ist noch da und unterhält sich mit Erna Berg. Die beiden verstummen mitten im Satz, verlegen wie ertappte Backfische. Das kann ja heiter werden, denkt Stave. Gleichzeitig spürt er so etwas wie Eifersucht. Nur eine feine Nadel, die ihn irgendwo sticht, kein Dolch ins Herz, aber doch. Absurd.

Stave reicht seiner Sekretärin die Notizen zum Abtippen. Er greift sich Mantel und Hut, murmelt noch ein paar Belanglosigkeiten und verlässt den Raum. Sobald er die Tür hinter sich schließt, setzt das Gespräch der beiden wieder ein, als hätte jemand die angehobene Nadel eines Plattenspielers zurück in die Rille auf der Schellackscheibe gesetzt.

Samstagabend. Früher wäre er jetzt mit Margarethe und dem Jungen nach Hause gekommen, erschöpft und lachend von einer Paddelboottour auf der Alster oder von einem langen Spaziergang an der Elbe. Sie hätten Karl zu Bett geschickt – wohl wissend, dass der, sobald die Eltern weg sind, das Licht anmacht und Kriminalromane liest. Dann wären er und Margarethe ausgegangen, vielleicht ins Restaurant oder ins Kino. Und später …

Sentimentaler Quatsch, denkt Stave, vielleicht werde ich alt. Oder ich sehe mir in letzter Zeit zu viele Tote an, das macht rührselig. Er wandert ziellos durch Rotherbaum, dann Harvestehude. Kaum vernarbte Viertel, schöne Stadtvillen, Ruhe, in manchen Straßen sieht es so aus, als hätte es nie einen Krieg gegeben – wenn man die britischen Jeeps in den Einfahrten ignoriert. Requirierte Villen.

Geschieht den Reichen ganz recht, denkt Stave plötzlich. Dann ermahnt er sich, seine Gedanken nicht von einem Unsinn zum nächsten schweifen zu lassen.

Schließlich, er muss mindestens eine halbe Stunde so gewandert sein, findet er sich auf der Hoheluftchaussee wieder, mit dem Rücken zur teilweise demolierten Hochbahnstation, an der seit Monaten keine Züge mehr halten.

Er fröstelt. Die Hoheluftchaussee ist vierspurig, doch die Gebäude zu ihren Seiten sind nicht sonderlich imposant. Er geht den Bürgersteig entlang, nun rascher, er hat ein Ziel: das »Capitol«. Ein Kino, das Margarethe und er manchmal besucht haben. Es ist unbeschädigt und hat schon wieder eröffnet. Kein Strom für die Hochbahn, aber fürs Kino, denkt Stave. Man muss Prioritäten setzen.

Er legt die etwa 300 Meter von der Haltestelle bis zum »Capitol« fast im Laufschritt zurück. Keine Leuchtschrift, nur ein Plakat, in der Dunkelheit kaum auszumachen, aber ein beleuchtetes Kassenhäuschen. Er kauft ein Ticket und tritt ein, ohne zu wissen, welcher Film gezeigt wird. Egal, Hauptsache, er kann sich im Raum aufwärmen. Und die Zeit totschlagen.

Die »Welt im Film«: In der Wochenschau zeigen sie Bilder aus London, dann Moskau. Stave lässt sie an sich vorbeiplätschern, ein englisches Schlachtschiff in irgendeinem Hafen, vielleicht Indien, Stalin in Uniform, der Oberinspektor taut langsam auf. Am Ende plötzlich vier Kinderbilder: namenlose, noch nicht identifizierte Flüchtlingskinder, die in Hamburg aufgegriffen worden sind. Auf diese Weise suchen die Behörden nach Eltern oder Verwandten: Vier neue namenlose Kinder jeden Tag. Wie muss man sich wohl fühlen, wenn man irgendwo im Kino hockt – und plötzlich flimmert ein Foto des eigenen, vielleicht schon totgeglaubten Kindes über die Leinwand? Stave schaudert. Gleichzeitig ertappt er sich bei dem absurden Wunsch, Karls Bild möge dort aufleuchten.

Der anschließende Hauptfilm ist »Große Freiheit Nr. 7«. Hans Albers und Ilse Werner. Ganz wie früher. Stave döst weg.

Es ist schon spät, als im Saal die Lichter angehen, flackernd. Die meisten haben es eilig, den Raum zu verlassen. Stave blickt auf seine Uhr: kurz vor elf. Um Mitternacht beginnt die Ausgangssperre. Dann darf bis 4.30 Uhr morgens niemand das Haus verlassen. »Curfew«, der englische Begriff, ist den Deutschen geläufig.

Stave tastet routinemäßig in seiner Jackentasche nach seinen Papieren: Der Polizeiausweis, der es ihm erlaubt, auch nach der Sperrstunde auf den Staßen zu sein, steckt dort. Wie immer. Also keine Eile. Gemächlich zieht er sich den Mantel an, wickelt sich in den Schal, schlägt den Kragen hoch, zerrt den Hut tief über die Stirn, zwängt sich in die engen Lederhandschuhe. Ein guter Fußmarsch liegt vor ihm, bis weit auf die andere Alsterseite. Aber er hat ja Zeit.

Er fragt sich, ob der Lieutenant einen angenehmen Samstagabend verbringt. Mit Erna Berg? Er mag MacDonald. Es gibt Hamburger, junge Kerle, manche gerade erst aus dem Kriegsgefangenenlager entlassen, die aus »nationalem Stolz«, wie sie es nennen, britische Soldaten in den dunklen Straßen anrempeln. Mehr allerdings wagen sie nicht.

Stave empfindet keinen Hass auf die Besatzer, obwohl es doch eine englische Bombe war, die ihm Margarethe geraubt hat. Er fühlt sich auf eine diffuse Art beschämt wegen der Verbrechen der Nazi-Zeit und deshalb auf perverse Art erleichtert über die Verwüstungen der Stadt und seines Lebens. Verlust als gerechte Strafe. Nun gibt es einen Neuanfang. Vielleicht.

Während er rasch ausschreitet, um sich aufzuwärmen, schweifen seine Gedanken von MacDonald zu Maschke. Über den weiß er genauso wenig wie über den britischen Lieutenant. Und er ist ihm deutlich weniger sympathisch. Warum eigentlich? Stave mag die Sprüche des Krimsches von der Sitte nicht, seinen Zynismus, seinen Spott, die Verbitterung, die Verachtung anderen gegenüber. Wahrscheinlich wird man so, wenn man täglich mit käuflichen Mädchen, deren Sultanen und ertappten Freiern zu tun hat, denkt er. Und wenn man dabei auch noch bei Muttern wohnt.

Wer weiß, wohin sie mich versetzen, wenn dieser Fall so weitergeht, fällt es Stave ein, und sein hochmütiger Spott über den Kollegen von der Sitte erlischt wie eine Glühbirne bei Stromausfall. Zwei Tote, keine echte Spur. Alle erwarten Ergebnisse von ihm: Ehrlich, Breuer, sogar der Bürgermeister. Und, verdammt, er selbst erwartet auch Ergebnisse von sich. Ich bin doch kein Anfänger mehr, sagt er sich.

Und doch nagt diese Unruhe in ihm: Was, wenn dies erst der Anfang ist? Wenn das eine Mordserie wird? Wenn man wieder und immer wieder nackte, namenlose, erwürgte Tote in den Trümmern findet? Was wird er dann tun? Den Mörder so lange gewähren lassen, hilflos, bis der Täter endlich irgendwann einen Fehler macht, und sie ihn kriegen? Und wenn er keinen Fehler macht? Was soll ich bloß als Nächstes tun, denkt Stave.

Seine Gedanken schweifen zu Anna von Veckinhausen. Was verheimlicht sie ihm – falls sie ihm etwas verheimlicht? Hat sie was mit den Morden zu tun? Hat sie etwas gesehen? Ich werde sie mir noch einmal vornehmen, beschließt Stave, schon bald. Und das hat gar nichts damit zu tun, dass sie schön ist und geheimnisvoll und dass es Samstagabend ist und er alleine vom Kino nach Hause geht.

Alleine.

Er blickt sich überrascht um. Niemand auf der Straße. Klar, kurz vor Mitternacht. Es schüttelt ihn: mindestens minus 20 Grad, Böen, die sein Gesicht treffen wie Schläge mit einem Reibeisen. Ein gelber Halbmond am sternenklaren Himmel. Keine Straßenlampen. Straßen wie düstere Schluchten. Die Trümmerberge in vollkommener Dunkelheit. Mondlicht, das durch die leeren Fensteröffnungen ausgehöhlter Häuser sickert. Bizarre Schatten. Seitenstraßen, die durch provisorische Mauern abgesperrt sind, weil es zu gefährlich ist, sie zu betreten: Jederzeit könnte ein ausgebombtes Gebäude dort zusammmenstürzen. Keine Gerüche. Keine Geräusche. Kein Motorenlärm eines in der Ferne anfahrenden Autos, keine menschlichen Stimmen, kein Radiogeplärr, kein verspäteter Vogel, der ruft. Nein, stopp.

Stave bleibt stehen und lauscht: leises Knirschen irgendwo in den Ruinen. Ein Seufzen. Ein Stein, der klackend herunterkollert. Das rhytmisch im Wind pulsierende Knarzen einer ins Leere schwingenden Tür, auf, zu, auf, zu. Huschende Rattenpfoten, die über Balken eilen, hohes Fiepen.

Ich werde paranoid, denkt Stave. Dann geht er schneller, in der Mitte der Straße diesmal. Weit weg von den Ruinen, von der Dunkelheit. Er tastet nach seiner FN 22: das kalte, ölige Metall der Pistole, plötzlich beruhigend.

Als Stave endlich in seiner Wohnung ist, sinkt er aufs Bett: zu erschöpft, um sich umzuziehen, zu erschöpft, um noch hungrig zu sein. Zu erschöpft, um noch an Margarethe und ihren Sohn zu denken.

Schwarzmarkt

Montag, 27. Januar 1947

Minus 26 Grad Celsius. Als Stave frühmorgens aus der Haustür tritt, trifft ihn der Wind wie ein Faustschlag. Er zieht sich den Wollschal bis über das Gesicht. Mit der dick behandschuhten Linken massiert er seine Nase, damit sie nicht erfriert. Die Luft ist so trocken, dass jeder Atemzug schmerzt.

Noch vor Dienstbeginn eilt Stave zur Lebensmittelkartenausgabestelle. Entwürdigender Name. Er muss sich die Bezugsscheine für den nächsten Monat abholen, dann zu den Läden eilen und sehen, was er sich besorgen kann. Seife zum Beispiel wäre nicht schlecht. Bloß 250 Gramm sind jedem Erwachsenen zugeteilt, für vier Wochen. Da es zudem viel zu kalt und Heizmaterial viel zu kostbar ist, um sich zu baden oder zu duschen, riechen viele Hamburger wie Soldaten nach einem Feldzug: nach Schweiß, Dreck, alter Wäsche, Krätze. Stave hasst Unreinlichkeit. Er seift sich ein, duscht sich gar, wann immer es geht – auch wenn er dabei vor Kälte zittert. Also Seife. Und Kaffee wäre auch nicht zu verachten, aber den wird es wohl nicht geben.

Stave stellt sich in die Schlange vor der Ausgabestelle.

Müde Gestalten, niemand spricht. Es geht schnell voran. Seit 1939 gibt es die meisten Lebensmittel und Kleidungsstücke nur noch auf Bezugsschein. Die Briten haben die Organisation des Reichsernährungsministeriums umbenannt und die Beamten weiterbeschäftigt. Und wie alle Beamten, so treiben auch sie die Bürokratie zum Exzess. 67 verschiedene Lebensmittelkarten zirkulieren mittlerweile: 21 für Verbraucher diverser Klassen, 22 Zulagenkarten, 14 Berechtigungsscheine, zwei Mahlkarten, zwei Milchkarten, zwei Bezugsnachweise für Kartoffeln, drei Tageskarten, eine Eierkarte. Dazu Sonderzuteilungskarten. Wer beim Schuster einen Absatz machen lassen muss, der benötigt dafür eine Schuhbesohlkarte.

Wenn ich die Karten fressen könnte, wäre ich wenigstens mal satt, denkt Stave, als er kurz darauf seinen gräulichen, perforierten Papierlappen in Händen hält. Er ist Normalverbraucher ohne Zulagen. Mit seiner Karte darf er sich nun pro Woche 1,7 Kilogramm mit Sägemehl gestrecktes Graubrot holen, sieben Achtel Liter Milch (blauweiße Plörre), 2,5 Kilogramm Steckrüben (weil es keine Kartoffeln mehr gibt), 15 Gramm weißgelbliche Scheiben, die als Käse gelten, 150 Gramm schwammige Masse, die sich Fleisch schimpft, 100 Gramm Fett, 200 Gramm Zucker, 100 Gramm klebrige Ersatzmarmelade, 125 Gramm Sojaflocken – Ende der Ration.

Eigentlich ein Wunder, dass dabei nicht mehr Menschen auf den Gedanken kommen, den nächsten Mitbürger zu erwürgen und bis auf die Unterwäsche auszurauben.

Die zweite Schlange: Stave steht vor einem halb ausgebombten Haus, über dessen Erdgeschossladen jemand mit Kreide »Milch-Handlung« an die rissige Mauer gekrakelt hat. Als er endlich dran ist, klatscht ihm die Besitzerin, die selbst in diesen Zeiten erstaunlich fett ist, die erbärmlichen Käsescheiben auf einen schmuddeligen Fetzen Papier.

»Milch ist bereits weg«, verkündet sie unwirsch.

»Wann wird sie endlich wieder aufgerufen?«, fragt Stave müde.

»Morgen vielleicht. Oder übermorgen.«

Grußlos verlässt er den Laden. Den Bezugsschein kann ich mir an den Hut stecken, denkt er. Wenigstens gut, dass ich keine Kinder mehr im Haus habe. Dann erschrickt er über seinen eigenen Gedanken und geht eilig davon, als hätte ihn jemand hören können.

Als er seine Besorgungen erledigt und die kärgliche Beute in seiner Wohnung verstaut hat, geht Stave ins Büro. Keine Eile: Am Montag vor dem Monatsersten werden alle mit ihren Lebensmittelkarten und Rationen beschäftigt sein. In der Zentrale grüßt er Erna Berg, die als Einzige auf der Etage bereits vor ihm da ist. Ob die wohl für ihr Kind Milch bekommen hat, denkt Stave, wagt aber nicht nachzufragen.

Polizeiinspektor Müller hat ihm eine Notiz hingelegt. »Motiv auf dem Medaillon unbekannt. Gehe der Sache weiter nach.«

Ob er das tut?, fragt sich Stave. Oder ob er das Foto vom Medaillon in der Ablage vermodern lässt?

Der Obduktionsbericht liegt auch schon auf seinem Schreibtisch. Kaum etwas, das ihm Doktor Czrisini mitteilt, ist neu. Feine, rote Druckmarken wie am Hals sind allerdings auch am linken Handgelenk des Toten entdeckt worden. Der alte Mann war außerdem beschnitten.

Kurz darauf drängen sich auch Maschke und MacDonald ins Büro. Auf Maschkes Mantel verdampfen feine Schleier von Raureif und Schnee, sein Gesicht ist gerötet.

»Ich war gestern noch einmal am Fundort«, berichtet er. »Ein paar Beamte haben beim ersten Tageslicht die Trümmer abgesucht, aber nichts gefunden, was wir nicht schon am Abend davor entdeckt hätten.«

Stave deutet auf den Obduktionsbericht und informiert die beiden über die Druckmarken an den Gelenken und über die Beschneidung.

»Ein Jude?«, fragt MacDonald.

»Mit einem Medaillon am Hals, auf dem ein Kreuz

abgebildet ist?« Stave schüttelt den Kopf. »Das passt nicht zusammen.«

»Glaube ich auch nicht«, stimmt ihm Maschke zu. »Jedes Mal, wenn wir von der Sitte eine Razzia in einem Puff veranstalten, schrecken wir auch ein paar Freier aus den Betten. Sie glauben gar nicht, wie viele Männer ich schon im Adamskostüm gesehen habe – und wie viele von denen beschnitten waren. Gute Kirchgänger darunter und wahrscheinlich auch der eine oder andere Parteigenosse.«

»Ich vermute«, fährt Stave fort, »dass der Alte die Collaustraße entlangging, langsam, er war ja behindert. Die Straße ist eng durch die Trümmerberge, deren Schutt bis über die Bürgersteige reicht. Unbeleuchtet. Der Täter lauert ihm an der Stelle auf, wo der Trampelpfad zwischen den Ruinen auf die Collaustraße trifft. Er schlägt sein Opfer dort nieder, schlingt dem Bewusstlosen den Draht ums Handgelenk und schleift ihn fort von der Straße, zwischen die Ruinen.«

»Erinnert mich an manche Spinnenarten«, sagt MacDonald.

Maschke wirft ihm einen irritierten Blick zu, Stave lässt sich nicht ablenken.

»Angriff aus dem Hinterhalt, niederschlagen, wegzerren – das hat nur wenige Sekunden gedauert. Zwischen den Trümmern, wo er ziemlich sicher sein kann, dass ihn niemand überrascht, hat der Täter dann mehr Zeit für sein eigentliches Vorhaben: Er erdrosselt den Alten mit der Drahtschlinge, dann fleddert er die Leiche bis auf die Haut. Den Gehstock, den Lederriemen, das Medaillon übersieht er dabei.«

»Wir haben keine Schleifspuren auf dem Trampelpfad entdeckt«, sagt Maschke.

»Jeder Kieselstein ist so festgefroren, als wäre er in Beton gegossen. Die Schneedecke ist dünn wie Zeitungspapier. Der Tote mag ein, zwei Tage unentdeckt dort gelegen haben, Dutzende Menschen können währenddessen über den Trampelpfad gegangen sein und die wenigen Spuren im Schnee verwischt haben«, entgegnet Stave.

»Und niemand von denen hätte den Toten gesehen?«, fragt MacDonald.

»Er lag in einem Krater, etwas abseits. Vom Pfad aus nicht zu sehen.«

»Wenn der Alte wirklich über die Collaustraße ging und so stark gehbehindert war, dann muss er irgendwo in der Nähe dieser Straße gewohnt haben. Die Jungs vom Labor waren fleißig und haben über Nacht schon Dutzende Abzüge der Polizeifotos gemacht. Heute Morgen haben wir die Anwohner gefragt – war ziemlich einfach, die meisten standen in der Schlange vor der örtlichen Lebensmittelkartenausgabestelle. Wahrscheinlich haben wir zwar nicht alle Leute erwischt, die dort wohnen, aber die allermeisten wohl schon. Und leider hat niemand den Alten je zuvor gesehen. Aber manchem hat das Bild des Toten vor dem Frühstück den Appetit verdorben.« Maschke seufzt.

»Aber wenn das Opfer nicht dort gewohnt hat – wieso endet er dort?«, fragt Stave.

»Weil ihn jemand zwischen den Trümmern abgelegt hat«, vermutet Maschke. »Weiß der Henker, warum er diese Druckstelle am Handgelenk hat. Vielleicht hat ihn der Mörder gefesselt und dann geschlagen. Vielleicht hat er ihn tatsächlich am Gelenk dorthin geschleift – aber erst post mortem. Denn irgendwann und irgendwo hat er ihn erwürgt, ausgezogen, dann heimlich am Draht bis zu den Ruinenbergen geschafft – und Ende.«

»Vergessen wir nicht den Stock«, mahnt MacDonald. »Vorausgesetzt, er gehört tatsächlich dem Opfer, dann ist das doch ein Indiz dafür, dass der Alte aus eigener Kraft mit seinem Gehstock bis zu jener Stelle humpelte, an der wir ihn dann gefunden haben. Denn ob Überfall auf der Collaustraße oder Mord irgendwo sonst: Warum sollte der Täter den Gehstock mitnehmen und neben den Toten legen? Obwohl er ihm doch sonst fast alles geraubt hat? Meiner Meinung nach schlägt er ihn auf dem Trampelpfad nieder, erwürgt ihn, plündert ihn aus – und übersieht dabei den Gehstock, sonst hätte er den auch noch mitgehen lassen. Ein Indiz dafür, dass die Tat während der Dunkelheit stattfand. Nicht, dass einen das überraschen würde.«

Stave starrt den Lieutenant einige Sekunden lang an. »Sie sollten zur Kripo gehen, wenn Sie sich mal beruflich verbessern wollen«, sagt er schließlich.

»Und wie erklären Sie sich die Druckmarke am Handgelenk?«, fragt Maschke. »Wenn der Täter den Alten an Ort und Stelle erledigt, dann muss er ihn weder fesseln noch irgendwohin schleifen.«

MacDonald hebt lächelnd die Hände. »Ich habe nicht die leiseste Ahnung.«

Für den ist das immer noch eine Art intellektuelle Herausforderung, denkt Stave, doch gelingt es ihm nicht, wütend auf den jungen Offizier zu sein. Noch ein guter Grund, diesen Fall bald zu lösen.

»Wir kommen nicht weiter«, verkündet er. »Irgendetwas passt nicht zusammen. Drucken wir eintausend Plakate. Klappern wir die Ausgabestellen ab, vor allem rund um den Fundort. Heute müsste es besonders schnell gehen, herauszufinden, ob jemand seine Lebensmittelkarten nicht abgeholt hat. Klappern wir die Ärzte ab – vielleicht war der Alte irgendwo wegen seiner Leiden in Behandlung. Ich schreibe währenddessen einen vorläufigen Bericht für die Akte. Und dann nehmen wir uns den Schwarzmarkt vor.«

Kurz darauf ist er allein, hackt mit zwei Fingern auf der Schreibmaschine, mal schneller, mal langsamer, es klingt wie ein Maschinengewehr mit Ladehemmung.

Dann überfliegt er das Geschriebene. *»Die Dunkelheit drückt dieser Trümmergegend ihr besonderes Gepräge auf.«* Stave wundert sich über sich selbst. Solche Sätze verirren sich normalerweise nicht in seine Berichte für die Akte. Ich werde sentimental, denkt er und fragt sich, was Cuddel Breuer oder Oberstaatsanwalt Ehrlich wohl damit anfangen werden. Soll er es umformulieren, alles noch einmal tippen? Unsinn, sollen sie ihn doch für einen verkappten Romantiker halten. Seufzend lässt er die Akte in die Halterung der Registratur gleiten.

Dann wird es eng im Büro. MacDonald kommt als Erster. Maschke erscheint und verkündet, dass er ein paar Nachzügler an den Lebensmittelkartenausgabestellen abgefangen habe – auch die hätten den toten Alten nie gesehen.

Klopfen an der Tür, gemurmelte Begrüßungen, stickiger werdende Luft: Ein Kollege vom Kriminalbereitschaftsdienst erscheint, einer vom Fahndungskommando Personen- und Sachfahndung, von der Jugenddienststelle, von der weiblichen Kriminalpolizei – und natürlich vom Chefamt S, das extra zur Bekämpfung des Schwarzmarktes eingerichtet worden ist.

Stave berichtet kurz von den Morden, merkt aber schnell, dass sich die Sache bei den Krimsches bereits herumgesprochen hat. Nett, wenn die Kollegen die eigenen Sorgen teilen. »Bei der Razzia sammeln wir vielleicht irgendetwas ein, das einem der Opfer gehörte«, schließt er. »Das wäre eine Spur.«

Der Fahnder – ein junger Mann, blass, Müdigkeitsringe unter den Augen – blickt ihn skeptisch an. »Wir haben keine Ahnung, wer die Toten sind. Wir wissen nicht, was ihnen geraubt worden ist. Selbstverständlich werden wir bei einer Razzia jede Menge Waren beschlagnahmen, aber wie sollen wir erkennen, dass irgendetwas davon aus dem Besitz eines der Unbekannten stammt?«

Stave hebt die Hände. »Auf dem Schwarzmarkt wird alles vertickt. Vielleicht will jemand einen Satz dritte Zähne loswerden? Oder ein Suspensorium? Dann würde ich mich gerne mit ihm unterhalten. Vielleicht nehmen wir ein paar Schieber mit Ami-Zigaretten oder Selbstgebranntem hoch. Die mögen nichts mit den Morden zu tun haben. Aber wenn sie erst einmal auf dem Verhörstuhl sitzen, dann fällt ihnen vielleicht was ein. Vielleicht haben sie von einem Kollegen gehört, der zunächst die Kleidung einer jungen Frau und dann die eines alten Mannes verhökert? Von einem Medaillon mit einem Kreuz und zwei Dolchen darauf? Eine vage Hoffnung, zugegeben, aber wir müssen diese Spuren irgendwie weiter verfolgen.«

»Egal, Schwarzmarkt ist Schwarzmarkt, eine Razzia ist immer gut.« Der Beamte vom Chefamt S – früher einmal fett, heute in seiner Haut schlotternd wie in einem zu großen Anzug – reibt sich die Hände. »Wir hatten seit Weihnachten keine große Aktion mehr. Wird Zeit, die Herren Schieber wieder einmal schwitzen zu sehen. Und meine Jungs bleiben in Übung. Ich schlage vor, dass wir uns den Hansaplatz vorknöpfen. Da sammeln wir die meisten Kunden ein und mehr Waren als irgendwo sonst.«

Niemand widerspricht.

Stave nickt. Wenn es einen Ort gibt, der für den Schwarzmarkt wie geschaffen ist, dann der Hansaplatz: früher eine beschauliche Fläche, umgeben von mehrstöckigen, kleinbürgerlichen, alten Mietshäusern im Stadtteil St. Georg. Die Gebäude sind wie durch ein Wunder fast unbeschadet durch den Bombenhagel gekommen, der Hauptbahnhof liegt nur ein paar hundert Schritte entfernt. Kuriere und Schmuggler bringen heiße Waren aus allen Besatzungszonen und sogar aus dem Ausland zunächst bis zum Bahnhof. Schieber verstecken Penicillin, Zigaretten, Schnaps und Kaffee anschließend in den billigen Hotels nahe dem Hansaplatz oder in Mietwohnungen. In manchen Absteigen haben die Kollegen vom Chefamt S schon große Warenlager ausgehoben. Von den Verstecken tröpfelt die Ware schließlich auf den Hansaplatz, wo sich Tag für Tag Hunderte Hamburger einfinden, die irgendetwas brauchen, das es nicht auf Karte gibt.

Kein Anwohner von St. Georg würde die Schieber

und ihre Kunden je verpfeifen, weil auch für sie etliche Krümel abfallen: ein Pfund Butter als Miete für diejenigen, die ein Zimmer ihrer Wohnung zur Verfügung stellen und nie so genau nachfragen, was dort in den Kisten liegt; eine Packung Lucky Strike für ein paar Jungs, die Schmiere stehen; Vorzugspreise für Selbstgebrannten.

»Wann?«, fragt Stave.

»Heute noch«, antwortet der Beamte vom Chefamt S, »damit niemand Wind von der Sache bekommt. Geben Sie mir etwas Zeit, um meine Leute zusammenzutrommeln. Dazu eine Hundertschaft Uniformierte. Ein paar britische Lastwagen, damit wir unsere Männer unbemerkt sammeln und erst im letzten Augenblick nach St. Georg schaffen können. Sagen wir: fünf Uhr nachmittags. Da kommen die Leute aus den Büros und Läden, es wird ordentlich voll und die Schieber holen Nachschub. Außerdem dämmert es dann bereits. Sie werden uns erst spät kommen sehen.«

»Gut«, sagt der Oberinspektor. »Ich werde um halb fünf auf dem Hansaplatz sein und mich ein wenig umsehen. Mich wird dort niemand kennen. Vielleicht fällt mir da schon jemand auf. Um fünf Uhr machen wir dann den Sack zu und verfrachten die ganze Bagage auf die Wache. Ich will, dass alle, die wir einsammeln, noch in dieser Nacht verhört werden. Und ich will eine genaue Aufstellung aller beschlagnahmten Waren.«

Die Kollegen verlassen sein Büro, zufriedene Gesichter, geflüsterte Anweisungen. Jagdfieber.

Man braucht kaum eine halbe Stunde zu Fuß von der Kripo-Zentrale zum Hansaplatz. Stave marschiert mit hochgeschlagenem Mantelkragen und gesenktem Haupt über die Lombardsbrücke. Die Außenalster zu seiner Linken ist eine riesige, weißbläuliche Eisfläche, auf die eine schwache Nachmittagssonne rosafarbene Lichtmuster malt. Zwei Kinder drehen auf Schlittschuhen Kringel, einige Paare schlendern unsicheren Schrittes über das Eis. Stave verzieht das Gesicht. Der glatte Boden ist ein guter Vorwand, um ein Ausrutschen anzutäuschen und sich dann beim Partner festzuhalten. Sehr romantisch, selbst bei minus 20 Grad.

Der kürzeste Weg wäre, bis zum Hauptbahnhof zu gehen und dort links abzubiegen Richtung Hansaplatz, doch Stave entscheidet sich dagegen. Zwar kennt ihn auf dem Schwarzmarkt von St. Georg niemand, doch am Hauptbahnhof treibt er sich häufiger herum, auf der Suche nach seinem Sohn. Also nimmt er Nebenwege durch St. Georg, bis er auf die Brennerstraße trifft, die ihn von der dem Hauptbahnhof gegenüberliegenden Seite auf den Hansaplatz führt. Vorbei am Hotel »Würzburger Hof«, wo die Krimsches vom Chefamt S im letzten Herbst einige Fässer Präparieralkohol sicherstellten, der aus dem Zoologischen Staatsinstitut gestohlen worden war. Die Diebe hatten dazu die Gläser mitgehen lassen, in denen Bandwürmer, Schlangen und Eidechsen trieben. Der Präparieralkohol wurde von der Bande als selbstgebrannter »Doppelkümmel« auf dem Schwarzmarkt verscherbelt, 500 Reichsmark die Flasche. Als die Beamten schließlich einen Tipp bekamen und die Sache hochgehen ließen, war bereits die Hälfte der Beute durch die Kehlen nichtsahnender Trinker geflossen: 10 000 Liter Bandwurmglück.

Am Ende der Brennerstraße lungern zwei Halbwüchsige herum – sie stehen Schmiere. Sie werfen ihm nur einen gelangweilten Blick zu. Stave ist ja nicht der Einzige, der zum Hansaplatz strebt. Männer in langen Mänteln und Schlägermützen. Alte Frauen mit Einkaufstaschen aus Bast. Ein einbeiniger Kriegsheimkehrer, der den Boden nach weggeworfenen Kippen absucht und jedes Mal, wenn er sich bückt, vornüberzustürzen droht. Arbeiter von den Werften. Männer mit abgewetzten, prall gefüllten Aktentaschen. Zwei Chinesen vor dem Eingang zur Gastwirtschaft »Lenz«.

Stave lässt sich im Auf und Ab der Menschen treiben. Langsam erkennt er Muster, wie Wellen auf einem See, wie Strömungen, umgeleitet durch einen Stein: geflüsterte Worte, Mäntel, die plötzlich aufgeschlagen werden, Koffer, die jemand hochklappt, Zigaretten und Reichsmarkscheine von Hand zu Hand, rasches Auseinanderstreben.

Im Schatten eines Hauseingangs steht eine junge Frau mit Kopftuch, die ein abgetragenes Paar Herrenschuhe anbietet. »400 Reichsmark«, flüstert sie, eine rasche Bewegung, dann schiebt sie die Schuhe einem älteren Herrn mit Aktentasche herüber, der ihr seinerseits etwas zusteckt. Dann eilen beide rasch in entgegengesetzte Richtungen davon. Ein Alter, der Brotmarken anbietet, drei Hausfrauen um ihn, offenbar empört über seinen Preis. Der Alte blickt sich nervös um. Ein ehemaliger Soldat, Stiefel viel zu groß, der umgefärbte Wehrmachtsmantel mit Sicherheitsnadeln zusammengehalten, lässt eine Blechdose aus seiner Tasche lugen. Butter. »Zwei neun«, zischt er. 290 Reichsmark für ein Pfund. Schmuggler müssen eine größere Ladung durch die Kontrollen gebracht haben, glaubt Stave, sonst wäre das Zeug nicht so billig. Oder es ist gefälscht. In einer Toreinfahrt tuscheln vier Männer, plötzlich duftet es zwischen ihnen nach Kaffee, dann wechseln hastig Scheine die Hände, viele Scheine. Eine ältere, verhärmte Frau verschwindet mit einem der Chinesen in der Gastwirtschaft. »Feuersteine«, ruft ein Junge ungeniert, höchstens vierzehn Jahre alt. »Steine gefällig fürs Feuerzeug! 18 Reichsmark.« Ein anderer Halbwüchsiger verschanzt Lucky Strike, sieben Reichsmark das Stück. Langsam erlauscht sich Stave Preise im Wispern: »Wehrmachtsbesteck, rostfrei, vierteilig, sehr geeignet für Flüchtlinge – 23 Reichsmark. Eine Rolle Garn – 18 Reichsmark. Ein

Pfund Zucker – 80 Reichsmark. Eine komplette Lebensmittelkarte – 1000 Reichsmark.«

Den Kartenhändler müssen wir uns ansehen, denkt sich Stave.

Die meisten Arbeiter und Angestellten bekommen kaum 50 Reichsmark Lohn in der Woche. Wenn man sechs Wochen schuften muss, um sich ein Pfund Butter zu kaufen, dann ist man wirklich arm – und bereit, auch selbst auf dem Schwarzmarkt schlechte Geschäfte zu machen. Oder risikoreiche.

Uhren, goldene Münzen, Dollarscheine in Schuhcremekisten. Zwei Meter Zinkregenrohr. Drei fangfrische Forellen. Ein Radio. Falsche Persilscheine für die Entnazifizierungsverfahren. Blanko-Pässe. Ein kleiner Perserteppich. Penicillin aus alliierten Beständen. Ein Lederkoffer. Eine Damenbluse.

Keine Prothese, kein Suspensorium, kein Medaillon.

Verdammt, denkt Stave. Der Kollege von der Fahndung hat recht: Wie soll man irgendeine Ware dieses Marktes einem der Toten zuordnen? Gehört die Bluse der Frau? Hat der Alte vielleicht ein Regenrohr aus den Trümmern gezogen und ist deshalb erschlagen worden?

»Polizei!«

Der Schrei hallt über den Platz, panisch wie der Warnruf eines Höhlenmenschen.

Tschakos, grüne Mäntel, Schlagstöcke in den Nebenstraßen. Kreischende Frauen. Jungs, die obszön fluchen. Geschiebe, Stöße und hundertfaches Scheppern: Blechdosen, das Wehrmachtsbesteck, ein Brillengestell, Damenringe, Schraubenschlüssel fliegen aufs Pflaster. Dazu Zigaretten, Persilscheine und viele, viele Reichsbanknoten.

Die erfahrenen Schwarzhändler erkennen innerhalb von einer Sekunde, dass sie in der Falle sitzen, und werfen verräterische heiße Ware davon. Verloren ist das so oder so, aber wenn man nichts bei ihnen findet, dann fällt die Strafe geringer aus.

Ihre Kunden aber und die Anfänger, die klammern sich an ihre Beute und rennen los, zur nächsten Haustür, zur Gasse, zur Kneipe. Doch überall stehen plötzlich Schutzpolizisten, manche grimmig dreinblickend, andere böse lächelnd; einige heben drohend die schweren Knüppel, doch sie brauchen nicht zuzuschlagen. Harsche Kommandos. Dann rücken die Beamten vor, treiben die Menschen enger und enger zusammen.

Stave flucht, arbeitet sich durch die Menge, tritt und schlägt, kämpft sich voran. Der Händler mit den Lebensmittelkarten. Der Mann lässt sich treiben, seine Ware liegt wahrscheinlich schon irgendwo auf dem Pflaster. Gelassen lässt er sich drücken und schieben. Er ist jung, blass, millimeterkurzes, dunkles Haar, hässliche Narbe an der linken Wange, als hätte dort ein Blitz eingeschlagen.

Ehemaliger Soldat, denkt Stave. Muss vorsichtig sein.

Der Oberinspektor schiebt eine ältere Frau beiseite, dann endlich hat er zu dem Händler aufgeschlossen. Er zerrt seinen Ausweis aus der Manteltasche und hält ihn dem Dunkelhaarigen unter die Nase.

»Kriminalpolizei!«, schreit Stave.

Er will noch mehr hinausbrüllen, den üblichen Spruch zur Verhaftung – doch da landet eine Faust in seinem Gesicht. Schwarzer Schmerz und der salzige Geschmack von Blut. Verdammt schlechte Manieren, denkt Stave, als das Dröhnen im Kopf wieder nachlässt.

Der junge Mann wendet sich um, will davonstürzen. Doch überall versperrt ihm ein Wall aus Leibern den Weg. Rüde stößt er die ältere Frau zu Boden, die Stave schon beiseitegeschoben hat. Doch ein Fuß verhakt sich in ihrem Einkaufsnetz, für einen Moment taumelt er, springt herum, zerrt fluchend am Netz.

Da ist Stave heran, reißt ihm den Arm auf den Rücken, schleudert ihn so hart auf das eisige Pflaster, dass der Händler aufschreit. Das Knacken von zwei brechenden Rippen. Stave, noch immer mit Blutgeschmack im Mund, springt mit den Knien voran auf den Brustkasten des Liegenden. Wieder ein Knacken, doch der Dunkelhaarige schreit nicht mehr, sondern gurgelt nur noch.

»Guter Wurf!«, ruft jemand.

Stave wirbelt herum und erkennt den Kollegen von

der Fahndung, der sich irgendwie zu ihm hindurchgekämpft hat.

»Judo«, antwortet er keuchend, erhebt sich und streicht den Mantel glatt. Eugen Hölzel, ein mittelgroßer Mann mit gelber Hornbrille, hatte sich vor einem Jahr bei der Hamburger Kripo vorgestellt. Mehrfacher deutscher Meister im Judo, wie sich herausstellte. Die Briten hatten ihm seinen Sport verboten – außer zur Ausbildung bei der Polizei. Stave hatte, ziemlich naiv, geglaubt, dass dieses Training ihm vielleicht helfen würde, sein Hinken zu überspielen. Ist Hölzels Tortur doch zu etwas nutze, denkt er nun zufrieden, als er beobachtet, wie zwei Schupos den Mann abführen, der nur noch gekrümmt gehen kann.

»Den will ich als Ersten verhören«, ruft er den Beamten nach.

Männer, Frauen, ein paar Kinder, zusammengetrieben an der Wand eines hohen, schmutzigen Mietshauses. Der Hansaplatz überzogen mit zertrampeltem dünnem Schnee, übersät mit Dosen, Kisten, aus der Ferne bizarr aussehenden Gegenständen und Papier, das im eisigen Wind aufwirbelt. Ein paar Schupos jagen Reichsmarkscheinen hinterher.

Ob die nachher alle abliefern werden, fragt sich Stave gelangweilt. Seine aufgeplatzte Lippe blutet inzwischen nicht mehr, aber sie ist angeschwollen. Hoffentlich werde ich bei den Verhören nicht lallen wie ein Betrunkener. Der Dunkelhaarige wandert mindestens für sechs Monate in den Bau. Oder man kann ihm die Sache mit den beiden Toten nachweisen. Dann wartet auf ihn das Schafott.

Die Schupos drängen die Verhafteten paarweise auf die Ladefläche von Lastwagen, die inzwischen über die Brennerstraße herangerollt sind. Ein, zwei Frauen weinen, einige Männer beschimpfen die Beamten, die meisten jedoch sind ruhig. Müde. Schicksalsergeben.

Stave muss plötzlich an andere Verhaftete denken, die die Polizei auf Lastwagen getrieben hat, am helllichten Tag, mitten in der Stadt. Ist nur wenige Jahre her. Hört das denn nie auf? Und wer sagt, dass sie diesmal gerechter sind als damals? Er zwingt sich, an die beiden Erwürgten zu denken und daran, dass deren Mörder vielleicht einer jener Menschen ist, die er gerade paarweise zusammentreiben lässt.

»Zurück zur Zentrale«, ruft er dem Fahnder zu. »Das wird eine lange Nacht. Ich wünschte, irgendjemand würde ein Pfund von dem Kaffee mitnehmen, der hier herumliegt, um uns allen eine ordentliche Tasse aufzubrühen.« Aber selbstverständlich vergreift sich niemand an der beschlagnahmten Ware, sind ja alles korrekte deutsche Beamte. Und ein paar britische Besatzungssoldaten stehen auch noch da.

In der Zentrale belegen Stave, Maschke und einige weitere Krimsches die Verhörzimmer. Die Schupos sollen ihnen die Verhafteten zuführen, wie sie sie gerade aus den überfüllten Untersuchungszellen herausgreifen.

»Bringt mir aber zuerst den Dunkelhaarigen«, wiederholt Stave.

Fünf Minuten später fühlt sich der Oberinspektor wie ein Skatspieler, der sein Blatt überreizt hat. Ziemlich hoch überreizt.

Der Verdächtige, der blass und gekrümmt auf dem Stuhl vor ihm hockt, hat ein perfektes Alibi. Er hat Lebensmittelkarten in anderen Städten der Britischen Zone »organisiert«, um sie in Hamburg, wo die besten Preise gezahlt werden, wieder loszuschlagen. Dabei wurde er beobachtet und verhaftet. Nur einen Teil seiner Beute fanden die Beamten, wofür dem Mann vierzehn Tage Haft aufgebrummt wurden. Ein Anruf bei den Kollegen in Lüneburg und Stave weiß, dass der Mann zur vermutlichen Tatzeit um den 20. Januar tatsächlich in einer sauberen Zelle saß, 60 Kilometer entfernt von Hamburgs Ruinen. Er lässt den Mann abführen und schreibt eine Akte für den britischen Richter, der sich die Fälle morgen vornehmen soll.

»Der Nächste!«, ruft er dem draußen wartenden Schupo zu, resigniert.

Ein blasser Student, Vater in Stalingrad vermisst, Mutter bei einem Bombenangriff gestorben, erwischt mit 80 Zigaretten und 17,40 Reichsmark. Der Nächste. Ein wegen Zuhälterei vorbestrafter Schieber, 3000 Reichsmark in den Taschen, doch keine heiße Ware am Mann. Der Nächste. Eine Hausfrau mit einem halben Pfund Butter. Der Nächste. Ein Junge, ohne Ware, ohne Zigaretten, ohne Geld. Stave schickt ihn gleich nach Hause. Der Nächste. Ein Alter, der zwei Uhren verhökern wollte.

Zwei Uhr nachts: Stave fühlt sich, als sei ein Sherman-Panzer über ihn gerollt. Als ihm Erna Berg eine Tasse Tee hereinreicht, sieht er Sterne, als die heiße Flüssigkeit seine aufgeplatzte Lippe benetzt.

Seine Augen tränen, wenn er bei jedem neuen Verhafteten das Verbrecheralbum der Kripo durchblättert, in dem alle vorbestraften Täter registriert sind: Personenbeschreibung, Fingerabdrücke, bestimmte, unveränderliche äußere Merkmale, letzte bekannte Adresse, Foto von vorne und im Profil.

Er ist hungrig. Ihm ist kalt. Er hat das dringende Bedürfnis, dem nächsten Menschen, der den Raum betritt, den Schädel einzuschlagen.

Es ist Anna von Veckinhausen.

Ein Blick aus ihren dunklen Augen, und er ahnt, dass sie so zornig ist wie er. Das kann noch heiter werden, denkt der Oberinspektor.

Er ist höflich, bietet ihr einen Platz an, lässt sich nicht

anmerken, dass er sie schon einmal verhört hat. Ob sie hofft, dass er sie unter den Dutzenden Verhafteten nicht wiedererkennt? Sie deutet jedenfalls auch nicht an, dass sie sich schon begegnet sind. Gute Selbstbeherrschung, sagt sich Stave – ein Indiz für eine gewisse Kaltblütigkeit.

Er fährt mit der Hand durch das Verbrecheralbum. Kein Eintrag. Dann blickt er auf den Zettel mit ihren Daten, den ihm ein Schupo, wie bei jedem Verhafteten, hereingereicht hat: Geboren am 1. März 1915 in Königsberg. Keine weiteren Angaben zur Familie oder zu den Umständen, wann und wie sie nach Hamburg gelangt ist. Immerhin kann er jetzt ihren Dialekt einordnen.

»Mit welcher Ware haben Sie auf dem Schwarzmarkt gehandelt?«, fragt er schließlich.

»Ich habe gar nicht gehandelt«, antwortet sie. Zorn in der Stimme. »Ich war auf dem Weg vom Hauptbahnhof und überquerte gerade den Hansaplatz, als Ihre …«

»Razzia«, schlägt Stave freundlich vor.

»Aktion«, fährt sie fort, »gestartet wurde. Ich habe dem Beamten, der mich verhaftet hat, bereits gesagt, dass es sich um einen Irrtum handelt. Aber der hörte mir nicht einmal zu. Methoden wie bei der Gestapo.«

Der Oberinspektor lässt sich nicht provozieren – zumal Anna von Veckinhausen so ganz falsch nicht liegt. Er blickt wieder auf seine Unterlagen. »Wir haben 537 Reichsmark bei Ihnen sichergestellt«, sagt er ruhig. »Können Sie mir erklären, was Sie mit einem derartigen Vermögen auf dem Schwarzmarkt zu suchen hatten?«

»Ich muss Ihnen gar nichts erklären. Mein Geld ist mein Geld.«

»Ich frage mich, ob Sie vor der Razzia etwas verkauft haben. Vielleicht einen Gegenstand, der noch ein paar Tage zuvor einem etwa siebzig Jahre alten Mann gehört hat?«

Anna von Veckinhausen sieht aus, als wolle sie vom Stuhl springen. Dann schließt sie kurz die Augen und atmet tief durch. »Ich hatte gedacht, dass Sie sich nicht mehr an mich erinnern«, murmelt sie.

»Dann hätte ich nicht diesen Beruf.« Stave erlaubt sich ein schwaches Lächeln.

»Ich habe nichts auf dem Schwarzmarkt verkauft«, antwortet Anna von Veckinhausen. »Sie haben ja alle Menschen auf dem Hansaplatz festgenommen. Fragen Sie doch jeden Einzelnen nach mir. Ich war auf dem Weg vom Bahnhof.«

»Mit 537 Reichsmark?«

»Mit 537 Reichsmark.«

»Und Sie wollen mir weder sagen, woher Sie so viel Geld haben, noch, was Sie damit vorhatten?«

»Das eine wie das andere geht Sie nichts an.«

Stave blickt wieder auf seine Unterlagen. Schwer, diese Geschichte zu widerlegen. Andererseits könnte ihr ein britischer Schnellrichter angesichts der Umstände der Verhaftung trotzdem einige Tage Gefängnis aufbrummen. Aber was wäre damit gewonnen?

»Wir haben diese Razzia nicht gemacht, um Hausfrauen zu verhaften, die ein paar Streichhölzer kaufen wollen. Sondern um auf dem Schwarzmarkt womöglich Gegenstände aus dem Besitz des Toten sicherzustellen – jenes Toten, den Sie gefunden haben.«

»Haben Sie das?«

Stave ignoriert ihre Frage, auch wenn ihm nicht entgeht, dass Anna von Veckinhausen nicht spottet, sondern aus echtem Interesse etwas wissen will. Oder aus Sorge.

»Lassen Sie uns noch einmal zu jenem Nachmittag zurückkehren, an dem Sie die Leiche gefunden haben: Sie sind die Lappenbergsallee entlanggegangen. Von dort bogen Sie auf den Trampelpfad zwischen den Ruinen ein, der Sie zur Collaustraße bringen würde. In den Ruinen entdeckten Sie die Leiche.«

»Ja«, antwortet sie müde.

Stave macht sich eine Notiz.

»Wie lange verharrten Sie neben der Leiche?«, fährt er fort.

Sie blickt ihn überrascht an. »Meinen Sie, ich hätte ein Totengebet gesprochen?«

»Haben Sie ihn nur einen Augenblick angestarrt, erkannt, was Sie da sehen, und sind sofort weggerannt? Oder haben Sie sich alles genau angesehen?«

Anna von Veckinhausen fasst mit ihrer rechten Hand zur linken Schulter, sodass ihr Arm quer vor ihrem Oberkörper liegt. Verlegene Geste, denkt Stave, oder unbewusstes Bedürfnis nach Schutz.

»Ich weiß es nicht«, gesteht sie zögernd. »Vielleicht ein paar Sekunden. Ich blickte den Körper an und brauchte eine Weile, bis ich begriff, was ich da sah. Dann bin ich weggegangen, nicht gerannt. Eile war ja nicht mehr nötig.«

»Also haben Sie das Opfer zwar eine Zeit lang angesehen, doch trotzdem nicht wirklich auf Einzelheiten am Fundort geachtet?«, hakt Stave nach.

»So kann man es wohl sagen.«

Stave starrt auf seinen Schreibtisch. Er muss jetzt eine kluge Entscheidung treffen. Doch es ist mitten in der Nacht, es ist kalt, er ist hungrig und fühlt sich zerschlagen. Sein Kopf schmerzt. Soll er Anna von Veckinhausen hierbehalten? Eine Handhabe hätte er: die 537 Reichsmark. Oder soll er sie laufen lassen? Jetzt Milde zeigen und abwarten, beobachten?

»Sie können gehen«, sagt er schließlich und überrascht sich damit beinahe selbst. »Tut mir leid für diese Unannehmlichkeit.«

Sie starrt ihn eine Sekunde lang verblüfft an, dann lächelt sie zögernd. »Danke«, sagt sie und steht auf. An der Tür dreht sie sich noch einmal um. »Was haben Sie mit Ihrer Lippe angestellt?«, fragt sie.

»Bin auf einer vereisten Stelle ausgerutscht«, antwortet Stave.

Als sich die Tür geschlossen hat, starrt er auf sein Notizheft. An dem Abend, als sie die Leiche fanden, sagte Anna von Veckinhausen, dass sie von der Collaustraße über den Trampelpfad Richtung Lappenbergsallee unterwegs gewesen sei. Als Stave gerade die Tat rekapitulierte, vertauschte er absichtlich die Straßennamen. Und die Verhörte bestätigte ihm nun, dass sie von der Lappenbergsallee kam und Richtung Collaustraße unterwegs war.

Ein Gestapo-Trick. Vielleicht war sie nur müde. Oder von der Verhaftung so aufgeregt, dass sie nicht auf den Wortlaut geachtet hatte. Möglich aber auch, dass sie ihm beim ersten Mal eine Lüge aufgetischt hatte – und sich nun an den genauen Wortlaut ihrer Falschaussage selbst nicht mehr erinnerte.

Ich möchte wissen, was sie wirklich zwischen den Trümmern gemacht hat, denkt Stave.

»Der Nächste!«, ruft er dem draußen wartenden Schupo zu.

Zwei Stunden später ist es endlich vorüber. Mit schmerzendem Rücken stemmt sich der Oberinspektor aus seinem Stuhl und geht ein paar Mal in seinem Büro auf und ab, bis so viel Blut in sein verletztes, kaltes Bein zurückgepumpt worden ist, dass er kaum mehr hinkt. Dann ruft er die anderen Beamten zusammen. Der Kollege vom Chefamt S ist so munter, als hätte er die letzten zehn Stunden geschlafen. Hört man ihm zu, muss man glauben, dass die Kripo bei dieser Razzia einen Kesselwagen voll Schnaps und mindestens eine halbe Tonne Penicillin sichergestellt hat. Auch der Krimsche von der Fahndung ist zufrieden, denn ihm ist ein Großschieber ins Netz gegangen.

Maschke und die anderen hingegen blicken ihn müde und unzufrieden an. Der Einzige, der erwartungsvoll aussieht, ist MacDonald. Der Lieutenant hat weder bei der Razzia mitgemacht noch Verhaftete verhört.

Frage mich, warum er nicht längst nach Hause gegangen ist, denkt Stave. »Danke, meine Herren«, sagt er laut und nickt ihnen zum Abschied zu.

Kein sichergestellter Gegenstand, keine Aussage, die sie in den beiden Mordfällen weitergebracht hat. Nichts, nichts, nichts. Was haben wir bloß übersehen, fragt sich der Oberinspektor. Er wartet, bis alle gegangen sind. Dann arbeitet er am Schreibtisch noch einmal seine Notizen und Verhörprotokolle durch, Blatt für Blatt. Fast eine Stunde lang. Wenn es wenigstens Sommer wäre, dann würde es jetzt hell werden, denkt er. Seine Augen schmerzen. Nichts – bis auf den einen, möglicherweise bedeutsamen, vielleicht auch bloß lächerlichen

Widerspruch in den Aussagen der Zeugin Anna von Veckinhausen.

Stave überlegt kurz, sich ein, zwei Stunden im Büro aufs Ohr zu hauen. Doch bei dem Gedanken daran, vielleicht zu fest einzuschlafen und dann auf dem Boden zusammengekrümmt von morgendlich frischen Kollegen gefunden zu werden, entscheidet er sich schließlich dagegen. Er durchmisst langsam den Eingang der Zentrale. Doch dann erstarrt er.

Ein Schatten.

Stave hält die Luft an und mustert einen wuchtigen Pfeiler der Vorhalle. An dessen dem Eingang abgewandter Seite hockt ein Mann. Stave sieht zunächst nur eine Schulter, ein Bein. Er rührt sich nicht. Der Unbekannte richtet sich langsam auf, hat ihn offenbar nicht bemerkt. Vielleicht ein Betrunkener, der ausgerechnet vor dem Hauptquartier der Kriminalpolizei seinen Rausch ausschläft? Der Mann taumelt einen Schritt vom Pfeiler fort, tritt hinaus auf den Platz, gelbes Mondlicht fällt auf sein Gesicht.

Stave erkennt einen jungen Mann, den sie vor wenigen Stunden verhaftet haben. Er fragt sich, wer ihn verhört und dann freigelassen hat. Dann erkennt er mehr: Der Mann ist nicht betrunken, er ist zusammengeschlagen worden. Zugeschwollenes Auge, aufgeplatzte Lippen, der gekrümmte Gang von jemandem, der Schläge und Tritte gegen Bauch und Unterleib einstecken musste. Ihm kommt sofort ein hässlicher Verdacht: Gestapo. Der Mann ist im Verhör durchgeprügelt worden. Anschließend wurde er laufengelassen, damit kein anderer Beamter und schon gar kein britischer Schnellrichter die Verletzungen sieht. Aber es hat ihn so schwer mitgenommen, dass er kaum die Zentrale verlassen konnte. Erst jetzt scheint er so weit zu Kräften gekommen zu sein, dass er davonwankt.

Stave folgt ihm unauffällig.

Der Unbekannte schleppt sich den Holstenwall hinunter, biegt am Millerntor rechts ab, erreicht schließlich das Gewirr kleiner Straßen nördlich der Reeperbahn. Ein halb zerstörtes Mietshaus, am Klingelschild Pappschilder mit den Namen und Geburtsdaten zusätzlich aufgenommener Ausgebombter. Der Mann hält inne, leicht gekrümmt, dann bückt er sich, kratzt ein wenig Schnee zusammen, wischt sich damit über das Gesicht. Er will sich präsentabel machen, bevor Mami ihn sieht, denkt Stave. Der junge Mann fummelt in der rechten Tasche seines viel zu weiten Mantels herum, die Hände taub von der Kälte und vielleicht auch von Schlägen. Als er endlich den Schlüssel hervorgezogen hat und sich zur Tür dreht, tritt Stave schnell vor.

»Kriminalpolizei«, flüstert er. Muss ja niemand die Nachbarn wecken.

Der Mann fährt herum, entsetztes Gesicht. »Was wollen Sie denn noch?«, stammelt er.

Keine zwanzig Jahre alt, schätzt Stave. Unterernährt. Ist in dieser Nacht vielleicht zum ersten Mal in seinem Leben böse zusammengeschlagen worden. Andererseits: Wer weiß, was er im Krieg gemacht hat?

»Wer hat das getan?«, fragt Stave und deutet auf das geschwollene Auge. Er ist zu müde, um lange um den heißen Brei herumzureden. Außerdem hofft er auf die Angst des Unbekannten: klare Frage, klare Antwort.

»Ein Polizist«, sagt der Junge. »Beim Verhör.«

Stave schließt kurz die Augen und unterdrückt einen Fluch. »Wer?«

»Polizeiinspektor Maschke.«

Warum überrascht mich das jetzt nicht, denkt Stave zornig.

»Warum hat er das getan?«

Der junge Mann starrt ihn an, als hätte er etwas ganz Dämliches gefragt. »Hat Ihr Kollege wohl bei der Gestapo gelernt«, erwidert er schließlich.

Stave bietet dem Jungen eine Zigarette an. Noch ein paar Fragen, dann kann er sich die Geschichte zusammenreimen: Karl Trotzauer, neunzehn Jahre, wohnhaft in St. Pauli, ohne Beschäftigung, auf dem Schwarzmarkt erwischt mit einer Flasche Kümmel und einem alten Ölbild in goldenem Rahmen, das einen Bergbauernhof zeigt. Doch wegen des Besitzes von Schnaps und Kitsch wird niemand verprügelt. Maschke aber hat offenbar jeden Verhafteten auch gefragt, wo er sich am 20. Januar aufgehalten hat. Und Trotzauer, ahnungslos, hatte ausgesagt, er sei an jenem Tag bei seiner Tante in Eimsbüttel gewesen und später über die Lappenbergsallee nach Hause gegangen.

»Dann hat er damit angefangen«, fährt er fort und deutet auf sein zugeschwollenes Auge. »Ohne Vorwarnung, ohne Geschrei, einfach so. Tritte und Schläge. Ich dachte, ich sterbe.«

»Und dann?«

»Als ich wieder etwas zu mir gekommen war, hat er mich gefragt, wie ich den Alten umgebracht habe.«

»Den Alten?«

»Ich hatte keine Ahnung, wovon der sprach. Erst nach weiterer Prügel begriff ich, dass Maschke einen Toten meinte. Und irgendwann dämmerte mir, dass er von mir ein Geständnis wollte, irgendeinen alten Mann umgebracht zu haben.«

»Haben Sie?«

Trotzauer wirft ihm einen finsteren Blick zu. »Es hat verdammt wehgetan, aber ich bin nicht blöd. Natürlich habe ich nicht gestanden, weil es nichts zu gestehen gibt. Ich habe keinen alten Mann umgebracht. Das habe ich Maschke auch immer wieder gesagt. Zwischen den Schlägen. Irgendwann hat er mich laufenlassen und mir geschworen, dass er mich drankriegt.«

»Sie können gehen«, antwortet Stave.

Auf dem langen Rückweg hat der Oberinspektor viel Zeit zum Nachdenken. Einmal muss er einer britischen Streife seinen Kripo-Ausweis zeigen. Ansonsten sieht er niemanden. Es ist, als sei Hamburg leer, die Ruinen und aufgerissenen Straßen, die ausgeweideten Läden und zerbombten Bahnhöfe aufgegeben von den Bürgern, die fortgezogen sind, um anderswo eine bessere Stadt aufzubauen.

War Maschke in der Gestapo? Angeblich ist er doch noch relativ frisch von der Polizeischule, kann also nicht vor 1945 dabei gewesen sein. Außerdem mag sich Stave den großen, schlaksigen, kettenrauchenden, bei seiner Mutter wohnenden Kollegen nicht als jemanden vorstellen, der morgens um fünf Uhr die Wohnungstüren von Juden eintritt.

Aber selbst wenn Maschke in der Gestapo gewesen wäre: Warum sollte er kleine Schwarzhändler zusammenschlagen? Übereifer im Dienst? Nur weil jemand zur vermutlichen Tatzeit des zweiten Mordes in der Nähe gewesen war, muss man ihn nicht verprügeln. Warum will Maschke einen Neunzehnjährigen zum Verdächtigen machen, den praktisch nichts belastet? Warum ein Geständnis herausboxen wollen, das aller Wahrscheinlichkeit nach nichts mit dem wahren Täter zu tun gehabt hätte?

Ich weiß eigentlich nichts über Maschke, denkt Stave, als er endlich vor seiner Haustür steht. Wird Zeit, mal in dieser Hinsicht nachzufassen. Aber vorsichtig. Morgen, nach ein paar Stunden Schlaf.

Am nächsten Nachmittag hat Stave zum ersten Mal die Gelegenheit, sich ein paar Informationen zu beschaffen – und vermasselt die Sache beinahe.

Eine Besprechung in seinem Büro. Er starrt auf die Eisblumen, die am Fenster glitzern wie kalte Sterne, während MacDonald die nächsten Fehlschläge verkündet. Der Lieutenant wedelt mit einigen gelben Blättern, auf die Namen, Geburtsdaten und Personenbeschreibungen getippt sind. Hunderte Namen, soweit Stave das erkennen kann.

»Eine Kopie der Vermisstenliste in Hamburg«, erklärt der Brite. »Ich bin alle Namen durchgegangen – niemand da, der auf unsere beiden Leichen passen würde. Zwar stehen hier einige junge Frauen und einige ältere Männer, doch deren Personenbeschreibungen stimmen nicht mit dem überein, was wir gesehen haben. Und auch sonst kann ich kein Muster in den Listen erkennen: Männer, Frauen, Kinder, die weg sind. Verschwunden auf der Flucht aus dem Osten, in Bombennächten oder einfach so in der Nachkriegszeit. Mal wird das Verschwinden von Ehegatten oder Eltern angezeigt, mal von Nachbarn und Freunden, mal von der Firma oder Behörde, bei der jemand angestellt ist. Sollte einer dieser Vermissten mit Würgemalen am Hals unter irgendwelchen Trümmern liegen, dann wüsste ich nicht, wie wir das aus dieser Aufstellung erkennen könnten.« MacDonald faltet die Liste zusammen und steckt sie in eine Uniformtasche. Dann hebt er entschuldigend die Hände.

»Mir geht es genauso«, sagt Maschke, und es klingt, als mache es ihn wütend, den Briten nicht übertrumpfen zu können. »Kein Zahnarzt hat dem Alten jemals zwischen die Kiefer geschaut. Und kein Arzt untenrum.«

Als ihn MacDonald fragend anblickt, feixt er.

»Mit dem Leistenbruch war er bei keinem Krankenhaus und keinem Onkel Doktor in Hamburg, das ist ziemlich sicher.«

»Es sei denn, er war bei einem Arzt, der den Krieg nicht überlebt hat«, bemerkt Stave.

»Beim Aufräumungsamt war ich auch«, fährt Maschke ungerührt fort und schlägt einen schmuddeligen Notizblock auf. »Wussten Sie, dass in Hamburg mehr als 250 000 Wohnungen und Häuser zerbombt worden sind? 3500 Firmengebäude, 277 Schulen, 24 Krankenhäuser, 58 Kirchen. 43 Millionen Kubikmeter Trümmer. Man könnte meinen, die Jungs vom Aufräumungsamt sind stolz auf ihre Zahlen.«

»Das sichert ihnen auf zwanzig Jahre ihren Job«, erwidert Stave verdrießlich. »Doch was hat das mit Plünderern zu tun?«

»Das zeigt nur, dass es viel zu plündern gibt. Die Beamten vom Aufräumungsamt sagen aber, dass es keine Revierkämpfe von Banden gibt, die sich Schätze aus den Ruinen holen wollen. Zumindest nicht jetzt. Seit es so kalt ist, sind Steine, Betonplatten und all dieser Dreck so fest zusammengefroren, dass es sich für die Profis kaum lohnt, auf Beutezüge zu gehen. Die warten das Tauwetter ab. Momentan sind nur Amateure zwischen den Ruinen unterwegs, die nach einem Meter Ofenrohr, einer Herdplatte oder nach Brennholz suchen. Zu wenige, um sich in die Quere zu kommen. Also nicht so viele Plünderungen wie noch vor ein paar Monaten – und so gut wie keine Gewaltdelikte, die mit Plünderungen zu tun haben. Was immer dem Mädchen und dem Alten widerfahren ist: Nichts spricht dafür, dass es irgendetwas mit Plünderungen zu tun hat.«

»Schön«, sagt Stave automatisch, bevor er merkt, wie dumm das in diesem Zusammenhang klingt. Er seufzt und reibt sich die Stirn. Ein Aspirin wäre jetzt nicht schlecht, aber das gibt es auch nur auf dem Schwarzmarkt.

MacDonald verabschiedet sich für den Tag. Stave hält den Kollegen von der Sitte unter dem Vorwand zurück, mit ihm noch einmal die Ergebnisse vom Aufräumungsamt durchzugehen.

»Was gibt es da durchzugehen?«, murmelt Maschke, als der Brite verschwunden ist.

»Reine Routine«, antwortet Stave – der Spruch, der jeden erfahrenen Kriminellen alarmiert. Und jeden Krimsche auch.

»Stimmt etwas nicht?«

Stave könnte sich in den Hintern treten. Er zwingt sich ein Lächeln ins Gesicht, denkt hektisch nach. »Ich will nur auf Nummer sicher gehen. Diese Ermittlungen sind ja nicht Ihr Spezialgebiet, Maschke. Und Sie sind ja auch noch nicht allzu lange bei diesem Verein.«

Der Kollege nickt, nur halb versöhnt.

Stave tut so, als sichte er Maschkes Notizen. Selbstverständlich findet er nichts Interessantes. »Sie sind 1946 aus der Polizeischule gekommen?«, fragt er und bemüht sich um einen alltäglichen Ton in der Stimme. »Haben Sie bei Ihrer Ausbildung eine Runde durch alle Behörden der Stadt gedreht? Zu meiner Zeit musste ich das tun – auch wenn es da natürlich noch kein Aufräumungsamt gab.«

Maschke versucht sich an einem Nicken und Kopfschütteln zugleich, gibt dann auf. »Ja«, sagt er, »ich bin Abschlussjahrgang '46. Aber nein, die meisten Behörden habe ich noch nie von innen gesehen. Kann nicht sagen, dass das ein großer Verlust ist.«

»Was haben Sie eigentlich vor der Polizeischule gemacht?«, fragt Stave und gibt ihm das Notizheft zurück. Harmlos genug, diese Frage, findet er. Doch Maschke zuckt zusammen, als habe er ihm ein unsittliches Angebot gemacht. Ein nervöser Tick am linken Auge, Röte auf den Wangen.

Stave hält den Atem an. Das war zu direkt.

Nach einem Augenblick fängt Maschke sich jedoch wieder, lächelt etwas gequält und wedelt mit der Hand durch die Luft. »Was wohl?«, murmelt er. »Ich war Soldat. Kriegsmarine, U-Boot-Fahrer. Frankreich. 1940 rein nach Frankreich, auf die U-Boot-Basen am Atlantik. 1944 raus aus Frankreich. Dazwischen Fahrten mit dem U-Boot von Brest aus und monatelange Landgänge. *Un temps pas mal, même pour un boche comme moi.* Habe wenigstens mein Schulfranzösisch aufpoliert. Und kenne mich jetzt mit Rotweinen ganz gut aus – nicht, dass mir das zurzeit viel nützt.« Er lacht.

Stave ringt sich ebenfalls ein Lächeln ab. »Gute Arbeit«, murmelt er und deutet auf das Notizheft. »Auf Wiedersehen.«

Er hat schon einige U-Boot-Fahrer-Geschichten gehört: Enge und Feuchtigkeit im stählernen Schiffsleib. Endlose Wachen auf dem eisigen Atlantik. Wasserbomben, die das U-Boot dröhnend durchschütteln. Sinkende Särge. Die meisten U-Boot-Fahrer sind auf See geblieben. Auf einmal sieht er Maschke mit anderen Augen: dessen nervöse Sucht nach Zigaretten. Der Bart der U-Boot-Fahrer, die sich wochenlang nicht rasieren konnten. Die brutale Ungeduld gestern Abend beim Verhör. Der vorgespielte Zynismus. Das Wohnen bei der Mutter – gibt ja Sicherheit.

Nachdem Maschke gegangen ist, ruft der Oberinspektor trotzdem einen alten Freund von der Personalabteilung an, der ihm noch einen Gefallen schuldet. Jetzt hat er konkrete Angaben von Maschke, die sich überprüfen lassen.

Fünf Minuten später knallt er den Hörer auf die Gabel: Maschke, so viel ist klar, war vor 1945 tatsächlich niemals bei irgendeiner Dienststelle der Hamburger Polizei angestellt, schon gar nicht bei der Gestapo. Er hat sich nach dem Krieg bei der Kripo beworben und die Schule wie angegeben durchlaufen. Und, ja, in seinen Aufnahmeunterlagen finden sich Dokumente und ein Lebenslauf, die seine Geschichte von der U-Boot-Zeit in Frankreich bestätigen. Keine Gestapo-Vergangenheit, keine Dienstzeit bei einer Einsatzgruppe im Osten, keine verheimlichten Jahre als Wächter in irgendeinem KZ. Maschke ist sauber.

Am Freitag bestellt ihn Doktor Ehrlich ein. »Bei der Razzia sind uns einige Fische ins Netz gegangen«, beginnt der Staatsanwalt höflich, setzt sich in seinen Stuhl und verschränkt die Hände vor dem Bauch.

»Aber leider nicht die, die wir angeln wollten«, antwortet der Oberinspektor. Keine korrekte Metapher, aber das ist ihm gleichgültig. Lieber gleich zur Sache kommen.

»Ich gestehe, dass ich ratlos bin«, sagt Ehrlich. »Wenn ich an Ihrer Stelle wäre, Stave, dann hätte ich genauso gehandelt. Und wüsste jetzt nicht, was ich noch tun sollte.«

Das ist genau das, was ich hören will, denkt der Oberinspektor. »Wir verfolgen da noch ein paar Spuren«, antwortet er.

»Freut mich zu hören. Ich dachte schon, Sie warten bis zum nächsten Mord und sehen dann, ob Sie was Neues finden.«

»Wir wissen nicht einmal, ob die beiden Morde vom selben Täter begangen worden sind.«

»Aber Sie vermuten es?«

Stave schweigt.

Ehrlich deutet mit müder Geste aus dem Fenster. Lange, feingliedrige Hände, denkt Stave, Pianistenhände.

»Ich vermute, dass der Täter, den Sie suchen, dreißig Jahre alt ist, oder jünger«, sagt der Staatsanwalt.

»Dann wissen Sie mehr als ich.«

Ehrlich nimmt seine Hornbrille ab, putzt sie umständlich. Jetzt kann er mich wahrscheinlich gar nicht mehr erkennen, denkt Stave.

»Ein Dreißigjähriger«, erklärt der Staatsanwalt, »wurde im Steckrübenwinter 1916/17 geboren, der großen

Hungersnot im vorletzten Krieg. Dann kamen Revolution und Konterrevolution. Der Kapp-Putsch. Die Hyperinflation mit ihren Milliarden-Reichsmark-Scheinen in Wäschekörben. Die Arbeitslosigkeit ab 1929. Die Schlägereien und Morde zwischen SA und Rotfrontkämpferbund ab 1930. Die Nazis mit dem Terror. Der Krieg. Die Bombenangriffe. Die Konzentrationslager. Die Besatzungszeit. Nun dieser Winter. Das, was Sie und ich ›Normalität‹ nennen, existiert schon seit dreißig Jahren nicht mehr. Normal ist vielmehr die Gewalt. Das Leid. Der Tod. Deshalb denke ich, dass jemand, der mit offenbar methodischer Indifferenz sowohl ein junges Mädchen als auch einen alten Mann erdrosselt und ausplündert, jemand sein muss, der in seinem Leben nie etwas anderes kennengelernt hat als diese Gewalt. Also ist er dreißig Jahre alt oder jünger.«

»Ich kann nicht alle jungen Menschen Hamburgs vorladen«, murmelt Stave. »Und nicht jeder Dreißigjährige ist ein Mörder.«

»Wenn Sie Soldaten, Gestapo-Leute, Parteifunktionäre, KZ-Wächter und wichtige Beamte des alten Regimes zu dieser Gruppe rechnen, dann muss ich Ihnen widersprechen: Dann sind die meisten jüngeren Menschen schuldig.«

»Und viele Ältere auch. Das hilft mir jetzt nicht weiter.«

»Kennen Sie meinen Diensteid?«, fragt Ehrlich.

Stave schüttelt den Kopf, verwirrt.

»Ich schwöre bei Gott dem Allmächtigen, dass ich die Gesetze jederzeit zu niemandes Vorteil und zu niemandes Nachteil, mit Gerechtigkeit und Billigkeit gegenüber jedermann, ohne Rücksicht auf Religion, Rasse, Abstammung oder politische Überzeugung anwenden und handhaben werde; dass ich die deutschen Gesetze und alle Rechtsvorschriften der Militärregierung sowohl ihrem Wortlaute als auch ihrem Sinne nach befolgen werde; und dass ich stets mein Bestes tun werde, um die Gleichheit aller vor dem Gesetz zu wahren. So wahr mir Gott helfe!

Die Gleichheit aller vor dem Gesetz, Stave. Wissen Sie, wie viele Beamte der von den Briten eingesetzte Fachausschuss für die Ausschaltung von Nationalsozialisten allein in Hamburg überprüft hat? Über 66 000. Und wie viele Beamte wurden als Nazis entlassen? 8800. Wissen Sie, wo sich Juden, die das KZ überlebt haben, melden müssen, wenn sie, geschwächt wie sie sind, höhere Lebensmittelrationen beantragen wollen?«

»Bei uns.«

»In der Tat: bei der Kriminalpolizei. Manchmal in den gleichen Gebäuden, manchmal in exakt den gleichen Büros, in denen noch vor zwei Jahren die Gestapo saß. Und wer, glauben Sie, sitzt manchmal noch in diesen Büros?«

Der Staatsanwalt macht eine Pause, fährt dann leiser

fort: »Die Kripo teilt KZ-Überlebende in drei Gruppen ein: IA – Überzeugungstäter. Damit sind Kommunisten oder Sozialdemokraten gemeint. Interessant, dass die Kripo dabei immer noch von ›Tätern‹ spricht, nicht wahr? Dann gibt es IB – Übrige politische Täter. IC – Kriminelle und Asoziale. In welche Gruppe, glauben Sie, fällt ein Jude?

Und wer alle diese Demütigungen über sich ergehen lässt, der erhält vom Roten Kreuz eine Sonderration: ein Brot, eine Dose Fleisch, fünf Marken für Mittagessen in öffentlichen Kantinen, acht Wochen erhöhte Lebensmittelrationen auf Karte. Das ist alles. Denn die Mediziner der Hamburger Ärztekammer haben verkündet, ich zitiere, ›dass im Allgemeinen der Gesundheits- und Ernährungszustand der KZ-Häftlinge ein durchaus befriedigender ist.‹«

Ehrlichs Gesicht hat sich gerötet, seine Hand deutet nicht länger auf das Fenster, sondern umklammert eine Teetasse, weiß stehen die Knöchel hervor. Stave fürchtet, dass das Porzellan jeden Augenblick splittern wird.

»Und doch«, fährt der Staatsanwalt fort, »werde ich alles tun, um die ›Gleichheit aller vor dem Gesetz‹ zu wahren. Und wissen Sie, warum? Weil ich keine Rache will, sondern Gerechtigkeit. Weil nur mit Gerechtigkeit ein besserer Staat aufgebaut werden kann. Weil nur mit Gerechtigkeit die Angst besiegt wird. Weil nur mit

Gerechtigkeit irgendwann eine Generation groß wird, für die ›Normalität‹ auch wirklich wieder normal ist.«

»Zwei Erwürgte sind nicht normal«, murmelt Stave.

»Zwei Erwürgte sind nicht normal, sie sind tragisch – doch noch nicht bedrohlich. Aber was, wenn es drei Erwürgte werden? Vier? Die Menschen werden Angst bekommen. Ängstliche Menschen sehnen sich nach einem starken Mann. Nach einem, der aufräumt, ohne Rücksicht auf Verluste. Das, Stave, ist so ziemlich das Letzte, was ich hier brauchen kann. Das würde alles, wofür ich täglich kämpfe, sabotieren.«

»Ich kämpfe auch dafür«, sagt Stave müde.

Zum ersten Mal lächelt Ehrlich. »Ich weiß. Deshalb rede ich ja offen mit Ihnen. Ich will Sie nicht unter Druck setzen.«

»Aber Sie tun es.«

»Aber ich tue es. Die Umstände tun es. Wir müssen diese Mordserie unbedingt stoppen. Wenn es wenigstens Sommer wäre! Wenn die unbehausten Menschen bloß hungern, aber nicht auch noch so erbärmlich frieren und im Dunkeln hocken würden. Dann würden Morde wie diese uns das Gruseln lehren, aber mehr vielleicht nicht. Doch nun, in diesem elenden, langen, zerstörerischen Winter: Die Stadt steht kurz vor dem Kollaps. Nichts funktioniert mehr richtig, gar nichts. Sie erleben es ja selbst jeden Tag. Das Fass, um es einmal so auszudrücken, ist randvoll.«

»Und die Erwürgten könnten der berühmte Tropfen werden.«

»So kann man das sehen. Also: Verhören Sie von mir aus jeden einzelnen Hamburger persönlich, und wenn es der Bürgermeister selbst ist! Drehen Sie jedes verfluchte Trümmerstück um auf der Suche nach Spuren! Berichten Sie mir von den absurdesten Verdachtsmomenten und den lächerlichsten Indizien! Meine Rückendeckung haben Sie. Aber bringen Sie mir den Mörder!«

Stave denkt über diese Worte nach, als er die wenigen Schritte bis zur Kripo-Zentrale zurückeilt. Rückendeckung von Ehrlich – von einem Staatsanwalt mit besten Kontakten zu den Briten. Von einem Staatsanwalt, der beharrlich untergetauchte KZ-Wärter aufspürt und meist für das Schafott plädoyiert. Und dem die Richter fast immer dabei folgen. Man kann schlechtere Verbündete haben, denkt er.

Der Oberinspektor läuft tatendurstig den Flur hinunter, fast spürt er sein hinkendes Bein nicht mehr. Ohne anzuklopfen, öffnet er die Tür zum Vorzimmer.

»Frau Berg, rufen Sie doch bitte Polizeiinspektor Maschke und Lieutenant MacDonald herbei«, sagt Stave und hofft, dass seine Stimme so klingt wie immer.

Ein paar Augenblicke später stehen die Männer bei ihm im Zimmer. Stave gibt eine geraffte Zusammenfassung seines Treffens mit Doktor Ehrlich. »Wir haben alle Freiheiten und volle Rückendeckung«, schließt er.

»Rückendeckung wofür?«, fragt Maschke.

Darüber hat Stave die ganzen letzten Tage nachgedacht, seit der Razzia auf dem Hansaplatz. Beide Ermittlungen, die er nun anschieben will, sind mühsam. In einem Fall ist die Arbeit zudem politisch heikel. Im zweiten Fall werden sie Leuten auf die Füße treten, mächtigen Leuten, denn sie werden tief in deren Privatleben herumschnüffeln müssen.

»Wir nehmen uns die Displaced Persons vor, jeden einzelnen von ihnen«, sagt er zu MacDonald gewandt. »Dazu brauchen wir selbstverständlich die Zustimmung der britischen Stellen.« Weg eins, politisch heikel. »Und wir knöpfen uns alle Vermisstenfälle dieser Stadt vor«, nun zu Maschke. »Wir sehen nicht nur die Liste durch, vergleichen Namen und Alter. Wir wühlen jetzt in jedem einzelnen Fall.« Weg zwei, das Wühlen im Privatleben. »Entweder sind die Toten DPs. Dann finden wir Spuren in den Lagern. Oder sie sind Hamburger. Dann muss sie einfach irgendjemand vermissen – vielleicht ein Jemand, der nur seine Gründe hat, nicht zu uns zu gehen. So oder so: Irgendetwas werden wir finden.«

MacDonald wirkt etwas verwirrt. Und Maschke hat dieselbe graue Gesichtsfarbe angenommen wie Wehrmachtsrekruten vor wenigen Jahren, wenn sie den Marschbefehl zur Ostfront erhielten.

Das Mädchen ohne Namen

Sonntag, 2. Februar 1947

Das linke Bein schmerzt. Seit dem frühen Morgen patrouilliert Stave die Bahnsteige des Hauptbahnhofs ab wie ein nervöser Schäferhund, nun ist es später Vormittag. Ungefähr alle halbe Stunde rattert ein Zug ein, gezogen von zerbeulten Dampflocks, aus deren Schornsteinen es rußschwarz qualmt. Pfeifen. Kreischende Eisenräder.

Meistens halten zurückkehrende Kartoffelzüge: offene Güterwaggons oder Stehwagen – ehemalige Dritte-Klasse-Wagen, aus denen alle Stühle herausgerissen worden sind, um mehr Menschen hineinpferchen zu können. Männer in Anzügen oder groben Overalls taumeln hinaus, junge Frauen, so schwach, dass sie schwanken. Kopftücher, Schals, alte Gardinen um Schädel und Hals gewunden als Schutz gegen den mörderischen Fahrtwind in den offenen Waggons, nur noch die Augen sind frei. Einige tragen Pappkartons in den Händen oder Einkaufsnetze, andere zerschlissene Rucksäcke oder aus Zeltbahnen zusammengenähte Taschen. Kartoffelleute, die für Hamsterfahrten nach Lüneburg oder Holstein gefahren sind. Die Bauern dort werden reich. Die Kartoffelleute bieten ihre letzten Wertsachen an, Familiensilber, Goldmünzen, Briefmarkensammlungen, alte Bilder, geschmuggelte Wehrmachtswaffen. Viele betteln.

Die meisten kehren mit ein paar Pfund Kartoffeln zurück, andere mit leeren Händen. Einige haben aus gezackten Wunden unter zerrissener Kleidung am Arm, Oberschenkel oder Gesäß geblutet. Manche Bauern, der Bettelei müde, hetzen ihre Hunde auf die Kartoffelleute.

»Hamsterfahrten« wird das im Volk genannt, doch bei der Kripo heißt es »Erzeuger-Verbraucher-Verkehr« und ist illegal. Ein Verstoß gegen die Regeln der Zwangsbewirtschaftung, Sabotage am System der Rationierungen. Britische Militärpolizisten und Schupos überwachen die Bahnhöfe des Umlandes, sperren auch den Hauptbahnhof gelegentlich für eine Razzia ab. Schon mancher, der auf einer zermürbenden zweitägigen Bettelfahrt über Land seine goldene Uhr gegen vier Pfund Kartoffeln eingetauscht hat, ist diese Beute dann in Hamburg losgeworden und wanderte auch noch ins Gefängnis.

Stave achtet jedoch kaum auf die Hamsterfahrer, er ist nicht dienstlich hier. Er sucht die Menge nach ausgemergelten Gestalten in Wehrmachtsmänteln ab. Ob sich sein Sohn auch in solch ein Gespenst verwandelt hat? Ob er ihn überhaupt noch wiedererkennen würde? Der Oberinspektor beobachtet die Kriegsheimkehrer, wartet, bis sie sich nach einigen Sekunden auf dem Bahnsteig gefangen, sich im Gewirr orientiert haben. Dann tritt er näher, spricht sie an, kramt Zigaretten hervor. Jedes Mal das gleiche Ritual, jedes Mal die gleiche, kurze Hoffnung, wie ein Schluck Schnaps im Blut. Dann die leeren Blicke, gemurmeltes Bedauern, manchmal wirres, vielleicht wahnsinniges Gestammel. Karl Stave? Nie gehört.

»Willst du dich ein bisschen wärmen?«

Stave fährt erschrocken herum. Ein Mädchen, zwölf Jahre, schätzt Stave, wobei der ausgemergelte Körper täuschen kann, vielleicht ist sie auch schon vierzehn. Berliner Akzent. Bahnhofsnutte. Er schüttelt den Kopf, will sich schon wieder umdrehen, zögert dann, greift in die Tasche und reicht der Kleinen zwei Zigaretten.

»Kannst du verschanzen«, murmelt er. »Erspart dir einen Freier.«

Das Mädchen schnappt sich die Zigaretten. »Werd bloß nicht sentimental«, ruft sie und verschwindet.

Gleis vier, der nächste Zug. Aus dem Ruhrgebiet, nicht aus dem Osten, aber Stave will nichts auslassen. Zwei ehemalige Soldaten an der Holztreppe, die vom Bahnsteig hochführt, vor ihnen zwei britische Militärpolizisten. Mit zitternden Händen ziehen die Kriegsgefangenen ihre Entlassungspapiere hervor. Stave wartet, bis die Kontrolle vorüber ist.

Eine Hand an seinem Ärmel.

Der Oberinspektor fährt herum, verärgert, erwartet, wieder das magere Mädchen zu sehen. Stattdessen steht Maschke vor ihm.

»Endlich!«, keucht der Beamte von der Sitte, dann schüttelt ihn ein nikotingeladener Husten. »Ich suche Sie schon seit einer Stunde«, würgt er hervor.

Stave schließt einen Moment lang die Augen. »Ein neuer Mord?«, fragt er müde.

»Könnte sein.«

»Was soll das heißen: Mord oder kein Mord?«

»Mord. Aber ob es der Täter war, den wir suchen, ist nicht sicher.«

»Warum?«, fragt Stave, wirft einen letzten Blick zurück auf die beiden entlassenen Kriegsgefangenen, bevor er Maschke folgt, der mit großen Schritten dem Ausgang zustrebt.

»Wieder wurde ein Opfer mit einer Schlinge erwürgt. Aber«, sein Kollege zögert, »diesmal war es ein Kind.«

Der Peterwagen parkt vor dem Deutschen Schauspielhaus, das jetzt »Garrison Theatre« heißt und für die Briten reserviert ist. Vorsichtig setzt Maschke zurück, blickt in den Rückspiegel, dreht sich um, schiebt den alten Mercedes Zentimeter für Zentimeter vom Straßenrand fort. Als er merkt, dass Stave nervös ist, lächelt er entschuldigend.

»Ich habe Autofahren bei der Wehrmacht gelernt. Mit dem Kübelwagen auf Frankreichs Alleen. Der war übersichtlicher als dieses Schiff hier. Ich will keine Beule hineinfahren.«

»Wir haben es ja nicht eilig«, antwortet Stave.

Maschke hustet. »Wir fahren nach Hammerbrook«, erklärt er. »Es ist nicht weit: Billstraße.«

Stave schließt die Augen. Also diesmal wieder im Osten. Wieder ein ehemaliges Kleine-Leute-Viertel, wieder zerbombt – so schwer zerstört wie kein anderer Stadtteil.

»Da wohnt niemand mehr«, murmelt er.

»Die Tote liegt im Fahrstuhlschacht einer ehemaligen Matratzenfabrik, Billstraße 103. Dort, wo die Bille in die Norderelbe mündet, am Ende des Hafens.«

»Wer hat sie gefunden?«

»Ein Schiffswächter, der am Billekanal entlangging. Wahrscheinlich war er auf der Suche nach Kohlen, hier findet man öfter Reste von Ladungen. Behauptet aber, er sei nur spazieren gegangen. Gegen 10.30 Uhr ging bei uns die Meldung ein.«

»Haben Sie den Schiffswächter schon überprüft?«

Maschke zuckt mit den Achseln. »Er sagt, dass er bis gestern bei seiner Mutter in Lübeck war. Wir überprüfen das. Wenn es stimmt, dann ist er nicht verdächtig. Wenn es nicht stimmt, dann hat er ein Problem.«

Maschke steuert das schwere Auto vorsichtig über die fast leeren Straßen, umkurvt in weiten Bögen Trümmerberge, weicht entgegenkommenden britischen Jeeps bis zur Bordsteinkante aus, als seien es Panzer. Fünf Kilometer ungefähr sind es vom Hauptbahnhof bis zum Fundort in Hamerbrook, schätzt Stave. Zu Fuß wäre er schneller, als mit Maschke zu fahren. Aber immerhin quält ihn der eisige Wind so nicht.

Vorbei an endlosen Reihen geschwärzter, fensterloser Fassaden, wie Kulissen in einem gigantischen, niedergebrannten Theater. Das stählerne Aquädukt der Hochbahn, Gleise und Brücken immer wieder zerhackt von Bombentreffern, eingestürzt, zu grotesken Skulpturen verbogen, im Flammenmeer zu kleinen, schwarzrot glänzenden Klumpen zerschmolzen.

Der Mercedes rumpelt etwa einen Kilometer weit die Billstraße entlang, dann blockiert eine nach vorne gestürzte Hausfassade die Weiterfahrt. Maschke parkt umständlich neben den Trümmern, hinter einem britischen Jeep und dem Wagen der Spurensicherung.

Als Stave aussteigt, tritt er beinahe auf ein schief zusammengenageltes Holzkreuz am Fuß des Ruinenberges. »Unserer Mutter Meta Krüger. 27./28.7.1943« steht darauf. Sie wird wohl immer noch unter den Trümmern liegen, denkt Stave. Schnell wendet er sich ab.

Noch zweihundert Meter durch die Ruinen, zur Rechten glitzert das meterdicke Eis auf dem Billekanal.

Irgendwo fängt ein geborstenes Ofenrohr den Wind ein und orgelt unheimlich in den Böen. Keine Spur von Leben, nicht einmal eine Ratte oder Krähe zu sehen. Doch nachdem er eine von Rissen durchzogene Wand umklettert hat, erblickt Stave Bewegung: Schupos, Gestalten in langen Mänteln und tief heruntergezogenen Hüten, britische Uniformen.

»Dort ist es«, sagt Maschke überflüssigerweise.

Stave nickt zur Begrüßung, MacDonald ist schon da, Doktor Czrisini, der Fotograf und Spurensicherer, auch die meisten Schupos und britischen Militärpolizisten kennt er vom Sehen. Stave beugt sich vor: ein Fahrstuhlschacht, vielleicht vier mal drei Meter, gemauert, der Boden etwa anderthalb Meter unter dem Niveau der Trümmer, ölig-schwarz von altem Schmierfett. Ein Mädchen liegt mit dem Rücken auf dem schmutzigen Boden, nackt, mittelblonde Haare, Bubikopf, graubraune, ins Leere starrende Augen.

»Dünne Würgemale am Hals«, flüstert Doktor Czrisini, »am rechten Unterarm eine etwa zwei Zentimeter lange, längst verheilte Narbe. Vollständige Zähne, befriedigender Ernährungszustand. Etwa 1,10 Meter groß. Sechs bis acht Jahre, schätze ich.«

»Todeszeitpunkt?«, murmelt Stave und versucht die Fassung zu bewahren.

»Nach der Obduktion werde ich es genauer wissen, aber sie ist mindestens schon seit zwölf Stunden tot.

Vielleicht liegt sie auch schon deutlich länger hier, bei der Kälte.«

»Bei der Kälte, ja«, murmelt Stave. »Anzeichen für Missbrauch? Für andere Gewaltanwendungen?«

»Soweit man sehen kann: nein. Aber auch das wissen wir bald genauer.«

»Und sonst wie immer, keine Besonderheiten?«

Der Fotograf und Spurensicherer tritt hinzu und hält etwas in einem Taschentuch. »Das haben wir neben der Toten gefunden. Mag sein, dass es ihr gehört hat, kann aber auch sein, dass es nur zufällig dort liegt.«

Der Oberinspektor schüttelt den Kopf. Eine rote Kordelschnur, vielleicht einen halben Finger lang. »Was ist das?«

»Sie haben keine Tochter«, erklärt der Fotograf und erlaubt sich ein schwaches Lächeln. »Diese Kordelschnur könnte von einem Spencer kommen, einer Art kurzer Trachtenjacke. Würde zu einem Mädchen dieses Alters passen.«

Stave winkt einen Schupo heran. »Gehen Sie zur nächsten Wache und kontaktieren Sie den Leiter vom Chefamt S. Er muss alle zivilen Fahnder auf sämtliche Schwarzmärkte dieser Stadt schicken, sofort. Sie sollen jeden verhaften, der eine Mädchentrachtenjacke mit roten Kordeln verkauft.«

Der Beamte salutiert und stolpert über die Trümmer davon.

Stave blickt sich um. »Das Mädchen kann nicht hier gelebt haben. Die nächsten halbwegs bewohnbaren Häuser sind Hunderte Meter entfernt.«

»Der Mörder hat sie also hierhingebracht«, ergänzt Maschke.

»Oder die Kleine hat hier Kohlen gesammelt und ist dabei ihrem Mörder begegnet«, wirft MacDonald ein. »Sie scheint nicht das einzige Kind gewesen zu sein, das hier herumstromert.«

Als ihn die beiden Kripobeamten fragend anblicken, erklärt er: »Als die ersten Polizisten nach der Meldung des Schiffswächters eintrafen, griffen sie einen Jungen auf, der behauptet, Kohle gesucht zu haben. Keine Ahnung, ob er die Tote gesehen hat.«

Stave nickt. »Gut. Dann stellen wir dem Schiffswächter die üblichen Fragen. Und danach unterhalten wir uns mit dem Jungen.«

Der Schiffswächter heißt Walter Dreimann, ist dreiundfünfzig Jahre alt, mager und trägt einen Gesichtsausdruck, als hätte er Magengeschwüre. Oder vielleicht hat er den Anblick des toten Mädchens immer noch nicht verdaut, denkt Stave.

»Sie haben Kohlen gesammelt?«, fragt der Oberinspektor.

»Ich bin spazieren gegangen«, erwidert Dreimann, halb weinerlich, halb beleidigt.

»Tun Sie das oft?«

»Jeden Tag. Außer den letzten zwei Wochen, da besuchte ich meine Mutter in Lübeck. Aber das habe ich Ihrem Kollegen schon gesagt.«

»Aber vor dem Besuch Ihrer Mutter gingen Sie auch jeden Tag hier spazieren?«, fragt Stave und blättert in seinem Notizbuch.

Dreimann nickt.

»Und Sie waren auch genau hier, auf diesem Trümmergrundstück?«

Der Schiffswächter antwortet, ohne lange nachzudenken. »Das ist meine übliche Runde.«

»Wann waren Sie zuletzt hier – vor dem Besuch in Lübeck?«

»Muss der 18. oder 19. Januar gewesen sein.«

»Und an jenem Tag war der Fahrstuhlschacht noch leer?«

»Aber selbstverständlich!« Dreimann blickt ihn empört an. »Oder denken Sie, ich hätte nichts gesagt, wenn ich damals schon ein totes Mädchen gesehen hätte?«

»Kannten Sie das Mädchen?«

»Nein.«

»Sind Sie sich absolut sicher? Wollen Sie das Opfer noch einmal ansehen?«

Dreimanns Gesichtsfarbe wird tatsächlich grün. »Ich habe genau genug hingesehen.«

Stave zwingt sich zu einem verbindlichen Lächeln. »Sie können gehen.«

Der Oberinspektor blickt über die verwüstete Landschaft. Der Fotograf packt seine Ausrüstung zusammen. Zwei Träger in dunklen Mänteln heben den schmalen, steifgefrorenen Körper aus dem Schacht und legen ihn auf eine Bahre. Wie im Krieg, denkt Stave, als sie in den Wochen nach jedem Bombenangriff kleine Körper aus Ruinen zogen. Aber jetzt herrscht Frieden, verdammt.

Er erstarrt. Etwas blitzt auf dem öligen Boden des Fahrstuhlschachts, etwas, das erst durch die Schuhe der Leichenträger aus dem Schlamm hoch gedrückt worden sein muss. Etwas Silbernes.

»Bergen Sie das!«, ruft er dem Spurensicherer zu und deutet auf den Gegenstand.

Eine Minute später hält der Oberinspektor ein ölverschmiertes Medaillon in den Händen. Groschengroß. Die Kette fehlt. Die Rückseite ist matt und unverziert. Und auf der Vorderseite prangen ein Kreuz und zwei Dolche.

»Unser Mörder macht Fehler«, sagt Stave.

»Medaillons werden am Hals getragen«, murmelt MacDonald. »Wahrscheinlich sind sie bei den letzten beiden Taten abgerissen, noch während der Mörder die Schlinge zuzog. Er hat seine Opfer ausgeplündert, aber die kleinen Silberplatten hat er übersehen.«

»Oder er hat sie dorthin gelegt«, vermutet Maschke. »Als eine Art Visitenkarte.«

»Ein Wahnsinniger, der uns Rätsel aufgibt?« Stave fährt sich mit der Rechten durch das Gesicht. Er ist müde. Er mag an diese Theorie nicht glauben, allein schon deshalb, weil er sich nicht vorstellen kann, in die Gedankengänge eines Geistesgestörten einzudringen, seine nächsten Schritte vorherzusagen. Sei nicht unprofessionell, ermahnt er sich. »Warum haben wir dann bei der jungen Frau kein Medaillon gefunden?«

»Vielleicht entwickelt der Täter erst nach und nach seinen Stil«, antwortet Maschke. »Oder er hat schon beim ersten Mord ein Medaillon dagelassen und wir waren nur zu blöd, es zu finden.«

Schon wieder ein Vorwurf, denkt Stave. Wenn du so weitermachst, dann lasse ich dich zum Streifendienst versetzen – und wenn es das Letzte ist, was ich hier tue.

»Mir erscheint MacDonalds Hypothese trotzdem wahrscheinlicher«, verkündet er. »Dann gehören zumindest der Alte und das Kind zusammen. Sie trugen das gleiche Medaillon. Vielleicht eine Familie?«

»Und die junge Frau?«, wirft Czrisini ein.

»Vielleicht trug sie auch ein Medaillon. Nur, dass es in diesem Fall der Mörder entdeckt und mitgenommen hat – oder wir waren tatsächlich zu blöd, es zu finden. Ich schicke noch mal jemanden zur Baustraße, damit er sich in den Trümmern umsieht.«

»Wenn die Medaillons beim Angriff abgerissen worden sind«, nimmt MacDonald seinen Gedanken wieder auf, »dann bedeuten die Funde, dass die Opfer jeweils an dem Ort ermordet worden sind, an dem wir sie entdeckt haben. Sonst wären die Schmuckstücke nicht hier.«

»Aber wenn das ein Zeichen des Täters ist, dann bedeutet das gar nichts«, erwidert Maschke. »Dann könnte er seine Opfer überall erwürgt haben. Nach dem Verbrechen sucht er sich einfach ein passendes Versteck in den Ruinen und legt die Leichen mit seinem speziellen Gruß ab.«

»Er legt kein Opfer am gleichen Platz ab, sondern sucht sich jedes Mal ein neues Trümmergrundstück«, ergänzt Stave seufzend. »Sie waren doch beim Aufräumamt: Wie viele Ruinen gibt es, die sich unser Mörder als potenzielle Ablageplätze aussuchen könnte?«

Der Mann von der Sitte zuckt die Achseln. »Hunderte? Tausende? Wir können ein paar Feine-Leute-Viertel wie Blankenese ausschließen: zu wenige Zerstörungen. Außerdem ein paar Regionen wie etwa am Hafen: viele Ruinen, aber Sperrgebiete der Briten, in die sich niemand hineinwagen kann, ohne aufzufallen. Aber ansonsten: freie Auswahl in einem der größten Trümmerfelder Europas!«

»Vielleicht will der Mörder, dass wir seine Opfer finden«, wirft MacDonald ein. »Vielleicht ist das so etwas wie eine Herausforderung an uns? Eine Provokation?«

Stave hebt abwehrend die Hand. »Keine voreiligen Schlüsse. Der Täter kann die Toten ja nur so verstecken, dass sie früher oder später entdeckt werden. Wie soll er eine Leiche verschwinden lassen? Mit ein paar Betonbrocken beschweren und ins Wasser werfen? Selbst auf der Elbe ist das Eis über einen Meter dick, die Alster und die Fleete sind inzwischen bis zum Grund vereist. Vergraben? Der Boden ist steinhart gefroren. Verbrennen? In Hamburg gibt es fast kein Benzin mehr, keine Kohlen, kaum noch Holz. In dieser Hinsicht ist der Winter ein Freund der Polizei – kein Mörder kann sein Opfer verschwinden lassen.« Stave strafft sich. »Wir haben noch einen Zeugen?«

Der Lieutenant lächelt säuerlich. »Vielleicht. Ich habe einen Militärpolizisten mit dem Jungen in einen Wagen gesetzt. Da ist es nicht ganz so kalt – und der Junge muss das hier nicht mit ansehen.« Er deutet auf die Leichenträger, die mit ihrer leichten Last eben zwischen zwei Mauern verschwinden.

»Vielleicht doch«, brummt Stave und macht den dunklen Männern ein Zeichen, dass sie die Bahre absetzen sollen.

MacDonald ruft einen Befehl auf Englisch. Ein Militärpolizist bringt daraufhin einen mageren Jungen heran, der unter einem viel zu weiten Erwachsenenmantel fast verschwindet; struppiges, braunes Haar, vielleicht Kopfläuse, schorfiger Ausschlag am Hals, fehlender linker Vorderzahn.

»Wie heißt du?«, fragt Stave und bedeutet dem Briten, den Jungen nicht allzu nahe heranzuführen.

»Jim Mainke.«

»Jim?«

»Wilhelm.«

»Alter?«

»Sechzehn.«

»Netter Versuch. Alter?«

»Vierzehn. Im Sommer werde ich vierzehn.«

»Wo wohnst du?«

Wilhelm Mainke deutet vage über die Ruinenlandschaft.

»Bei deinen Eltern?«

»Zum Glück nicht«, erwidert der Junge und lächelt. »Dann läge ich auf dem Öjendorfer Friedhof.«

Den Oberinspektor ärgert die freche Antwort, doch er bleibt ruhig. »Muss ich dir alles aus der Nase ziehen? Oder kannst du mehr als zwei Sätze am Stück reden?«

Mainke verdreht die Augen. »Mein Vater war Arbeiter bei Blohm und Voss, meine Mutter Hausfrau. Sind beide 1943 bei einem Bombenangriff draufgegangen. Ich war bei meiner Oma auf dem Land, evakuiert. Meine Oma ist aber letztes Jahr gestorben, also bin ich zurück nach Hamburg. Ich lebe in einem Keller in Rothenburgsort, mit ein paar Freunden.«

Ungefähr das hat sich Stave schon gedacht. Mehr als eintausend elternlose Kinder vagabundieren durch Hamburg, Bombenwaisen, verloren gegangene Flüchtlingskinder, ausgerissene DPs. Manche bilden Banden und schlagen sich wortwörtlich durchs Leben, andere sammeln Kohlen, plündern Ruinengrundstücke, verdingen sich als Handlanger bei den Schwarzhändlern – oder bieten sich am Bahnhof an.

»Du bist oft hier?«, fragt er.

»Klar. Ich kenne mich im Hafen aus, habe meinen Vater früher manchmal besuchen dürfen auf der Werft. Ich sammle hier Kohle.«

»Wie viele andere Kinder auch?«

Mainke zuckt die Achseln. »Hier stromern oft welche rum. Dreißig, vierzig, denke ich. Jetzt ein paar weniger, ist zu kalt.«

»Und heute Morgen warst du wieder unterwegs?«

»Ja, bis mich die Streife festgenommen hat.«

»Hast du das tote Mädchen gesehen?«

Mainke schüttelt schnell den Kopf. »Als ich hier aufkreuzte, waren die Schupos schon da. Sie haben mich nicht näherkommen lassen.«

»Aber du weißt, warum die Polizei hier ist?«

Der Junge nickt. »Einer der Militärpolizisten hat es mir gesagt.«

»Warst du gestern auch hier?«

»Nein, musste mir erst einmal was zu beißen organisieren. Ist sicher zwei, drei Tage her, dass ich zuletzt hier war.«

»Kann es sein, dass das Mädchen da schon im Fahrstuhlschacht gelegen hat – und das ist dir nicht aufgefallen?«

Der Junge schüttelt gleichmütig den Kopf. »Die könnte da schon Jahre liegen und ich hätte die nicht gesehen. Ich gehe immer nahe am Ufer entlang, da liegen die Kohlen, wenn man Glück hat. Sobald ich ein paar zusammen habe, mache ich mich davon. Lohnt nicht, länger hier zu bleiben. Lohnt nicht, in den Ruinen herumzuwühlen. Hier findet man sowieso nichts mehr.«

»Außer einem toten Mädchen.«

Jim Mainke schweigt.

Stave seufzt. »Es tut mir leid, dass ich dir das jetzt antun muss, aber komm mit.«

»Verhaften Sie mich?«

»So ähnlich. Aber das meine ich jetzt nicht.«

Der Oberinspektor führt den Jungen bis zur Bahre, wo die beiden Träger fröstelnd warten und rauchen. Der Militärpolizist mustert Stave missbilligend, wirft MacDonald einen Blick zu und entspannt sich erst, als der Lieutenant fast unmerklich nickt.

Stave zieht die Decke vom Kopfende der Bahre. »Kennst du das Mädchen?«

Mainke übergibt sich nicht, wird nicht einmal blass, sondern starrt die Tote aufmerksam an. So lange, dass es dem Oberinspektor schließlich zu viel wird und er die Decke wieder über die leeren Augen des Opfers zieht.

»Die habe ich noch nie gesehen«, sagt der Junge.

Stave nickt den Trägern zu, die ihre Last wieder aufnehmen und verschwinden.

»Was haben Sie jetzt mit mir vor?«, fragt Mainke. »Kann ich weiter Kohlen sammeln?«

»Du bist zu jung. Ich kann dich nicht einfach laufen lassen. Zwei Schupos werden dich zum Rauhen Haus bringen.« Eine Durchgangsbaracke in Harburg, wo alle von der Polizei aufgegriffenen elternlosen Kinder untergebracht werden. Ein ehemaliger Schlosser sorgt als Hausvater für Ordnung, einige Freiwillige, christliche Idealisten, kümmern sich um die Mädchen und Jungen, entlausen und waschen sie, behandeln Krätze und andere Krankheiten, sorgen für warme Suppe und ein sauberes Bett. Trotzdem hauen die meisten Kinder schon nach ein paar Tagen wieder ab.

Mainke wendet sich ab und trottet hinter dem Militärpolizisten her.

»Wieso nennst du dich Jim?«, ruft ihm Stave nach.

Mainke blickt noch mal zurück, diesmal ein echtes Jungengrinsen im Gesicht. »Ich habe einen Onkel in

Amerika. Echt. In New York. Da gehe ich hin, sobald wieder große Schiffe im Hafen sind.«

»Viel Glück«, murmelt Stave, doch Mainke hört ihn schon nicht mehr.

»Ein Zeuge?«

Stave fährt herum, als er die Stimme seines Vorgesetzten hört: Cuddel Breuer steht vor ihm.

»Wahrscheinlich nicht. Der Junge kreuzte erst hier auf, als schon einige Beamte am Fundort waren.«

»Und sonst?«

»Das Übliche«, hätte der Oberinspektor beinahe geantwortet, überlegt es sich im letzten Moment jedoch anders. Knapp referiert er, was sie gefunden haben.

»Denken Sie, dass es wieder derselbe Täter ist?«, fragt Breuer ihn.

Stave zögert, atmet tief durch, nickt dann. »Ja. Die Opfer Nummer zwei und drei scheinen etwas miteinander zu tun zu haben. Familienmitglieder, vermute ich, auch wenn man das noch nicht beweisen kann. Die Umstände der Tat sind auffallend ähnlich: erwürgt mit einer dünnen Schlinge; ausgeraubt bis auf die Haut; abgelegt in einem Trümmergrundstück. Es ist außerdem möglich, dass die Kleine am gleichen Tag umgebracht wurde wie die anderen beiden Opfer.«

»Ein Mörder, der eine ganze Familie auslöscht?« Breuer blickt sich um. »Haben wir hier noch etwas zu tun?«

»Der Kollege von der Spurensicherung wird noch einmal alles abgehen. Aber ansonsten müssen wir nicht länger hierbleiben.«

»Gut. Lassen Sie uns zur Zentrale fahren. Ich nehme Sie mit.«

Stave folgt seinem Chef zu dessen altem Mercedes. Breuer steuert selbst. Er fährt schnell, gelassen, selbstbewusst – Maschke bleibt in seinem Peterwagen rasch zurück.

»Jetzt haben wir eine Serie«, sagt Breuer, blickt dabei aus der Frontscheibe.

»Sieht leider so aus.«

»Wir werden das nicht mehr lange verheimlichen können. Die Art der Morde, die Aufrufe zur Identifizierung der Toten: Früher oder später wird ein Journalist die Taten verbinden und daraus eine Geschichte stricken.«

»Das lässt sich nicht steuern.«

»Nicht mehr, zum Glück. Das ist der Preis der Demokratie made in Great Britain. Alles in allem sind wir damit gut gefahren, auch Sie und ich persönlich, Stave. Aber trotzdem wünschte ich mir in diesem einen, besonderen Fall fast die alten Zeiten zurück, da man den Schreiberlingen einfach befehlen konnte, was sie zu drucken hatten – und was nicht.«

»Selbst das würde nichts nützen. Die Leute werden reden. Es wird Gerüchte geben. Da ist mir eine Geschichte in der Zeitung lieber, da weiß ich wenigstens, woran ich bin.«

»Und woran sind Sie?«

Stave zuckt die Achseln. »Man wird nicht mehr schreiben können als das, was wir wissen. Und das ist wenig genug.«

Breuer blickt ihn zum ersten Mal an, obwohl er gerade mit Schwung auf den Platz vor der Zentrale einbiegt. »Wir haben eine Mordserie. Der Täter schlägt vielleicht in Trümmergrundstücken zu, zumindest werden viele Menschen das so verstehen. Hamburg ist ein einziges Trümmerfeld. Schlimmer noch: Die Opfer sind eine Frau, ein alter Mann, ein Mädchen. Was werden die Leute daraus lesen? Dass es alles Angehörige einer bedauernswerten Familie sind? Die Opfer eines intimen Dramas? Nein. Die werden daraus lesen, dass es jeden erwischen kann. Dass Frauen und Männer gefährdet sind und, besonders schrecklich, sogar Kinder. Dass es jemand ist, der an fast jedem Ort dieser Stadt fast jedem Bürger auflauern kann. DAS werden sie daraus lesen.«

»Und genau diese Schlussfolgerung mag auch tatsächlich stimmen«, murmelt Stave.

»Das macht die Arbeit nicht gerade einfacher. Ihre Arbeit. Schönen Sonntag noch, Herr Oberinspektor.«

Stave steigt aus, nickt, schlägt die schwere Tür des Mercedes wieder zu, der sofort davonbraust.

»Schöner Sonntag«, murmelt Stave, dann betritt er die Zentrale. Sieht nicht so aus, als würde er heute noch einmal dazu kommen, am Hauptbahnhof nach seinem Sohn zu suchen.

Er gelangt nicht einmal ungestört ins Büro. Zwischen den Pfeilern löst sich ein Schatten, tritt auf ihn zu: ein junger Mann, frisch rasiert, munter, Notizblock und Bleistift in vor Kälte bläulich verfärbten Händen.

»Ludwig Kleensch von der *Zeit*«, stellt er sich vor, »darf ich Sie kurz sprechen?«

Stave muss sich schnell entscheiden: Soll er den Journalisten stehen lassen? Soll er mit ihm reden? Die Briten haben wieder Tages- und Wochenzeitungen zugelassen. Die meisten gehören politischen Parteien und beschränken sich auf Hamburg. Die *Welt* ist überparteilich und in der ganzen Besatzungszone zu haben, wie die *Zeit*, das Wochenblatt, das die erste Lizenz der britischen Behörden erhielt. Selbst die Tageszeitungen erscheinen in diesem Winter nur mit vier bis sechs Seiten und nur zweimal wöchentlich. Das gelbliche, holzhaltige Papier – wie bei alten, billigen Kindermalblocks, nur dünner – ist zu knapp.

Der Oberinspektor kalkuliert: Jetzt ist Sonntag, bis Donnerstag, wenn die *Zeit* herauskommt, hätte er Ruhe, vorausgesetzt Kleensch bleibt der einzige Journalist, der sich bereits an die Sache drangehängt hat.

»Gut«, sagt er, ringt vergebens um ein Lächeln, hält dem Schreiber aber die Tür auf. »In meinem Büro werden Sie sich wenigstens nicht die Hände abfrieren.«

Kleensch nickt dankbar und überrascht angesichts von so viel Entgegenkommen.

»Ich möchte mit Ihnen über den Trümmermörder sprechen«, sagt Kleensch, als sie oben angekommen sind.

»Den Trümmermörder?«

»So werde ich ihn nennen. Klingt eingänglich genug. Oder wäre Ihnen ›Der Würger‹ lieber?«

Stave verzichtet auf eine Antwort, verzichtet auch darauf zu fragen, woher der Journalist schon so viel weiß – zum Beispiel auch, dass er, Stave, den Fall bearbeitet. Er denkt an die eng bedruckten Seiten, auf denen sich amtliche Bekanntmachungen, Hochzeits- und Todesanzeigen und alle Nachrichten der Welt drängen. Viel Platz wird Kleensch nicht haben. Vielleicht wird seine Geschichte den Lesern kaum auffallen? Nach den zwölf Jahren der braunen Zensur glaubt sowieso niemand mehr dem, was in den Blättern steht.

Als hätte Kleensch seine Gedanken erraten, beugt er sich vor und murmelt ein wenig drohend: »Ich habe meiner Schriftleitung bereits angekündigt, dass es eine große Sache ist.«

Der Oberinspektor nickt resigniert. Dann berichtet er nüchtern von den Fällen, schiebt dem Journalisten Kopien der Suchplakate herüber, erzählt ihm auch, was die Kripo bislang unternommen hat, verschweigt nur, was er demnächst zu tun gedenkt. Das, so spürt er, klänge ziemlich armselig.

»Wird es weitere Morde geben?«, möchte Kleensch wissen, während er noch eifrig notiert und nicht einmal von seinem Block aufsieht.

Dämliche Frage, denkt Stave, doch dann erkennt er, dass es eine Falle ist. Wenn er sagt: »Das kann man nicht ausschließen«, dann wird ihn der Journalist damit zitieren. Klingt ungut. »Wir hoffen, den Täter in den nächsten Tagen zu fassen«, antwortet er deshalb.

Kleensch lächelt, halb anerkennend, halb enttäuscht. Er lässt eine Visitenkarte da, gedruckt auf demselben schäbigen Papier wie die Zeitung. »Falls es etwas Neues gibt, wäre ich Ihnen dankbar, wenn Sie mich anriefen. Ich will ja nichts Falsches drucken.«

Der Journalist schüttelt ihm die Hand, öffnet die Tür – und wäre beinahe in Doktor Czrisini hineingelaufen. Neugierig starrt er ihn an, überlegt sich wohl eine Frage, entscheidet sich dann aber dagegen und verschwindet.

Der Gerichtsmediziner tritt ein. Wenige Augenblicke später folgt ihm auch Maschke – Stave mutmaßt, dass der sich irgendwo versteckt hat, bis der Journalist den Gang hinuntergegangen und außer Sicht ist. Schließlich erscheinen MacDonald und, hinter ihm, Erna Berg. Wer hat ihr Bescheid gesagt, fragt sich Stave, sagt aber nichts.

»Ich mache Tee«, ruft sie und lächelt.

Stave kramt in seinem Schreibtisch, bis er einen großen Stadtplan findet, den er umständlich auseinanderfaltet. Nachkriegsprodukt: Grau auf rot sind die Flächen schraffiert, die zerbombt sind. Ziemlich viele. Mit Heftzwecken pinnt Stave den Plan an eine Bürowand, dann drückt er drei Nadeln mit roten Köpfen in schraffierte Flächen: die Fundorte der Leichen.

Die anderen beobachten ihn schweigend. Maschke raucht, Czrisini wirkt, als würde er bei einer interessanten Operation zusehen, MacDonald hat den Blick des Militärs, der einen Feldzug plant, Erna Berg – eine dampfende Kanne in Händen – ist im Türrahmen stehen geblieben und starrt erschrocken auf die Karte.

»Der schlägt ja überall zu«, murmelt sie.

»Dreimal ist nicht überall«, entgegnet Stave, eine Spur schärfer, als er wollte. »Wie könnten die Opfer miteinander verwandt sein?«, fragt er und blickt Czrisini an.

Der Gerichtsmediziner nickt bedächtig. »Ein Großvater, seine Tochter und deren Tochter? Möglich. Vom

Alter her würde es gerade eben passen: Wenn wir bei dem ersten Opfer, der jungen Frau, die oberste Altersgrenze annehmen. Ich schätze sie auf maximal zweiundzwanzig Jahre. Wenn wir bei dem Mädchen die unterste Grenze nehmen: sechs Jahre. Dann hätten wir eine sehr junge Mutter. Und ihren sehr alten Vater, denn der war ja etwa siebzig Jahre alt. Möglich auch, dass das erste und dritte Opfer Geschwister sind, zwei Mädchen, etwa zehn Jahre auseinander. Der Alte wäre dann ihr Großvater. Halte ich persönlich für plausibler, wenn auch nicht für sehr wahrscheinlich. Denn wie soll man das beweisen? Ich finde bislang keine Auffälligkeiten, die eindeutig vererbt wären, Muttermale etwa.«

»Aber es gibt auch nichts, das gegen eine Verwandtschaft der Opfer spricht?«

»Nein.«

»Außer den Fundorten der Leichen«, wirft Maschke ein und deutet mit seiner glimmenden Zigarette auf den Plan. »Die Toten liegen verdammt weit auseinander. Wenn die eine Familie gewesen sind, hätten die doch zusammengelebt. Zumindest das Kind bei der Mutter – oder die beiden Geschwister lebten zusammen, wenn es denn wirklich Schwestern sind.«

»Oder sie lebten beim Großvater«, ergänzt MacDonald. »Wie dieser Mainke, der bei seiner Oma unterkam.«

»Wir dürfen nichts ausschließen«, erwidert Stave und fährt sich mit der Hand über den Kopf. »Angenommen, es ist eine Familie. Angenommen, sie werden am gleichen Ort ermordet. Erinnern wir uns: Der Fundort muss nicht der Tatort sein. Wäre es nicht sogar möglich, dass sie zur gleichen Zeit getötet worden sind? Und dass der Täter sie dann an verschiedenen Stellen in der Stadt abgelegt hat? Um seine Spuren zu verwischen?«

Czrisini zögert. »Es ist so unglaublich kalt«, murmelt er gedankenvoll, »da gibt es kaum vergleichbare Werte. Möglich ist es schon: Gleicher Todeszeitpunkt, wir haben sie nur zu verschiedenen Zeiten entdeckt. Bei der jungen Frau und dem Alten bin ich mir da ja schon sicher, beim Mädchen werde ich bald mehr wissen.«

Stave stellt sich den kleinen Körper auf dem Stahltisch des Gerichtsmedizinern vor, blickt rasch aus dem Fenster. Über manche Dinge soll man nicht zu genau nachdenken.

MacDonald seufzt. »Das könnte bedeuten, dass da noch mehr Opfer irgendwo herumliegen, die wir nur bislang nicht gefunden haben: Der Vater, die Großmutter, weitere Geschwister des Kindes …«

»Ich halte es trotzdem für wahrscheinlicher, dass die Opfer nichts miteinander zu tun haben«, sagt Maschke und wirbelt mit seiner Zigarette so herum, dass ihre Glut der Karte gefährlich nahe kommt. »Sie waren alle auf Trümmergrundstücken, vielleicht haben sie etwas gesucht, vielleicht sind sie nur eine Abkürzung gegangen. Dort lauerte ihnen der Mörder auf. Der Fundort ist der jeweilige Tatort. Das Medaillon ist die Signatur eines Wahnsinnigen.«

»Das würde bedeuten, dass die Opfer aus drei verschiedenen Familien stammten, an drei verschiedenen Orten gewohnt haben. Dann müsste sich doch zumindest für einen der Toten irgendjemand melden, um ihn zu identifizieren«, murmelt Stave. »Es kann doch einfach nicht sein, dass mitten in Hamburg so viele Menschen ermordet werden, ohne dass sie jemand vermisst.«

»Beim Kind wissen wir es ja auch noch nicht«, erinnert ihn Doktor Czrisini sanft.

»Ja«, antwortet der Oberinspektor und nickt. »Drucken wir ein neues Plakat. Maschke, organisieren Sie das: die höchste Auflage, die wir kriegen können. Packen Sie auch ein Foto des Medaillons drauf. Kontaktieren Sie die Dienststellen aller Großstädte, auch der im Osten. Ich will, dass unsere Plakate diesmal sogar in der Sowjetzone hängen!«

Alle zucken zusammen, als im Vorzimmer ein Telefon klingelt. Erna Berg eilt hinaus, spricht kurz, legt dann wieder auf.

»Die Polizeibeamten aus Lübeck«, ruft sie dem Oberinspektor zu. »Die Mutter des Schiffswächters bestätigt, dass ihr Sohn sie während der vergangenen zwei

Wochen besucht hat. Und ein Nachbar der Mutter hat ihn auch gesehen.«

»Das wäre auch zu einfach gewesen«, erwidert Stave und streicht eine Notiz auf seinem Block durch.

»Und nun?«, fragt MacDonald.

»Wir arbeiten an drei Hypothesen weiter«, fährt Stave fort. »Wenn wir es mit einem Mörder zu tun haben, der Menschen zwischen Trümmern überfällt, um sie auszuplündern, dann wird früher oder später auf dem Schwarzmarkt ein Objekt auftauchen, das wir einem der Toten zuordnen können. Vielleicht wird auch jemand in einer Ruine endlich einen Verdächtigen sehen. Oder irgendein Schieber oder Lude wird ein Gerücht hören. Möglich, dass wir in den nächsten Tagen wenigstens ein Opfer identifizieren können. Schließlich ist es auch nicht undenkbar, dass wir den Kerl gar auf frischer Tat ertappen werden. Irgendwann kriegen wir ihn.

Hypothese zwei: Ein Wahnsinniger schlägt zu und signiert seine Opfer mit diesem seltsamen Medaillon. Irgendwelche Ideen, wie wir ihm auf die Spur kommen könnten?«

»Wir müssen unbedingt herausfinden, was das Kreuz mit den Dolchen bedeutet«, antwortet Doktor Czrisini.

»Wenn es ein Wahnsinniger ist, dann wird er nicht aufhören zu morden. Wir werden ihn über kurz oder lang stellen«, sagt Maschke hoffnungsvoll.

»Irgendjemand wird ihn stellen«, erwidert Stave, »fragt sich bloß, ob wir das dann noch sind – oder unsere Nachfolger auf diesem Posten.« Schnell verscheucht er den Anflug von Pessimismus jedoch wieder und richtet sich auf. »Hypothese drei: Jemand hat eine Familie ausgelöscht. In dem Fall gibt es vielleicht keine weiteren Opfer mehr, keine Objekte, keine Zeugen. Oder wir finden noch Tote, doch die sind schon zum gleichen Zeitpunkt umgekommen. Dann suchen wir nicht nach einem Menschen, der spurlos verschwunden ist – sondern nach einer Familie, die offenbar niemand als vermisst meldet.«

»Flüchtlinge aus dem Osten. Oder Displaced Persons«, murmelt MacDonald.

»Nehmen wir uns zunächst das Kind vor«, ordnet Stave an. »Vielleicht haben wir bei dem Mädchen mehr Glück als bei den beiden anderen. Vielleicht gibt es Helfer, die sie erkennen, Spielkameradinnen, Lehrer. Die Kleine muss doch irgendwo zur Schule gegangen sein. Klappern wir die Schulen und Heime ab, die sich besonders um Kinder von Flüchtlingen und DPs kümmern.«

Wieder läutet das Telefon. Stave, der manchmal tagelang keine Anrufe bekommt, blickt verärgert zu dem schwarzen Gerät hinüber. Seine Sekretärin nickt, spricht höflich, seufzt, legt auf.

»Vom Chefamt S«, verkündet sie. »Sie haben Fahnder in Zivil auf alle Schwarzmärkte geschickt. Bislang hat noch niemand einen Spencer gefunden. Aber sie versprechen, ihre Augen weiter offen zu halten.«

»Gut«, erwidert Stave, obwohl er sich in diesem Augenblick plötzlich seltsam sicher ist, dass niemals auffällige Kleidungsstücke auf dem Schwarzmarkt auftauchen werden. Da vernichtet jemand systematisch alle Spuren, denkt er.

»Ich kümmere mich dann mal um die Plakate«, murmelt Maschke und verschwindet.

»Ich habe eine Verabredung in der Gerichtsmedizin«, verkündet Doktor Czrisini, »die Leiche müsste inzwischen aufgetaut sein. Auch wenn ich nicht glaube, dass mir die Untersuchung des Mädchens noch etwas verrät, das ich bislang nicht wusste.« Er verabschiedet sich mit einer angedeuteten Verbeugung.

»Gehen Sie ruhig nach Hause«, sagt Stave zu MacDonald und Erna Berg. »Hier wird heute nicht mehr viel passieren.« Er blickt den beiden nach, bis sich die Tür zum Vorzimmer hinter ihren Rücken schließt.

Stave setzt sich an seinen Schreibtisch und zieht einen schmutziggrünen, leeren Ablagehefter aus einer Schublade. Langsam tippt er den ersten, vorläufigen Bericht, hält Uhrzeit, Fundort, Name der Zeugen, hält all die kleinen Details der Toten fest, die ihm aufgefallen sind. Dann heftet er den Rapport ab. Zwei maschinengeschriebene, gelbliche Blätter Papier. Was wird noch folgen? Ein Polizeifoto der Toten. Der Obduktionsbericht von Doktor Czrisini. Und dann? Ist das alles, was von einem Leben bleibt? Ein paar Blätter Schreibmaschinenpapier zwischen zwei Pappdeckeln? Und nicht einmal ein Name.

Der Oberinspektor schließt die Augen. Schwacher Trost, dass im letzten Krieg Millionen Menschen gestorben sind, die noch weniger Spuren hinterlassen haben als die drei Mordopfer, deren Akten er nun fächerförmig vor sich ausbreitet. Eine Frau. Ein alter Mann. Ein Mädchen. Was haben die drei Menschen gemeinsam – außer der grauenhaften Art ihres Endes?

Er beschwört den Anblick des toten Kindes vor seinem inneren Auge herauf, starrt dann auf die gnadenlos detailreichen Schwarzweißfotos der beiden anderen Gesichter. Familienähnlichkeit? Alles Illusion – alle Toten sehen sich ähnlich, irgendwie. Derselbe Blick ins Nichts, die für immer eingefrorenen Gesichtszüge.

Das Schrillen des Telefons schreckt ihn aus seinen Überlegungen. Schon wieder. Wer weiß, dass er noch hier ist? Er reißt den Hörer von der Gabel, halb erwartend, dass ihm irgendjemand den nächsten Toten meldet.

Es ist Ehrlich.

»Wäre es Ihnen möglich, noch für fünf Minuten bei mir im Büro vorbeizuschauen?«, fragt der Staatsanwalt höflich.

»Selbstverständlich«, erwidert Stave.

Die einzig mögliche Antwort, um noch größere Schereien zu vermeiden.

Der Staatsanwalt reibt seine Glatze, als Stave eintritt. Das Büro ist beinahe warm, der Oberinspektor saugt dankbar den Duft frisch gebrühten Tees ein. Die Amtsstube wirkt fast wie eine Wohnung, denkt Stave und fragt sich, ob Ehrlich vielleicht jeden Sonntag hier verbringt.

»Wirklich bedauerlich, dass wir Sie vom Bahnhof wegholen mussten«, murmelt Ehrlich und deutet auf den Besucherstuhl. »Sie haben dort nach Ihrem Sohn gesucht?«

Der Oberinspektor starrt den Staatsanwalt an, verblüfft. Er fühlt sich bei etwas Peinlichem ertappt.

Ehrlich hebt beschwichtigend die Hände. »Das ist nur eine Vermutung. Ich habe gehört, dass Ihr Kind verschollen ist.«

»Das Wort hat einen seltsamen Klang«, erwidert Stave.

»Und doch schmeckt es eine Spur hoffnungsvoller als ›verschwunden‹ oder das simple ›fort‹, finden Sie nicht?«

»Sie haben auch Söhne«, stellt Stave fest. Der Staatsanwalt soll merken, dass auch er über das Privatleben anderer Leute im Bilde ist.

Ehrlich nickt, scheinbar gleichmütig. »Zwei Söhne. Sind drüben im Internat.«

Stave braucht eine Sekunde, bis er versteht, dass Ehrlich damit England meint.

»Sie sind Halbwüchsige. Ein schwieriges Alter. Und die letzten Jahre waren nicht einfach: mein Exil, die Demütigungen zu Hause, das Dahinscheiden meiner Frau.«

»Verschollen« für »verschwunden«, »Dahinscheiden« statt »Selbstmord« – Stave hat inzwischen einige Anklageschriften Ehrlichs gelesen und ihn für seine präzise, ökonomische Sprache bewundert. Doch die ist offenbar nur Angeklagten vorbehalten, wie eine Waffe, die man besser verborgen hält, wenn Freunde da sind. Er wechselt das Thema, will keine weiteren Details von Ehrlichs privaten Katastrophen erfahren und schon gar nichts von seinen eigenen preisgeben. Knapp referiert er, was er von dem neuen Mord weiß.

»Gibt das dem Fall eine neue Dimension?«, fragt Ehrlich.

Stave schweigt und blickt den Staatsanwalt etwas ratlos an.

Der putzt umständlich seine Brille, bevor er erklärt: »Frauen und alte Männer werden umgebracht. Das ist bedauerlich, doch alltäglich. Aber ein Kind? Ist da die Hemmschwelle nicht noch einmal höher? Ist damit nicht die allerletzte moralische Schranke gefallen?«

»Wenn Sie damit meinen, dass wir es hier mit einem Täter zu tun haben, dem man absolut alles zutrauen muss, dann: Ja, das meine ich«, pflichtet ihm Stave bei. »Keine Skrupel.«

»Die meisten Täter, die sich an Kindern zu schaffen machen, werden von übergroßen Gefühlen getrieben: Lustmörder. Verzweifelte Mütter in großer seelischer Not. Männer, die in rasender Wut oder aus Rachsucht zuschlagen. Doch in diesem Fall ist der Mord so …«

»… methodisch«, vollendet Stave. »Die Tat wird kaltblütig ausgeführt, mit einer, verzeihen Sie bitte den Ausdruck, bereits bewährten Technik. Danach werden Spuren systematisch verwischt.«

»Erinnert Sie das an etwas?«, fragt Ehrlich mit sanfter Stimme.

»KZ«, erwidert der Oberinspektor, ohne zu zögern. »Gestapo. Einsatzgruppe. SS. Männer, die beim Töten keine Unterschiede mehr gemacht haben, was Geschlecht oder Alter ihrer Opfer angeht. Systematische Morde in immer wieder gleicher Technik. Leichen, die verscharrt werden oder sich in Rauch auflösen, Akten, die verschwinden, geräumte Lager, bevor die Alliierten kommen.«

»Das ist noch keine Spur«, sagt Ehrlich versonnen, »doch nennen wir es den Ansatz einer Spur.«

»Die KZ-Wärter stehen bereits vor Gericht«, erinnert ihn Stave überflüssigerweise.

Der Staatsanwalt wirft ihm einen Blick zu, halb beleidigt, halb mitleidig. »Wenige. Die, die wir kriegen können. Selbst die meisten Wächter von Auschwitz laufen irgendwo frei herum. Ebenso wie die meisten Schläger der Gestapo. Und gar nicht zu reden von all den SS-Angehörigen.«

»Suchen wir nach einem ehemaligen Nazi-Schergen, der seiner mörderischen Ideologie auch nach dem Zusammenbruch des Regimes treu geblieben ist und nun eine Art privaten Feldzug führt?«

»Vielleicht. Oder jemand, der systematisch lästige Zeugen einstiger Vergehen beseitigt.«

Stave denkt kurz nach. »Aber was nützt mir das jetzt? Ich kann nicht jeden einzelnen Hamburger daraufhin überprüfen, was er bis 1945 getan hat. Und selbst wenn ich es könnte und jede Untat erführe – wie verbinde ich das mit den aktuellen Morden? Wir kennen ja nicht einmal die Identität der Opfer.« Stave schüttelt den Kopf. »Über die Opfer kommen wir an den Täter. Wissen wir, wer sie sind, dann werden sich Verbindungen ergeben. Gut möglich, dass die dann zu den Henkern von früher führen. Meine größte Hoffnung ist zurzeit das tote Mädchen. Das muss irgendwo zur Schule gegangen sein. Also muss es Lehrer und Klassenkameradinnen geben, die es identifizieren können. Die beiden Erwachsenen mögen vielleicht zurückgezogen gelebt haben, aber ein Kind kommt immer unter Leute.«

»Gute Idee«, murmelt Ehrlich, zieht einen Briefbogen hervor, auf den sein Name gedruckt ist, schraubt einen schweren Montblanc-Füllfederhalter auf und schreibt ein paar Zeilen. Stave beobachtet ihn schweigend, bis er in schwungvollen Linien seine Unterschrift gesetzt hat.

»Ein Empfehlungsschreiben«, erklärt Ehrlich, als er es hinüberreicht. »Sollte das Mädchen aus einer Familie von DPs oder verfolgten Juden stammen, dann fragen Sie zuerst im Warburg Children's Health Home nach, in Blankenese. Diese Zeilen werden Ihnen den Zutritt erleichtern. Sie benötigen jedoch darüber hinaus eine Erlaubnis der Briten.«

»Ein Kinderheim?«

»Ein besonderes Kinderheim.«

Stave verzichtet auf weitere Fragen, nickt, faltet den Brief sorgfältig zusammen, steckt ihn in seine Manteltasche – und bedauert, dass er MacDonald schon nach Hause geschickt hat.

»Ich gehe zum Lieutenant«, verkündet er, »solange es noch hell ist. Mit ein bisschen Glück bekomme ich sofort die erforderlichen Papiere. Dann werde ich mich morgen früh bei Warburg umhören.«

Er erhebt sich und geht zur Tür. Als er sie schon geöffnet hat, hält ihn der Staatsanwalt mit einer Geste zurück.

»Herzlichen Glückwunsch zum Geburtstag. Habe mir das Datum aus Ihrer Personalakte gemerkt.«

»Danke«, murmelt Stave überrascht. Der erste Gratulant an diesem Tag. Seinem 43. Geburtstag.

MacDonald wohnt in einer requirierten Stadtvilla in der Innocentiastraße, Harvestehude, »Zone A« – ein fast unzerstörtes Viertel. Briten und Amerikaner haben mit ihren Bombenangriffen vor allem Arbeiter töten wollen, die meisten Villenbereiche ließen sie unzerstört. Wohl auch, wie Stave vermutet, weil sie damals schon daran dachten, dass ihre Offiziere nach dem Krieg ja irgendwo standesgemäß unterkommen müssen. Der Oberinspektor schlendert auf dem Weg Richtung Harvestehude an Planten un Blomen vorbei, einst der schönste Park der Stadt. Noch 1944 hat man dort neue Rosenbüsche gepflanzt, die seither jeden Sommer rot leuchtend blühen. Zwischen Rosen und Spazierwegen allerdings haben Ochsenpflüge letztes Frühjahr Furchen aufgeworfen für Kartoffelacker. Jetzt liegt der verunstaltete Park unter einer zerschlissenen Schneedecke, schwarzbraun, schmutzigweiß, verlassen.

Schilder an Seitenstraßen: »Out of Bounds for German Civilians!«, »For British Forces Only!« Frierende britische Militärpolizisten, die ihm gleichgültig nachblicken. Villen, fast makellos gepflegt, bis auf ein paar provisorische Ofenrohre, die aus den Fenstern einiger Anwesen ragen. Unzerstörte Bäume am Straßenrand. Blecherne Mülleimer vor den Toren. Still ist es zwischen den Villen, wo Häuser und Bäume die Wucht der eisigen Böen mindern. Nur gelegentlich rumpelt der Jeep einer Militärpatrouille über das Pflaster. Menschen schleichen von Mülleimer zu Mülleimer: einbeinige Veteranen, ein Mann mit Rucksack, ein vielleicht zehnjähriges Mädchen an der Hand, Alte, Frauen, die Kopftücher aus Scham so eng gewickelt, dass sie ihre Gesichter verbergen, als wären sie Bettlerinnen aus dem Orient. Sie öffnen die Deckel der Mülleimer, wühlen in den Abfällen nach angefaulten Kartoffeln, welken Salatblättern, Apfelstrünken. Ein junger Kippensammler sammelt ausgetretene Stummel englischer Zigaretten vom Trottoir. Niemand spricht, niemand blickt auf. Die Militärpolizisten lassen sie gewähren.

Kolonialherren, denkt Stave, die Engländer leben hier wie in Indien oder Afrika – und wir sind die neuen Kulis. Nur dass kein Inder oder Afrikaner zuvor die halbe Welt in Brand gesteckt hat und sich seine Erniedrigung deshalb selbst zuzuschreiben hätte.

Die Innocentiastraße: kahle Äste junger Ahornbäume, Jeeps am Bordstein, dahinter in Reihen fünfzig, sechzig Jahre alte weiße, viergeschossige Villen. Aus irgendeinem Zimmer weht Jazz hinaus, die BBC vielleicht oder eine Platte auf einem beschlagnahmten Grammophon.

Hausnummer 28, der Oberinspektor zeigt einem am Portal wachenden Soldaten seinen Dienstausweis und fragt nach MacDonald.

»Third floor, second left«, antwortet der Brite.

Der ist so jung wie mein Sohn, denkt Stave, und er wäre am liebsten sofort wieder hinausgestürzt, unter die

Ahornbäume, wäre gerne losgerannt bis zum Hauptbahnhof. Stattdessen nickt er und steigt die prachtvolle Treppe hoch, bemüht, sein Hinken vor den Augen des Postens zu verbergen.

Stave klopft an. Nichts. Er klopft erneut. Vielleicht ist der Lieutenant ausgegangen? Er will sich schon wegdrehen, da hört er Geräusche hinter der Tür. Also wartet er. Endlich öffnet MacDonald. Er ist nur in Hose und Hemd – und barfuß. Obwohl die Villa geheizt wird, ist es dafür eigentlich nicht warm genug.

MacDonald atmet schwer, nimmt sich dann aber offenbar zusammen und ringt sich ein Lächeln ab. »Was kann ich für Sie tun?«

Stave, der bemerkt hat, dass sich der Lieutenant im Türrahmen breit macht, tritt zurück und hüstelt. Rasch erzählt er von seinem Besuch bei Ehrlich, vom Warburg Children's Health Home und vom dafür notwendigen Passierschein der Briten. Noch während er redet, bemerkt er eine Bewegung hinter MacDonalds Schultern, ein Schatten, der durchs Zimmer huscht.

Erna Berg.

Stave lässt sich nichts anmerken, spricht einfach weiter. MacDonald wirft einen nervösen Blick über die Schulter, blickt dann den Oberinspektor an, unschlüssig darüber, ob er sich als ertappt betrachten soll oder nicht. Dann lächelt er kurz, schüchtern, macht eine vage, irgendwie entschuldigende Geste.

»Ich kümmere mich darum«, verspricht er. »Wir fahren morgen gemeinsam hin, mit meinem Jeep geht es schneller. Und außerdem bin ich neugierig, ob Sie dort etwas herausfinden werden. Ich hole Sie in der Kripo-Zentrale ab. Wenn Sie wollen, nehmen wir Maschke mit.«

»Danke«, sagt Stave, »schönen Sonntag noch.«

»Wünsche ich Ihnen auch«, ruft ihm MacDonald nach, doch da hat Stave sich schon weggedreht. Er hat es eilig, aus dem Haus zu kommen.

Überlebende und Verschwundene

Montag, 3. Februar 1947

Schweigende Fahrt im Jeep: MacDonald steuert, Stave sitzt auf dem Beifahrersitz, Maschke auf der harten Rückbank. Der Beamte von der Sitte klammert sich am Blech der Karosserie fest, damit ihn die Stöße des Wagens nicht hochschleudern. Er wirkt, als fahre er zum Zahnarzt. Der Lieutenant starrt geradeaus, während er die Elbuferstraße hinunterdonnert. Der Oberinspektor beobachtet ihn aus den Augenwinkeln.

Kein Wort haben sie seit dem Morgen über ihr letztes Treffen verloren. Erna Berg ist ins Büro gekommen, fröhlich wie immer. Entweder weiß sie nicht, dass ich sie gestern erkannt habe, denkt Stave, oder sie ist eine verdammt gute Schauspielerin – oder so abgebrüht, dass ihr gleichgültig ist, ertappt worden zu sein. Eigentlich ist seine Sekretärin verheiratet, auch wenn der Mann verschollen ist. Ehebruch. Was geht mich das an, sagt sich Stave und versucht sich auf das nächste Verhör zu konzentrieren.

Wenn man das denn Verhör nennen kann. Ein Kinderheim. Er trägt ein Polizeifoto des ermordeten Mädchens in seiner Manteltasche. Aber soll er das den Kindern zeigen? Kindern, deren Eltern vergast, deren Spielkameraden erschlagen, deren Häuser zerbombt worden sind? Oder nur dem Leiter des Heimes? Aber kennt der wirklich alle seine Schützlinge so gut, dass er eines seiner Kinder anhand des Polizeifotos identifizieren könnte?

Er blickt hinaus. Zur Linken glitzert der Eispanzer der Elbe im Morgenlicht, flach und rau wie eine riesige Betonplatte. Wenige kleine Schiffe, Frachter und Fischerboote, festgefroren an den verwüsteten Piers. Die Aufbauten zweier gesunkener Dampfer, die aus dem Eis ragen. Verbogene, halb umgestürzte Kräne. Zwei Männer, die, gebeugt und eingehüllt in Decken und Mäntel gegen den brutalen Wind, vom Harburger Ufer aus über das Eis gehen.

»Warum brauche ich eine britische Genehmigung, wenn ich dieses Kinderheim besuchen will?«, fragt Stave – halb aus Neugier, halb, um das lastende Schweigen zu beenden.

MacDonald antwortet rasch, erleichtert, ein Thema für ein Gespräch zu haben. »Der Titel des Heimes lautet ›Warburg Children's Health Home‹. Gegründet von Eric Warburg, es ist in seiner Villa untergebracht.«

Stave nickt. »Der Bankier? Er ist emigriert?«

»In die USA, 1938. Nach dem Krieg ist er zurückgekehrt. Das Anwesen gehört wieder ihm. Er nutzt es, um jüdischen Kindern zu helfen. Überlebenden aus dem

KZ zumeist. Viele haben mehr oder weniger alle Familienangehörigen verloren. Sie stammen aus etlichen Ländern. In Blankenese werden sie aufgepäppelt, bekommen gutes Essen und Schulunterricht. Die Institution untersteht einem besonderen Schutz der Besatzungsverwaltung.«

»Haben Sie schon mit den Leuten dort gesprochen?«

»Telefonisch, heute Morgen. Ich habe angedeutet, warum wir kommen, aber nicht zu viel verraten. Die Lehrerin, mit der ich redete, hatte übrigens schon von dem ermordeten Kind gehört. Das scheint sich in der Stadt schnell herumzusprechen. Sie hat die Polizeiplakate mit den Bildern der anderen beiden Opfer auch schon gesehen, die Zettel kleben ja überall. Sie vermissen in Blankenese kein Mädchen dieses Alters.«

»Warum fahren wir dann überhaupt hinaus?«, wirft Maschke ein.

»Sollte das ermordete Mädchen ein KZ überlebt haben, dann werden wir dort jemand finden, der sie erkennt«, erklärt Stave.

Sie biegen in die Kösterbergstraße ein, ein schmaler, gepflasterter Weg eine Anhöhe hinauf, gesäumt von Hecken, hinter denen raureifüberzogene Villendächer glitzern. Auf dem Gipfel der Anhöhe ragt ein riesiges, gelb verputztes Schloss auf, Türmchen, hohe Fenster, umgeben von einer Wiese. Tatsächlich ist es nur ein städtisches Wasserwerk, Relikt einer längst untergegangenen Epoche des Überflusses, in der man selbst Hallen für Pumpen wie Herrensitze gestaltete.

Die Einfahrt zur Hausnummer 60 liegt gegenüber. Hohe Hecken, eine schmiedeeiserne Pforte mit gelb getünchten Pfeilern. Ein junger Mann zieht die schweren Flügel auf, als er den Jeep erblickt. Geharkte Kiesauffahrt. Eine mächtige, kahle Eiche. Dahinter eine Gründerzeitvilla mit einem Gästehaus, im Obergeschoss Fenster rund wie Bullaugen.

Kindergesichter hinter Fenstern, neugierige Blicke. An der Tür eine Frau, vielleicht dreißig Jahre alt, kurzgeschnittenes, schwarzes Haar, eingehüllt in einen grauen Wollmantel. Sie mustert Stave und Maschke, als wären sie Straßenköter.

»Ich wäre Ihnen verbunden, wenn Sie Ihren Dienstausweis nicht zückten«, begrüßt sie Stave. »Das verursacht ungute Erinnerungen.«

Seltsame Wortwahl, denkt Stave. Und seltsamer Akzent. Er stellt sich vor, verzichtet darauf, ihr die Hand anzubieten, deutet lieber eine Verbeugung an. Maschke schweigt, MacDonald salutiert lässig.

»Ich bin Thérèse DuBois. Ich habe heute Morgen mit Ihnen telefoniert, Herr Lieutenant. Man hat mich instruiert, Ihnen bei Ihrem Anliegen behilflich zu sein.«

KZlerin, vermutet Stave. Wahrscheinlich Französin, Elsass vielleicht. Viele Franzosen – Juden oder Résistancekämpfer – sind nach Bergen-Belsen gekommen.

Oder nach Ravensbrück. Er denkt an den Prozess im Curiohaus. Gut möglich, dass sie Ehrlich kennt. Er verzichtet darauf zu fragen, wer sie »instruiert« hat.

»Es ist mir unangenehm, mit einem derart unerfreulichen Anliegen bei Ihnen zu erscheinen«, erwidert er schließlich. »Ich werde versuchen, unseren Besuch so kurz wie möglich zu halten.«

»Kommen Sie bitte herein«, sagt Thérèse DuBois und führt sie zu einer verglasten, geheizten Veranda, in der Korbstühle und Gummibäume in großen Keramiktöpfen stehen. Stave muss sich zwingen, nicht dorthin zu starren – er hat seit Jahren keine Zimmerpflanzen mehr gesehen.

Stave erklärt, warum er gekommen ist, und verschweigt auch die anderen beiden Morde nicht. Dann räuspert er sich und zieht das Polizeifoto hervor.

Die Lehrerin betrachtet es. Sie wird noch fahler, doch schaut sie das Bild aufmerksam an. Dann schüttelt sie den Kopf. »Dieses bedauernswerte Geschöpf habe ich noch nie gesehen. Ganz sicher ist das kein Kind aus unserem Haus.«

Stave schweigt für ein paar Augenblicke und trommelt mit den Fingern nervös auf der Lehne des Korbstuhls, ertappt sich dabei, faltet die Hände. »Könnte es sein, dass eines Ihrer Kinder das Mädchen kennt? Vielleicht als Schulkameradin?«

»Sie wollen unseren Kindern dieses Foto zeigen?«

»Wenn ich so den Mörder der Kleinen finden kann: ja.«

Thérèse DuBois lehnt sich zurück und denkt nach. »Wir haben zur Zeit dreißig Kinder im Heim«, murmelt sie. »Viele sind erst zwei, drei Jahre alt. Sie verlassen das Anwesen nicht. Die schulpflichtigen Kinder werden hier unterrichtet, nicht in deutschen Schulen.« Sie spricht es aus, als wären die Schulen Gefangenenlager.

»Eigentlich haben wir momentan nur zwei Kinder, die hinausgehen. Die Besorgungen machen, spielen oder Ausflüge unternehmen. Obwohl es in den letzten Monaten dafür zu kalt geworden ist. Ich werde die beiden rufen.«

»Und ich darf ihnen das Foto zeigen?«

»Die beiden haben mehr tote Kinder gesehen als Sie, Herr Oberinspektor.«

Sie verlässt den Raum, kehrt kurz darauf mit einem Mädchen und einem Jungen wieder, beide schätzt Stave auf etwa fünfzehn Jahre.

»Leonore und Jules«, stellt Thérèse DuBois die Kinder vor, die schüchtern in der Mitte des Zimmers stehen bleiben.

Stave lächelt verhalten, MacDonald nickt aufmunternd, Maschke hustet und steht auf.

»Ich würde gerne rauchen, wenn Sie nichts dagegen haben«, murmelt er.

Der Oberinspektor nickt, woraufhin Maschke rasch hinaus in den Park geht, wo der Qualm seiner englischen Zigarette bald zwischen den kahlen Eichen aufsteigt. Stave ist das ganz recht: Je weniger Erwachsene den Kindern gegenüberstehen, desto besser. Und Maschkes zynische Einwürfe wären sowieso das Letzte gewesen, das er nun braucht.

Er erklärt den Kindern ruhig, warum er hier ist. Thérèse DuBois übersetzt dem Jungen, sie flüstert auf Französisch; das Mädchen scheint ihn zu verstehen.

Dann zeigt Stave das Foto.

Leonore und Jules starren darauf. Die Züge des Mädchens zeigen Mitleid, die des Jungen klinische Neugier. Noch bevor sie etwas sagen, kennt der Oberinspektor die Antwort.

»Das Mädchen habe ich nie gesehen«, sagt Leonore bestimmt. Ihr Akzent ist schwer. Weit aus dem Osten, vermutet Stave, vielleicht Galizien.

»Non, je n'ai jamais vu cette fille«, murmelt Jules, und das muss niemand übersetzen.

Stave lässt das Foto in seiner Manteltasche verschwinden, einerseits enttäuscht, ohne Resultat wieder abzuziehen, andererseits erleichtert darüber, das Bild nicht länger Kindern vor die Nase halten zu müssen.

»War einer von euch schon einmal in jenem Teil des Hafens? Am Billekanal? Kohle sammeln?«, fragt Stave.

»Unsere Kinder müssen nicht Kohle sammeln«, sagt Thérèse DuBois, halblaut, aber empört. Er ignoriert sie.

Leonore lächelt unsicher und, wie der Oberinspektor glaubt, ein wenig sehnsüchtig. »Da war ich noch nie. Das ist zu weit weg.«

Die Lehrerin seufzt und übersetzt die Frage auch ins Französische, ungeduldig mit den Fingern trommelnd. Jules lächelt das Lächeln eines Jungen, der das Heim öfter verlassen hat, als die Erwachsenen ahnen. Doch auch er schüttelt den Kopf.

Stave erhebt sich. »Das ist alles.«

»Werden Sie den Menschen finden, der das getan hat?«, fragt Leonore.

Für einen Moment ist der Oberinspektor verblüfft. Dann sieht er die großen, ernsten Augen des Mädchens, den drängenden Blick.

»Ja«, antwortet er, »das werde ich.«

»Und was geschieht dann?«

»Dann wird der Mörder vor Gericht gestellt und verurteilt. Damit«, er deutet mit der Hand auf die Manteltasche, in der das Foto steckt, »kommt man heute nicht mehr davon.«

Sie reicht ihm die Hand. »Viel Glück.«

Thérèse DuBois lächelt zum ersten Mal, seit sie in der Villa sind. Sie führt sie zurück zum Eingang.

»Was wird aus den Kindern?«, fragt Stave, als er schon die Klinke in der Hand hat. MacDonald steht hinter ihm, Maschke marschiert draußen hin und her wie ein gefangener Tiger, neugierig beobachtet von einigen kleinen Mädchen und Jungen, die sich inzwischen aus dem Gästehaus gewagt haben und unter einer Eiche verharren.

»Wenn sie wieder gesund und gut genährt sind, organisieren wir die Überfahrt nach Palästina. In ihre neue Heimat. Das ist von der britischen Besatzungszone in Deutschland aus leichter zu bewerkstelligen als von jedem anderen Punkt aus, weil hier die Überwachung nicht so streng ist. Ironie der Geschichte, nicht wahr?«

MacDonald sieht aus, als habe er auf eine Pfefferschote gebissen.

Stave erinnert sich daran, irgendwo gehört zu haben, dass die Briten schon seit dem Ersten Weltkrieg Palästina besetzt haben. Er hat von Kämpfen zwischen Juden und Arabern gelesen und davon, dass die Briten keine weiteren Juden aus Europa in den Nahen Osten reisen lassen wollen. Doch die Juden, die Überlebenden des Massenmordes, wollen weg und versuchen alles, um sich auf Schiffen irgendwie nach Palästina hineinzuschmuggeln. Kein Wunder, dass der Lieutenant unglücklich ist, denkt er ein wenig schadenfroh.

»Sollten Sie noch etwas erfahren, informieren Sie mich bitte.« Er reißt ein Blatt aus seinem Notizheft und schreibt ihr Namen und Telefonnummer auf.

»Es muss schwer sein, das alles wieder in Ordnung zu

bringen«, antwortet sie und faltet den Zettel sorgfältig zusammen.

Der Oberinspektor ist sich nicht sicher, ob er sie richtig verstanden hat, und blickt sie fragend an.

»Nach all diesen Katastrophen«, erklärt sie. »Es gibt so viel aufzuräumen – und damit meine ich nicht nur die Trümmer in den Städten. Und es gibt so wenige Männer wie Sie oder Herrn Ehrlich.«

»Sie kennen den Staatsanwalt?«

»Ich war Zeugin im Curiohaus-Prozess.«

»Ehrlich bearbeitet auch diesen Fall.«

»Als ob er nicht schon genug Fälle hätte! Ein Mann mit einer Mission.«

Sie begleitet die Gäste bis zum Jeep. Dort stößt Maschke wieder hinzu, nach Tabakqualm riechend. Gerade als er einsteigt, bemerkt Stave, dass eines der Mädchen unter dem Baum auf den Mann von der Sitte deutet und ihren Spielkameraden etwas sagt. Dann führt sie eine Hand zur Kehle und macht die scharfe Bewegung, mit der man die Gurgel durchschneidet.

Die kennt Maschke, denkt Stave verblüfft. Und er ist nicht ihr Freund.

Umständlicher als nötig geht er um den Jeep und zieht dabei Thérèse DuBois unauffällig einen Schritt zur Seite.

»Wer ist das Mädchen?«, flüstert er, deutet mit der Rechten kurz auf die Kleine und kümmert sich nicht darum, ob die Lehrerin wegen dieser Frage misstrauisch wird. Ihm bleiben nur wenige Sekunden, bevor Maschke etwas bemerken würde.

Sie spürt, dass es wichtig ist. »Anouk Magaldi.« Ihre Lippen bewegen sich kaum, als sie das sagt. »Acht Jahre alt, seit einigen Wochen hier.«

»Aus einem KZ?«

»Nein. Sie lebte in Frankreich, in der Nähe von Limoges. Dort wurden ihre Eltern umgebracht. Beide waren Juden. Wir holen jetzt auch Waisen wie sie nach Hamburg. Weil es, wie gesagt, leichter ist, von hier aus Transporte nach Palästina zu organisieren.«

»Auf Wiedersehen«, sagt Stave laut. »Vielen Dank für Ihre Informationen.« Dann steigt er in den Jeep.

Auf dem Rückweg starrt er schweigend aus dem Fenster – unsicher, ob er nun mehr weiß als heute Morgen oder nicht. Das tote Mädchen ist ganz sicher kein Kind aus dem Heim, wahrscheinlich keine Jüdin aus einem Lager. Also eine Hamburgerin oder ein deutsches Flüchtlingskind oder eine DP. Welche nichtjüdischen DPs leben anderthalb Jahre nach Kriegsende noch in Deutschland? Vor allem Russen und Polen, die die Kommunisten fürchten und deshalb nicht zurückkehren wollen. Soll er Bilder der Toten zur polnischen und sowjetischen Polizei schicken? Aber wie? Und würden die ehemaligen Feinde sich überhaupt die Mühe machen, nach Leuten zu suchen, die offenbar lieber im zertrümmerten Reich ausharren, als in ihre Heimat zurückzukehren?

Ich weiß immer noch nichts, denkt er, gar nichts.

Oder doch?

Zwei Beobachtungen zwingen sich vor sein geistiges Auge, verwirren ihn, drängen ihn ab von der Spur des Dreifachmörders, der er doch eigentlich folgen muss. Warum diese Geste gegenüber Maschke? Woher kennt das Mädchen aus dem Heim den Beamten von der Sitte? Weil der, getarnt durch seinen Dienst, kleinen Mädchen nachstellt?

Er versucht unauffällig in den Rückspiegel zu blicken und das Gesicht seines Kollegen zu beobachten. Doch der Jeep bockt über den Asphalt, der Spiegel zittert, das Bild verzerrt sich für Sekunden, ist dann weg.

Und Ehrlich? Thérèse DuBois nannte ihn einen »Mann mit Mission«. Warum halst sich der Staatsanwalt auch diesen Fall auf? Kann es sein, dass er gar nicht die Demokratie aufbauen will, wie er behauptet hat? Dass ihn, dessen Frau in den Selbstmord getrieben wurde, etwas ganz anderes umtreibt: Rache? Rache an den Peinigern des alten Regimes. Und sind ihm diese rätselhaften drei Morde vielleicht nur ein weiteres Werkzeug dafür, um mit einem alten Nationalsozialisten abzurechnen? Aber wie?

»Was nun?«

MacDonalds Frage schreckt Stave auf. Er hat nicht bemerkt, dass sie die Zentrale erreicht haben.

»Abwarten«, bestimmt er. »Heute gehen die Plakate mit dem Foto des Mädchens und des Medaillons raus. Mal sehen, ob sich diesmal jemand meldet. Maschke, sehen Sie sich noch einmal am letzten Fundort um. Vielleicht treffen Sie noch auf einen Zeugen. Vielleicht fällt Ihnen irgendetwas auf, das wir gestern übersehen haben. Möglich auch, dass uns die Kollegen vom Chefamt S heute noch einen Fund vom Schwarzmarkt melden. Oder dass Czrisini bei der Obduktion etwas bemerkt.«

Er verabschiedet sich von den beiden Männern, steigt müde die Treppe bis zu seinem Büro hoch, schließt die Tür zum Vorzimmer. Aus irgendeinem Grund ist es ihm peinlich, Erna Berg zu sehen – er weiß um ihr Geheimnis, würde es ihr nie verraten, mag ihr aber auch nicht unter die Augen kommen.

Allein an seinem Schreibtisch, denkt er nach. Dann fasst er einen Entschluss: Er wird weiterfahnden, wie gehabt. Doch dabei wird er sich unauffällig nach Ehrlich und Maschke umhören. Man kann ja nie wissen.

Am nächsten Morgen eilt der Kollege vom Chefamt S in Staves Büro, bleibt im Türrahmen stehen und ruft ihm zu: »Keine Neuigkeiten. Kein Mädchenmantel, kein Suspensorium, keine Zahnprothese – wir finden nichts, was wir den Toten zuordnen können. Wenn Sie wollen, können Sie sich ein paar Dutzend Wintermäntel, Damenstrümpfe oder ausgelatschte Schuhe ansehen, die wir in den letzten achtundvierzig Stunden bei Razzien beschlagnahmt haben. Ich wüsste allerdings nicht, wie man diese Dinge mit einem der Toten in Verbindung bringen könnte. Wir suchen weiter. Gleich beginnt die nächste Aktion.«

»Danke«, murmelt der Oberinspektor müde, doch da ist die Tür schon wieder ins Schloss gefallen.

Keine Meldung aus der Bevölkerung zu den Plakaten. Niemand scheint das Mädchen zu kennen. Niemand scheint je so ein Medaillon gesehen zu haben.

Stave nickt Erna Berg zu, verlegen, dann greift er sich Mantel und Hut. »Ich gehe zum Suchdienst.«

Sie blickt ihn erstaunt an. »Da war doch schon Lieutenant MacDonald.«

»Ich höre mich dort gerne selbst einmal um.«

»Suchdienst« – wieder so ein Wort, an das er sich erst gewöhnen musste. Das Rote Kreuz und die beiden Kirchen haben ihre Unterlagen und ihre Experten zum vielleicht größten Fahndungsamt der Welt vereint. Dort landen alle Nachrichten, Karteikarten, Meldungen der Behörden, Polizeianfragen, alte Wehrmachtsbefehle, Gefangenenlisten der Besatzungsmächte und Tausende andere Dokumente, die Hinweise geben auf verschollene Soldaten und vermisste Flüchtlinge. Dreieinhalb Millionen Wehrmachtsangehörige, die von Familien gesucht werden, von denen niemand weiß, ob sie noch leben, und falls ja, wo. Und fünfzehn Millionen Flüchtlinge. Macht achtzehneinhalb Millionen Karteikarten, kilometerlange Reihen gelber Pappkartons, auf denen Namen, Geburtsdaten, letzte Adressen, letzte bekannte Aufenthaltsorte und mögliche Hinweise gekritzelt oder getippt worden sind.

Eine dieser Karten trägt den Namen seines Sohnes.

Stave kennt den Weg, er ist ihn schon oft gegangen. Über die Feldstraße, dann kleinere Trümmerpfade durch nahezu ausgelöschte Viertel. Kein Haus intakt, kaum eine Mauer, die noch steht. Ein paar Plakate und Zettel an einer Wand: Suchmeldungen, eine Mitteilung der Militärregierung und das neueste Fahndungsplakat der Kripo. Sein Werk, schon wieder von einer Windböe halb eingerissen. Mitten in den Ruinen ein abgewrackter Bus, ans Dach ein großes Schild geschlagen: »Leder-Rabe«. Der Oberinspektor fragt sich, wer hier etwas kaufen soll.

Er erreicht die Altonaer Allee, rechte Seite, Hausnummer 91. Ausgerechnet das ehemalige Amtsgericht ist unbeschädigt. Ein wilhelminischer Justizpalast, helle Steine, Säulen, Köpfe und Figuren an der Fassade. Sicherlich allegorische Gestalten, doch Stave sieht in ihnen bloß steinerne Abbilder von Vermissten.

Die Richter mussten fort, nun verwalten mehr als

sechshundert bleiche, fleißige, diskrete, gegenüber fremdem Leid längst abgestumpfte Frauen und Männer die achtzehneinhalb Millionen ungeklärten Schicksale.

Vor dem wuchtigen Gebäude steht eine Litfaßsäule mit einem großen Plakat: schwarz-weiß, rotes Kreuz in der Mitte, viele Kinderfotos, Überschrift: »Wie suche und finde ich meine Angehörigen?« Immer wieder werden in Hamburg Plakate angeklebt wie dieses, immer gleich und doch jede Woche neu: Die Fotos sind andere. Vierzigtausend elternlose Kinder allein in Hamburg, die irgendwer aufgegriffen hat, viele so jung, dass sie nicht einmal ihren Nachnamen kennen, geschweige denn ihre Adresse. Ihre Gesichter, manche schüchtern lächelnd bei der Aufnahme, andere gleichgültig oder frech oder ängstlich, scheinen Stave hinterherzustarren, als er die Stufen hochsteigt und das schwere Portal aufdrückt.

Die langen, düsteren Flure sind eingezwängt von wandhohen Regalen zu beiden Seiten, auf deren Brettern die Karteikarten in offenen Holzschubladen aufgereiht sind. In den Büros stehen große Tische, auf denen Bücher ausliegen: gebundene Listen mit Daten und Fotos, vor allem von Soldaten. Folianten der Verschollenen.

Der Oberinspektor widersteht der Versuchung, zur Schubladenreihe unter dem Buchstaben »S« zu schreiten und die Karteikarte »Stave, Karl« hervorzuziehen.

Was soll das noch nützen? Er geht zum Büro des Sachbearbeiters Andreas Brems, den er von seinen früheren Besuchen schon kennt.

Der blickt auf und schüttelt mit routiniertem Bedauern den Kopf. Wie ein Bestatter, denkt Stave.

»Nichts Neues über Ihren Sohn, Herr Oberinspektor.«

»Ich bin dienstlich hier«, antwortet er, und es klingt unfreundlicher, als es gemeint war.

Brems nickt, weder beleidigt noch sonderlich neugierig, und wartet ergeben auf die Frage.

Stave erklärt ihm die Mordserie. Der Angestellte lächelt dünn.

»Ein Engländer war deswegen schon hier. Ihre Beamten haben uns außerdem Exemplare der Fahndungsplakate vorbeigebracht«, erklärt er geduldig. »Niemand von uns kann sich erinnern, je eine der Personen auf einem Foto gesehen zu haben. Und ohne Namen können wir nicht weiterhelfen.«

»Wie wäre es mit einem Datum?«

Brems blickt ihn fragend an. »Wir sortieren unsere Karteikarten nach Nachname und Vorname des Vermissten. Haben wir keinen Namen, dann wird es schwierig. Bei den kleinen Kindern, die ihren eigenen Namen nicht kennen, nutzen wir selbstverständlich andere Kriterien: Geschlecht, geschätztes Alter, Auffindungsort und so weiter. Da hat einer meiner Kollegen die fraglichen Personen mit den Angaben zu dem ermordeten Mädchen abgeglichen – nichts.«

»Können Sie feststellen, wann beim Suchdienst eine Anfrage eingegangen ist?«

»Das ist auf jeder Karte vermerkt – und auch, wer die erste Anfrage gestellt hat. Aber die Karten sind nicht nach Eingangsdatum sortiert.«

Stave massiert sich den Nacken. »Sind denn viele in den letzten Wochen dazugekommen? Mich interessieren nur Anfragen aus den Wochen vor dem ersten Mord bis heute. Die fünfunddreißig Tage von Anfang Januar bis jetzt.«

Der Angestellte schüttelt verwundert den Kopf. »Aktuelle Vermisstenmeldungen landen doch normalerweise bei Ihnen, nicht beim Suchdienst. Der Krieg ist seit fast zwei Jahren vorüber. Wer seit damals einen Angehörigen nicht mehr gesehen hat, der hat sich doch längst bei uns gemeldet. Es gibt eigentlich nur zwei Personengruppen, die heute noch neue Anfragen stellen: zum einen Flüchtlinge, die erst jetzt in die Westzonen gelangen. Doch da bei der Kälte seit Wochen kein Zug mehr abgeht, ist seit Anfang Januar garantiert niemand aus dem Osten bei uns aufgekreuzt. Zum anderen haben wir ab und zu noch die besonders Verzweifelten oder Besorgten, die der Polizei alleine, verzeihen Sie mir, nicht trauen. Die wenden sich an uns, weil unsere Suchanfragen über das Rote Kreuz und die Kirchen leichter über die Grenzen der Besatzungszonen hinaus weitergereicht werden. Ehefrauen von Männern zum Beispiel, die glauben, dass sich ihr Mann bis nach Schweden oder gar Amerika verdrückt haben könnte.«

»Wenn sich also jemand heutzutage an den Suchdienst und nicht nur an die Polizei wendet, dann spricht das dafür, dass die verschwundene Person keine oder nur rätselhafte Spuren hinterlassen hat. So dünn sind die Hinweise, dass die Angehörigen nicht glauben, die Polizei werde die Betreffenden je wiederfinden. Vielleicht finde ich gerade deshalb im Kreis dieser Vermissten Hinweise auf die Opfer, wenn ich nur genau genug nachforsche. Oder ich stoße, was ich nicht hoffe, auf potenzielle weitere Opfer, die bloß noch niemand in den Trümmern entdeckt hat. Vielleicht ergibt sich da irgendein Muster.« Stave lächelt dünn.

Brems nickt langsam, ihm geht ein Licht auf, plötzlich ist er interessiert. »Eine Kollegin von mir bearbeitet diese Art Neueingänge. Das kann in den letzten Wochen nicht viel gewesen sein. Ich frage sie.«

Er eilt aus seinem Büro und erscheint zehn Minuten später wieder, mit einer Karteikarte in Händen. »Die einzige Meldung«, verkündet er. »Vom 13. Januar.«

»Eine Woche vor dem ersten Leichenfund.«

Stave nimmt die Karte in die Hand. Dr. Martin Hellinger, geboren 13. März 1895 in Hamburg-Barmbek, Industrieller, wohnhaft in Hamburg-Marienthal, als vermisst gemeldet von seiner Frau Hertha. Daneben ein Foto, offenbar aus einem alten Reisepass: schütteres Haar, wahrscheinlich grau, Nickelbrille, fleischige Wangen, ein Hals, der über den engen Hemdkragen quillt.

»Der ist ganz sicher weder Soldat noch Flüchtling. Warum nehmen Sie den überhaupt in Ihre Kartei auf?«

Brems hüstelt. »Der Kollegin war langweilig. Und sie hatte Mitleid mit Frau Hellinger. Also hat sie eine Akte angelegt und Anfragen geschickt. Richtung England.«

»England? Und sonst noch?«

»Amerika. Aber warum nur dort, das weiß ich nicht. Frau Hellinger sagte, möglicherweise sei ihr Mann dort. Vielleicht entführt.«

»Und damit geht sie nicht zur Polizei?«

Brems hustet nun, sagt aber nichts.

Stave notiert sich alle Angaben, die auf der Karteikarte stehen. Marienthal ist ein Viertel in der Nähe seiner Wohnung. Würde nicht schaden, dort einmal an die Tür zu klopfen.

»Danke«, knurrt er.

»Bis zum nächsten Mal, Herr Oberinspektor. Wir melden uns, wenn wir was Neues hören. Von Ihrem Sohn, meine ich.«

In der Zentrale trifft er Maschke und MacDonald. Stave lässt die beiden zuerst reden. Der Beamte von der Sitte berichtet, dass bei keiner Ausgabestelle eine Lebensmittelkarte liegen geblieben sei. Und auch MacDonald hatte keinen Erfolg, das ermordete Mädchen sei offenbar bei keiner Schule Hamburgs bekannt gewesen, zumindest habe kein befragter Lehrer die Tote identifizieren können.

»Wir werden neue Plakate drucken müssen«, sagt Stave müde. »Wir müssen die Bevölkerung davor warnen, sich nicht von Unbekannten mitnehmen zu lassen. Und keine verdächtigen Kleidungsstücke von Unbekannten zu kaufen.«

»Was sind denn bitte verdächtige Kleidungsstücke?«, fragt Maschke.

»Weiß ich auch nicht. Die erste Warnung richtet sich an die Bevölkerung. Die zweite soll den Täter nervös machen, ihm zumindest das Geschäft vermiesen, falls er ein Raubmörder ist.«

»Falls er einer ist.«

Als die beiden Männer sich schon zur Tür wenden, schlägt Stave sein Notizheft auf. Er erzählt von seinem Abstecher zum Suchdienst und trägt dann die wenigen Daten von Dr. Martin Hellinger vor.

»Ich werde seine Frau befragen.«

Maschke starrt ihn mit ausdruckslosem Blick an. »Ich wüsste nicht, wie uns das weiterbringen soll.«

MacDonald ist rot geworden. Einen Augenblick lang glaubt der Oberinspektor, dass ihn der Name des Vermissten in Verwirrung gestürzt hat. Dann jedoch bemerkt er, dass seine Bürotür von dem Briten bereits einen Spaltbreit geöffnet worden ist und einen Blick auf Erna Berg freigibt, die mit dem Rücken zu ihnen vor einem Regal steht und Akten aufräumt. Verliebt und glücklich, denkt Stave – und spürt die kalte Nadel des Neides in seinem Herzen. »Ich werde morgen früh bei Hellingers Frau vorbeigehen«, verkündet er.

»Brauchen Sie mich dafür?«, fragt Maschke, und es ist klar, was er von der Sache hält.

»Nein«, antwortet der Oberinspektor nicht sonderlich betrübt. »Und Sie, Herr Lieutenant?«

MacDonald ist immer noch rot. »Ich habe morgen bis zur Mittagszeit eine dienstliche Besprechung, tut mir leid.«

Die »dienstliche Besprechung« heißt Erna Berg, ist verheiratet und meine Sekretärin, denkt Stave, doch er ringt sich ein Lächeln ab.

»Gut«, sagt er, »dann mache ich es alleine. Nur um sicherzugehen.«

Ein Zettel und eine Zeugin

Mittwoch, 5. Februar 1947

Stave starrt aus den vereisten Scheiben seiner Wohnung. Früher Morgen. Es lohnt sich nicht, zur Zentrale zu gehen und dann fast den ganzen Weg bis nach Marienthal zurückzugehen, um mit der Frau des Vermissten zu sprechen. Andererseits kann er bei ihr schlecht schon um sechs Uhr morgens klingeln wie einst die Gestapo. Also zählt Stave die Kristalle am Rand der dick vereisten Mitte des Fensters, haucht dagegen und versucht vergebens, die Kälte und das Ziehen im Bein zu ignorieren.

Ganz langsam wird es hell. Schließlich erhebt er sich. Wenn er schlendert, müsste er nicht vor acht Uhr dort sein – und um diese Zeit schläft niemand mehr, bei der Kälte.

Marienthal ist eine Insel der Seligen, ein Villenviertel im Hamburger Osten, nur ein paar hundert Schritte von seinem Mietshaus entfernt. Die Alliierten haben Marienthal nie angegriffen. Höchstens Irrläufer schlugen dort ein.

Stave wandert die Ahrensburger Straße entlang Richtung Zentrum. Graues Licht. Die Fußgänger weichen einander aus. Niemand blickt den anderen an. Niemand geht mehr in der Nähe einer Ruine entlang, obwohl die Trümmer manchmal vor dem eisigen Wind schützen würden.

An einer Litfaßsäule bleibt er stehen und studiert das neueste Werk der Kripo: Ein Fahndungsplakat, angeklebt irgendwann an diesem Morgen. »5000 RM Belohnung!« Und die Fotos der drei Toten. »Ein Mörder geht um«, steht darunter, »eine Bestie in Menschengestalt.« Dann folgen detaillierte Beschreibungen von Fundorten und Opfern. »Werden die ermordeten Personen nirgends vermisst? Können Menschen in dieser Stadt untergehen, ohne dass sich einer ihrer Angehörigen, Freunde oder Bekannten darum kümmert?« Das habe ich wirklich geschrieben, denkt Stave verwundert. Muss müde gewesen sein.

Ein winziger Park am linken Straßenrand, kaum größer als ein Grundstück. Pflastersteine, bis auf den Stumpf niedergehackte Bäume und Büsche, die Skelette zweier Bänke, deren Bretter jemand abgerissen hat.

Stave biegt in die Eichtalstraße. Stadtvillen zu beiden Seiten, zwei Geschosse, Dach, Giebel zur Straße, jedes Haus ist anders: rot verklinkert, weiß oder gelb verputzt, efeuumrankt. Kastanien und Rotbuchen am Pflasterrand, teils verstümmelt, teils noch stehend. Seine Schritte klingen laut auf dem Pflaster. Fünfhundert Meter weiter verbrannte Margarethe, und hier sieht es aus wie immer, denkt Stave.

Ein kleiner, ungepflegter Vorgarten unter einer schmutzigen Raureifdecke. Dahinter eine Villa, Dreckschlieren auf weißem Putz, ein schiefer Fensterladen, sonst noch gut erhalten. Eine dünne, schwarzgraue Rauchfahne, die aus dem Schornstein quillt, der bittere und doch so angenehme Geruch glühender Kohlen. Plötzlich hat es Stave eilig, ins Haus zu kommen.

Die Klingel bleibt stumm, also klopft er. Es dauert eine Weile, dann wird die Tür geöffnet. Eine Welle warmer Luft schwappt aus dem Innern nach draußen, lässt den Oberinspektor unwillkürlich zittern. Eine etwa fünfzigjährige Frau, graue Strähnen im langen, dunkelbraunen Haar, weiches Gesicht, rehbraune Augen, eleganter, etwas verschlissener Hausmantel.

Stave zeigt seinen Ausweis, stellt sich vor.

Frau Hellinger zögert kurz, lächelt dann schüchtern, lädt ihn ein, hineinzukommen. Parkettböden, Biedermeierkommoden; an den tapezierten Wänden helle Quadrate, wo noch bis vor kurzem Bilder hingen. Stave ahnt, womit die Hellingers ihre Kohlen bezahlen. Seine Gastgeberin führt ihn zur Rückseite des Hauses in eine Art Erker über dem tiefer liegenden, stillen Garten. Sie bietet ihm einen Korbstuhl an.

»Eine Tasse Tee?«, fragt sie, und der Oberinspektor nickt dankbar.

»Ich hatte nicht mit einem Besuch der Polizei gerechnet«, fährt sie fort.

Stave lächelt dünn. »Warum?«

»Ich habe meinen Mann auf der nächsten Wache als vermisst gemeldet. Dort hat ein Beamter meine Angaben auf ein Formular eingetragen. Das war dann auch alles, so hatte ich den Eindruck.«

»Und deshalb haben Sie sich an den Suchdienst gewandt?«

Sie nickt und nippt vorsichtig an ihrem Tee. Ihre Hände zittern leicht.

»Erzählen Sie mir etwas über Ihren Mann.« Stave kramt umständlich sein Notizheft hervor.

»Er ist hauptberuflicher Bastler und Tüftler«, antwortet Frau Hellinger und lächelt wieder schüchtern. »Schon als junger Mann hat er seine eigene Firma gegründet. Nichts Großes, aber grundsolide. Ein Unternehmen, das Spezialgeräte herstellt.«

»Welche Geräte?«

»Vorhalterechner, vor allem für U-Boote.«

Als Stave sie verständnislos anblickt, hebt sie entschuldigend eine Hand. »Es war seine Erfindung. Soweit ich es verstanden habe, müssen U-Boot-Kapitäne komplizierte Berechnungen durchführen, bevor sie einen Torpedo abschießen. Sie müssen ihren Kurs und den des attackierten Schiffes kalkulieren, die Geschwindigkeiten der Schiffe, die Geschwindigkeit des Torpedos, Strömungen, was weiß ich noch. Mein Mann hat Rechenmaschinen entwickelt, die sie dabei unterstützen. Der Offizier gibt ein paar Daten ein, dreht an einigen Rädern – und schon ist das Ergebnis da. Ungefähr so wie die Rechenmaschinen in Kontoren, pflegte mein Mann zu sagen, nur komplizierter. Er lieferte seine Geräte an Blohm und Voss, die Werft baute sie in alle U-Boote ein, die bei ihr vom Stapel liefen.«

»Ein gutes Geschäft, vermute ich«, murmelt Stave. »Zumindest bis zum Mai '45.«

Sie blickt ihn gequält an. »Nach dem«, sie sucht ein passendes Wort, »Zusammenbruch hielt mein Mann trotz größter Schwierigkeiten seine Firma zusammen.«

»Die meisten Schiffe, die von U-Booten versenkt wurden, waren englisch. Ich kann mir nicht vorstellen, dass die neuen Herren unserer Stadt übermäßiges Interesse daran hatten, ein Unternehmen zu erhalten, das dazu beitrug, ihre halbe Flotte auf den Grund des Meeres zu schicken.«

Frau Hellinger hüstelt. »Mein Mann hat die Produktion selbstverständlich umgestellt. Mechanische Geräte sind mechanische Geräte, das war sein Motto. Eigentlich war ihm egal, was er produzierte – es musste nur kompliziert genug sein, um ihn zu interessieren.«

»Was fertigt die Firma heute?«

»Spezielle Zeitnehmer: Stechuhren für Büros und Fabriken. Uhren, die Maschinen steuern.«

»Und das wird heute schon wieder gekauft?«

»Aber ja: Viele Firmen fahren ja, wenn auch mühsam, ihre Produktion wieder hoch. Und außerdem hängen unsere Uhren sogar in den Kasernen und Clubs der Briten.«

So sehen Sieger aus, denkt Stave und fühlt sich plötzlich, als ziehe ein nasser Ledermantel seine Arme und Schultern nieder. Egal, wie Kriege ausgehen: Sieger machen Geschäfte. Sie haben, wortwörtlich, Kohle. Sie wohnen in Villen. Das Einzige, das nicht dazu passt: Normalerweise verschwinden sie nicht spurlos.

»Was geschah am 13. Januar?«, fragt er.

»Ich weiß es nicht genau. Am Abend davor gingen wir erst spät zu Bett. Mein Mann ist immer ein Frühaufsteher gewesen, ihm machen kurze Nächte nichts aus. Er war zeitig aufgestanden, das habe ich im Halbschlaf noch mitbekommen. Dann bin ich wieder tief eingeschlafen. Als ich endlich aufwachte, es war Vormittag, vielleicht zehn Uhr, war er weg.«

»Weg?«

Ein Hauch von Rot überzieht Frau Hellingers Wangen. »Mein Mann und ich sind seit dreißig Jahren verheiratet. Da kennt man sich gut, glauben Sie mir. Mein Gatte stand oft vor mir auf, doch immer – immer! – verabschiedete er sich von mir, bevor er das Haus verließ. Und wenn er morgens nicht zu seiner Firma ging, sondern zu einem Kunden reiste, dann sagte er es mir.«

»Aber diesmal war das Haus leer, als Sie aufstanden?«

»Ja. Er war einfach fort.«

»Hatte er etwas mitgenommen? Geld?«

Nun sind ihre Wangen dunkelrot. »Nicht, dass ich wüsste. Wir haben nicht viel Bargeld im Haus. Und, nein, es fehlen keine Wertgegenstände. Keine, die nicht schon vorher fehlten, wenn Sie verstehen, was ich meine.«

Stave blickt auf die hellen Stellen an den Wänden und nickt, starrt dann auf seine Notizen, die er sich beim Suchdienst gemacht hat.

»Sie gaben an, dass er seinen Wintermantel trug, Wolle, marineblau. Dazu Hut, Schal, Handschuhe.«

»Zumindest fehlen die in der Garderobe. So kleidete er sich winters immer.«

»Und auch seine Aktentasche ist fort.«

»Die nahm er jeden Morgen zur Arbeit mit.«

»Was enthielt sie?«

Frau Hellinger zuckt mit den Achseln. »Unterlagen, vermutlich. Ich habe nie nachgesehen.«

»Pläne? Verträge?«

»Ich weiß es wirklich nicht.«

Stave grübelt darüber nach, ob jemand, der Vorhalterechner und Präzisionsuhren baut, in der Produktion dünne Drähte braucht. Drahtschlingen. »War die Haustür abgeschlossen, als sie an jenem Morgen das Fehlen Ihres Gatten bemerkten?«

Frau Hellinger sieht ihn überrascht an, denkt nach. »Zugezogen, das ja. Aber nicht abgeschlossen.«

»Vielen Dank«, murmelt Stave und klappt sein Notizheft zu.

»Da ist noch etwas.«

Er blickt auf.

Sie zögert, holt tief Luft. »Als ich anfing zu suchen, da entdeckte ich auf dem Fußboden unter der Garderobe – dort, wo sonst sein Mantel hängt – einen zerknüllten Zettel. Ich beachtete ihn zuerst gar nicht, dachte eher, dass unsere Putzfrau wohl nachlässig wird. Doch später, als ich meinen Mann nirgends finden konnte und ich nach irgendwelchen Hinweisen suchte, hob ich das Papier auf.«

Sie fischt einen kaum handgroßen Zettel aus der Schublade einer Kommode. Kariertes Papier, zerrissene Ränder – ein hastig aus einem Heft herausgerissener Fetzen, vermutet Stave. Aus einem Heft, wie es Ingenieure und Techniker verwenden, die oft Berechnungen hinwerfen oder Skizzen.

Er nimmt es und betrachtet es eingehend. Es ist zerknüllt worden: Die Spuren unzähliger Knicke haben sich als Netz auf das Papier gelegt. Eine Seite ist leer. Auf der anderen aber steht, mit Bleistift in krakeliger Schrift, wie in großer Eile notiert, ein Wort.

»Bottleneck«, murmelt der Oberinspektor verwundert.

Sie blickt ihn ratlos an. »Und dabei kann ich gar kein Englisch«, erwidert sie. »Eine Freundin hat es mir übersetzt.«

»Flaschenhals.«

»Es ist hastig hingeworfen worden, aber eindeutig die Handschrift meines Mannes. Was mag das bedeuten?«

»Das«, sagt Stave gedehnt, »frage ich mich auch.«

Der Oberinspektor verabschiedet sich, zögernd und zugleich eilig. Jede Faser seines Körpers genießt die Wärme in der Villa. Wie schön wäre es, noch ein wenig zu bleiben, den Mantel abzulegen, heißen Tee zu schlürfen. Die Augen schließen, schlafen. Andererseits treibt ihn diese Neuigkeit hinaus. Er muss sich mit den Kollegen besprechen, Gedanken austauschen, wirre Theorien auf ihre Plausibilität hin abklopfen.

Er geht schnell, hinkt sogar, da er darauf jetzt nicht achtet. Bottleneck. Flaschenhals. Hals. Ein Zufall? Was soll das bedeuten? Ist Hellinger der Mörder? Aber warum dann dieser Zettel? Warum ein englisches Wort? Oder ist der verschwundene Industrielle bloß Komplize des Täters? Oder gar nur Zeuge?

Stave bleibt abrupt stehen: Wenn Hellinger verschwinden wollte an jenem Morgen, verlor er den Zettel vielleicht unabsichtlich? Kaum wahrscheinlich. Wenn er aber tatsächlich, wie seine Frau behauptet, in großer Hast dieses eine Wort geschrieben hat, wenn er das Papier zerknüllte und an der Garderobe, wo er offenbar seinen Mantel anlegte, fallen ließ – spricht das nicht dafür, dass er nur wenige Augenblicke Zeit hatte? Und dass er dabei nicht allein war? Aber wer war an jenem Morgen in der Villa mit Hellinger zusammmen? Und kam der Industrielle freiwillig mit dem Unbekannten mit? Oder wurde er entführt? Das scheint seine Frau zu vermuten. Wer wollte ihn entführen?

Stave betritt sein Büro, noch immer in Gedanken. Am Schreibtisch betrachtet er den Zettel, den er sich von Frau Hellinger ausbedungen hat – sie gab ihn nur zögernd her. Vielleicht befürchtet sie, dass es das letzte Lebenszeichen ihres Mannes ist, denkt der Oberinspektor. Und vielleicht hat sie ja recht.

»Trommeln Sie Maschke und MacDonald zusammen«, ruft er kurz darauf durch die geschlossene Tür zu seiner Sekretärin.

Ein kalter Tabakhauch, noch bevor die Tür geöffnet wird. Dann tritt Maschke ein. Erst einige Zeit darauf folgt MacDonald.

Kurz angebunden erklärt er den beiden Männern, was er an diesem Morgen getan hat. Maschke denkt lange nach und nickt dann anerkennend. MacDonald starrt ihn bloß aufmerksam an.

Stave erwidert den Blick. »Bottleneck«, verkündet er schließlich. »Das ist es, was auf dem Zettel steht. Mehr nicht.« Er präsentiert den Papierfetzen.

Der Lieutenant ist blass geworden. »Was mag das bedeuten?«, flüstert er.

Der Oberinspektor hebt die Hände. »Das bedeutet, dass Sie sich auf jeden Fall noch einmal bei Ihren Kameraden umhören müssen. Vielleicht hat das etwas mit unserem Mörder zu tun. Vielleicht auch nicht – aber selbst dann bleibt das Verschwinden von Hellinger seltsam. Und diese Spur ist die einzige, die wir von ihm haben. Eine englische Spur.«

MacDonald senkt den Kopf, sodass man sein Gesicht nicht mehr gut erkennen kann. Seine Mimik ist schwer zu deuten, denkt Stave. Scham, weil ein Indiz auf einen Landsmann hindeutet? Oder Zorn, weil ein deutscher Polizist einen Vorwurf gegen einen Briten erhebt?

Der Lieutenant blickt wieder auf, zwingt sich zu einem verbindlichen Gesichtsausdruck. »Sie haben recht, Herr Oberinspektor. Eine englische Spur. Ich werde ihr nachgehen.«

Gerade, als der Brite sich erheben will, klopft es an der Tür. Erna Berg, die ihm für eine winzige Sekunde ein Lächeln schenkt, bevor sie sich an Stave wendet.

»Da ist eine Dame, die Sie zu sprechen wünscht.«

»Wer?«

»Anna von Veckinhausen. Sie behauptet, dass Sie sie kennen.«

Stave ignoriert die neugierigen Blicke von MacDonald und Maschke und verabschiedet beide mit einem Nicken. Der Kollege von der Sitte drängt sich an der dunkelhaarigen Frau vorbei, ohne ein Wort zu sagen. Der Lieutenant ist höflicher und lässt sie eintreten, grüßt freundlich, schließt dann erst die Tür hinter sich.

Endlich, denkt Stave. Er deutet auf den Stuhl vor seinem Schreibtisch. Unwillkürlich blickt er auf ihre Hände. Eine helle Stelle am Ringfinger der rechten Hand. Ein fehlender Ehering? Geschieden? Verwitwet? Oder gar keine Marke eines jahrelang getragenen Rings, sondern eine Verletzung? Vielleicht die verheilende Wunde einer Drahtschlinge, die sie in Händen hielt? Ich werde noch paranoid, ermahnt sich der Oberinspektor.

Ein prüfender Blick aus ihren mandelförmigen Augen. Vielleicht bereut sie es, hier aufzukreuzen, vermutet Stave. Er lässt ihr Zeit.

Anna von Veckinhausen setzt sich ihm gegenüber auf den Stuhl, legt sich den rechten Arm quer über die Brust, die Hand ruht auf der linken Schulter. Wieder diese Geste des Selbstschutzes. Dann lächelt sie bemüht.

»Sie ahnen, warum ich gekommen bin.«

»Ich habe einen Verdacht.«

»Ich habe Ihnen nicht alles erzählt.«

»Sie haben mir bei unserem ersten Verhör erzählt, dass Sie von der Collaustraße den Trampfelpfad zwischen den Trümmern als Abkürzung genommen haben, um zur Lappenbergsallee zu gehen. Bei unserem zweiten Verhör sagten Sie aus, Sie seien von der Lappenbergsallee gekommen und wollten zur Collaustraße gehen – waren also nach dieser Version in Gegenrichtung unterwegs.«

»Ich werde Sie nicht wieder unterschätzen«, murmelt sie.

Stave zwingt ein Lächeln nieder. »Was also taten Sie wirklich zwischen den Trümmern an jenem Abend des 25. Januar? Und was haben Sie gesehen?«

»Am 25. Januar habe ich gar nichts gesehen, zumindest nicht in den Trümmern. Ich war nämlich gar nicht dort.«

Stave öffnet seinen Notizblock, blättert in den Aufzeichnungen. »Aber Sie haben den Toten am 25. Januar gemeldet. Bei der nächstgelegenen Wache.«

»Aber ich habe ihn nicht an jenem Tag entdeckt.«

»Sondern?«

»Bereits am 20. Januar. Da ging ich den Trampelpfad entlang – ich kam übrigens von der Collaustraße, auch wenn das wohl jetzt gleichgültig ist. Ich sah den Toten, meldete mich aber nicht bei der Polizei.«

»Warum nicht?«

»Ich hatte Angst. Ich wollte keine Scherereien. Ich habe noch nie in meinem Leben etwas mit der Polizei zu schaffen gehabt. Ich stamme nicht aus Hamburg, ich kenne niemanden hier, der mir helfen könnte, falls ich Ärger bekäme. Also habe ich mir gedacht, dass ich das jemand anderem überlasse. Dem Mann konnte sowieso keiner mehr helfen.«

»Aber niemand meldete den Toten.«

»Es war unfassbar. Ich las die Zeitung, erwartete jeden Tag, endlich eine Meldung über die nackte Leiche zu lesen. Nichts. Irgendwann begriff ich, dass der Tote unentdeckt geblieben war. Eigentlich gar nicht so verwunderlich: Wahrscheinlich gehen nicht allzu viele Menschen über diesen Pfad. Und wenn man ihn entlangläuft, dann kann man den Toten nicht sehen. Er lag ja in einem Bombenkrater, etwas abseits des Weges. Ich habe mir Vorwürfe gemacht. Nach fünf Tagen habe ich es nicht mehr ausgehalten, die Polizei informiert und dabei so getan, als hätte ich den alten Mann gerade erst entdeckt. Aber das war auch nicht recht. Seitdem muss ich die ganze Zeit an diese Lüge denken, und ich frage mich, ob ich nicht die Suche nach dem Mörder behindere. Also will ich Ihnen jetzt alles erzählen – hoffentlich nicht zu spät.«

Der Oberinspektor schweigt lange, dann fragt er: »Wenn man vom Trampelpfad aus den Toten nicht sehen konnte, wieso haben Sie ihn dann gesehen?«

»Ich habe geplündert«, antwortet sie. »Ich ging abseits der Wege durch die Ruinen.«

Stave reagiert nicht.

Anna von Veckinhausen lächelt wehmütig. »Ich suchte nicht das, was Sie denken«, fährt sie fort. »Ich komme aus Königsberg. Wie Sie sich bei meinem Nachnamen denken können: Adelsfamilie, das übliche Gut, die übliche Erziehung. Dann die übliche Flucht.«

»Wann kamen Sie nach Hamburg?«

»Ich floh im Januar 1945. Auf der ›Wilhelm Gustloff‹. Als die unterging, wurde ich von einem Minensucher geborgen und bis nach Mecklenburg gebracht. Von dort schlug ich mich durch, bis ich im Mai 1945 hier ankam.«

»Allein?«

»Allein.« Sie sagt es sehr bestimmt, sehr schnell.

Stave starrt wieder auf die helle Stelle an ihrem Finger. Wüsste gerne, ob sie schon allein war, als sie die ›Wilhelm Gustloff‹ betreten hat, denkt er. Und ob sie es noch rechtzeitig vor der Roten Armee in den Westen geschafft hat.

»Sie leben seither in einer Nissenhütte am Eilbekkanal?«, fragt er laut.

»Ja.«

»Das ist weit weg von der Lappenbergsallee.«

»Ich habe mich beim Plündern spezialisiert. Die meisten suchen Holz oder Metallschrott, Öfen oder elektrische Bauteile. Ich suche Antiquitäten.«

Der Oberinspektor traut seinen Ohren nicht. »In zerbombten Mietshäusern von einfachen Leuten?«

»Selbstverständlich sind das keine Villen, in denen Kunstsammlungen an den Wänden hingen. Aber in jeder Wohnung gab es mindestens ein Familienerbstück. Und jedes Trümmerfeld war einmal ein Häuserblock mit Hunderten Wohnungen. Sie glauben nicht, was man dort alles findet, wenn man ein geschultes Auge hat: alte Familienbibeln. Tassen aus Meißener Porzellan. Orden aus dem Kaiserreich. Silberne Kaffeelöffel. Großvaters Taschenuhr.«

»Und Sie haben dieses geschulte Auge.«

»Alte Wertsachen gehörten zu den Dingen, mit denen ich groß geworden bin. Und über die letzten Jahre habe ich mein Auge geschult, solche Schätze, verschlammt, zerbeult, unscheinbar, zwischen Ziegeln und Schutt zu entdecken.«

»Und dann?«

»Ich säubere meine Funde. Schreibe auf einen Zettel, was ich darüber weiß, Alter, Herkunft und solche Sachen – und dann verkaufe ich sie an britische Offiziere. Oder an Hamburger Kaufleute, die günstig durch den Krieg gekommen sind.«

Stave denkt plötzlich an das Wort »Bottleneck«, Flaschenhals. »Verkaufen Sie auch wertvolle Flaschen? Altes Glas? Parfümflacons oder dergleichen?«

Sie blickt ihn überrascht an, schüttelt den Kopf. »Nein. Das findet man normalerweise nicht in diesen Trümmern. Nicht unbeschädigt zumindest.«

»Kennen Sie einen Dr. Martin Hellinger? Industrieller aus Hamburg-Marienthal? Ein Kunde von Ihnen?« Er zeigt ihr sein Foto.

»Nie gesehen. Den Namen habe ich auch noch nie gehört. Warum fragen Sie?«

»Nur ein Gedanke. Hatten Sie etwas auf dem Schwarzmarkt verkauft, als wir Sie festnahmen? Sie hatten über 500 Reichsmark dabei.«

»Ich hatte gerade vor dem Garrison Theatre neben dem Hauptbahnhof einen britischen Offizier getroffen und ihm ein Ölbild verkauft. Bunter Kitsch, deutsche Tannen, deutsche Wipfel, Sie kennen das. Aber ihm gefiel es. Ich war auf dem Heimweg, als ich in Ihre Aktion hineingeriet. Wirklich Zufall.«

Stave macht sich eine Notiz: MacDonald soll diese Geschichte abklopfen. »In den Ruinen neben der Lappenbergsallee haben Sie also am 20. Januar Kitschbilder und Großvateruhren gesucht?«

»Irgendwie muss man überleben. Ich war das erste Mal dort. Ein ziemlich weiter Weg bis zum Eilbekkanal, aber ich hoffte, dass ich dort lohnende Funde machen würde.«

»Haben Sie?«

»Ich hatte keine Zeit mehr dazu: Ich war kaum da, als ich zwischen zwei Mauerresten einen Schatten sah.«

»Einen Schatten?«

»Eine Gestalt. Es war schon dämmrig, ich war spät

dran. Hatte den Weg von mir zu Hause bis dorthin unterschätzt. Eigentlich sah ich eher eine Bewegung als einen Menschen. Verstehen Sie, was ich meine? Etwas aus den Augenwinkeln. Irgendwie bedrohlich.«

»Und?«

»Ich habe mich hinter einem Schutthaufen versteckt.«

»Warum?«

»Ich war neu dort. Ich plünderte. Das sind genug Gründe, finden Sie nicht?«

»Was geschah dann?«

»Ich wartete eine Zeit lang ab, bis ich glaubte, dass sich nichts mehr rührte. Dann erhob ich mich, ging weiter und entdeckte den nackten Toten. Den Rest kennen Sie bereits.«

»Können Sie etwas zu der Gestalt sagen? Was hatte sie an? War sie groß, klein, dick, dünn? Ein Mann? Ein Kind?«

»Kein Kind, ganz sicher. Nicht zu groß, nicht zu klein. Vielleicht eher groß und dünn. In dem Moment glaubte ich, dass es ein Mann sei. Aber wenn ich jetzt darüber nachdenke: Nein, ein Gesicht habe ich nicht erkannt. Es könnte auch eine Frau gewesen sein. Die Gestalt war in einen Mantel gehüllt.«

»Einen Wollmantel? Herrenmantel? Wehrmachtsmantel?«

»Einen langen, dunklen Mantel. Schwarz oder dunkelbraun.«

»Oder dunkelblau?«

»Könnte auch sein. Der Kopf war verhüllt, mit einem Tuch oder Schal. Oder mit einer Mütze, die zusätzlich mit Stoff umwickelt ist.«

»Haben Sie noch etwas anderes gesehen? Seine Schuhe? Die Hände? Vielleicht besondere Handschuhe?«

»Darauf habe ich nicht geachtet.«

»Haben Sie etwas gehört? Geräusche?«

»Geräusche?«

»Schläge. Schreie, vielleicht dumpf, unterdrückt. Hilferufe.«

Anna von Veckinhausen schüttelt den Kopf. »Im Gegenteil. Jetzt, da Sie es sagen – es war so still dort. Ich glaube, mich hat diese absolute Stille unbewusst nervös gemacht. Deshalb habe ich mich so erschreckt, obwohl ich doch die Gestalt kaum sehen konnte.«

Stave schließt kurz die Augen und denkt nach. Anna von Veckinhausen ist ein bisschen spät in den Trümmern unterwegs gewesen. Es dämmert schon: schlechtes Licht, man sieht sehr wenig. Andererseits wird man auch nicht gesehen. Vielleicht ist das die beste Stunde für Plünderer, gerade noch hell genug, um mit geschultem Auge etwas zu sehen, und doch schon so dunkel, dass man nicht auffällt.

Sie sieht den Mörder, zumindest einen Schemen. Dann findet sie die Leiche. Sie meldet nichts bei der Polizei – vielleicht, weil sie es, wie sie behauptet, nicht wagt. Vielleicht auch, weil sie unangenehme Fragen nach ihren Plünderungen vermeiden will.

Er glaubt ihre Geschichte. Alles passt zusammen. Wenn diese Gestalt der Mörder gewesen ist, dann muss Anna von Veckinhausen erst nach dem Verbrechen in die Nähe des Tatorts gekommen sein. Der Alte war schon tot, wahrscheinlich auch schon nackt. Also war der alte Mann noch bei Tageslicht unterwegs, vielleicht tatsächlich auf dem Trampelpfad zwischen den Ruinen. Oder er wurde anderswo getötet und vom Mörder dort hingebracht. Aber würde ein Täter so etwas wagen, bevor es dunkel geworden ist?

»Hat der Unbekannte Sie gesehen?«

Sie zögert, wieder legt sie den Arm vor den Körper. »Ich versteckte mich schnell. Ich warf mich in Deckung, würde ein Soldat wohl dazu sagen. Und ich hatte den Eindruck, als würde diese Gestalt genau das Gleiche tun. Aber sicher bin ich mir nicht.«

Scheiße, denkt Stave. Wenn das stimmt, dann ist Anna von Veckinhausen nicht nur die einzige Zeugin des Verbrechens. Dann weiß der Mörder auch, dass es eine Zeugin gibt.

»Fällt Ihnen sonst noch etwas ein?«

Sie denkt nach. »Ein Geruch«, sagt sie schließlich. »In dieser eisigen Luft atmet man ja nicht tief ein, doch trotzdem bin ich mir sicher, dass es zwischen den Ruinen nach Tabak roch.«

»Der Unbekannte rauchte?«

»Nein, zumindest sah ich keine Zigarette, keine Glut. Es roch einfach nach Tabak. Es war in der Luft. Und später wieder weg.«

Eine Ladung Zigaretten, denkt Stave. Hatte der Alte Zigaretten dabei und ist deshalb umgebracht worden? Raubmord? Vielleicht doch Schwarzmarkt-Geschäfte?

»Ich werde Ihre Aussage tippen. Warten Sie bitte so lange im Vorzimmer, dann können Sie den Text noch einmal lesen und unterschreiben, falls Sie nichts mehr zu ändern oder zu ergänzen haben.«

Sie nickt, erhebt sich, zögert. »Und meine Plünderungen? Muss das in die Aussage hinein?«

Stave erlaubt sich ein Lächeln. »Belassen wir es dabei, dass Sie über den Trampelpfad gingen.«

Er bringt sie bis zur Tür, weist ihr im Vorzimmer einen Stuhl zu, ignoriert die neugierigen Blicke von Erna Berg. Dann tippt er die Aussage eigenhändig in die Maschine, zerrt das Blatt Papier heraus und liest sich den Text noch einmal durch. Viel ist es nicht – keine Zeugenaussage, mit der man jemanden auf das Schafott bringen könnte. Aber das weiß der Mörder nicht.

Ich habe einen Köder, denkt Stave und empfindet dabei schon ein schlechtes Gewissen. Denn er wird den Journalisten anrufen und ihm diese Entwicklung stecken. Selbstverständlich keine Namen, kein Detail über

Wohnort oder Alter, nur dies: Die Kripo hat eine Zeugin. Das sollte den Täter nervös machen – vielleicht begeht er dann einen Fehler.

Er greift zum Hörer, lässt sich von der Zentrale mit der Redaktion der *Zeit* verbinden. Dort fragt er die Telefonistin nach Kleensch. Knacken in der Leitung. Endlose Sekunden. Mach schon, denkt Stave.

Endlich ist Kleensch am Apparat.

»Es gibt eine neue Entwicklung in Sachen Trümmermörder.«

»Smalltalk ist nicht Ihre Sache, Herr Oberinspektor«, erwidert der Journalist und lacht so laut, dass es in der Leitung scheppert.

Aber Stave hört etwas in der Stimme des anderen heraus, etwas, das er nur zu gut nachfühlen kann: Jagdfieber. Er stellt ihn sich vor, wie er hastig Bleistift und Notizblock heranzerrt, begierig auf eine Geschichte.

»Es handelt sich wahrscheinlich um einen Einzeltäter. Eine Zeugin hat eine Gestalt am Fundort beobachtet. In einem langen Mantel, Kopf verhüllt. Weitere Einzelheiten werden vielleicht folgen.«

»An welchem Tatort wurde diese Gestalt gesehen?«

Stave zögert. Gefährdet er Anna von Veckinhausen, wenn er diese Information preisgibt? Andererseits: Besteht nicht die Möglichkeit, dass der Täter gerade an diesen Fundort zurückkehrt, um mögliche Spuren zu verwischen? Das wäre unklug, aber manche Mörder handeln so. Er hat nicht genug Männer, um alle drei Fundorte ständig überwachen zu lassen – aber genug vielleicht für einen.

»Im Trümmerfeld neben der Lappenbergsallee. Dort, wo der alte Mann lag.«

Kleensch atmet tief durch, denkt nach. »Wer ist diese geheimnisvolle Zeugin?«

»Darüber kann ich leider keine Angaben machen.«

»Verstehe.« Wieder Stille, nur unterbrochen durch das Knacken in der Leitung.

Ob jemand mithört?, denkt Stave plötzlich. Dann rafft er sich auf. Unsinn.

»Ich kann Ihnen momentan nicht mehr mitteilen«, sagt er.

»Halten Sie mich weiter auf dem Laufenden?«

»Ja.«

Stave legt auf. Mal sehen, was passiert, denkt er. Dann blickt er zur geschlossenen Tür des Vorzimmers und ruft Anna von Veckinhausen herein. Seine einzige Zeugin. Sein Köder.

Sie liest sein Protokoll aufmerksam durch, verzieht ein-, zweimal die Mundwinkel.

»Ein Dichter sind Sie nicht, aber recht ordentliche Prosa für einen Beamten.«

»Ganz die Meinung der Staatsanwaltschaft«, brummt Stave. »Erkennen Sie sich trotzdem wieder?«

Ihre Antwort ist eine Unterschrift, die sie in schwungvollen Lettern unter die Zeilen setzt und datiert.

»Kann ich gehen?«, fragt sie.

»Darf ich Sie begleiten?«

Stave ist selbst davon überrascht, was er da sagt. Es ist ihm herausgerutscht.

Anna von Veckinhausen blickt ihn erstaunt an.

»Ich habe den gleichen Weg wie Sie«, setzt er rasch hinzu, »muss nur noch etwas weiter hinausfahren. Wandsbek.«

Sie lächelt für eine Sekunde. »Wenn wir uns beeilen, erreichen wir noch die letzte Straßenbahn«, antwortet sie.

Stave springt auf, greift sich Mantel und Hut, hält ihr die Tür auf. Erna Berg blickt ihn verwirrt an.

»Schicken Sie mir einen Beamten vorbei, wenn etwas Wichtiges ist«, ordnet er an.

Keine weitere Erklärung, er fühlt sich plötzlich beschwingt wie seit Jahren nicht mehr – auch wenn ihn eine innere Stimme mahnt, er sei ein Dummkopf und sehe auch aus wie einer.

Vor dem Gebäude fallen beide in einen Laufschritt. Sie müssen den Rathausplatz rechtzeitig erreichen, von wo aus die Straßenbahnen abgehen. Nur für wenige Stunden jeweils vor- und nachmittags, um Strom zu sparen. Beide stemmen sich gegen den Wind, sie mit Tuch und Schal um den Kopf, er versunken unter Hut und hochgeschlagenem Mantelkragen. Keine Zeit, viele Worte zu wechseln. Stave ist das ganz recht: Er hat genug damit zu tun, sich auf das Gehen zu konzentrieren und sein Hinken so gut wie möglich zu verstecken.

Verlieb dich nicht, ermahnt er sich, mach dich nicht zum Narren. Sie ist deine einzige Zeugin. Ein ahnungsloser Köder für einen skrupellosen Mörder, ein Köder, den du selbst ausgelegt hast. Oder vielleicht sogar die Mörderin, wer kann das schon ausschließen? Du weißt fast nichts über sie, nicht einmal, ob sie verheiratet ist. Vielleicht warten in der Nissenhütte Mann und Kinder auf sie. Überhaupt Kinder: Was würde Karl denken, wenn er denn je zurückkehrt? Seine Heimat in Trümmern, die Mutter tot – und der Vater, den er schon vor dem Krieg verachtet hat, lebt mit einer neuen Frau zusammen? Undenkbar.

Sie hasten über den zugigen Rathausplatz. Ihre Wangen sind gerötet von der Kälte und der Anstrengung des Laufschritts. Wie reizend, denkt Stave, blickt dann schnell zu Boden.

Vor dem Rathaus kreuzen sich die drei Straßenbahnlinien, deren Schienen bereits wieder repariert und vom Schutt befreit worden sind. Verbeulte Waggons, Gedränge, Geschiebe. Händler, die zusammen mit hünenhaften Helfern zentnerschwere Paletten mit Kohl und Kartoffeln hineinhieven. Müde Postboten, die Pakete verladen. Wenigstens kein Müll, denkt Stave. Vormittags wird Unrat zu den Kippen vor der Stadt gekarrt. Wie sonst soll man ihn loswerden?

Zwischen Paketen und Kisten drängen sich Menschen: Schwarzhändler, die Angestellten in den Büros und Läden, die alle abends zur gleichen Zeit wegen der Stromsperre schließen. Ungeschickt versucht Stave, Anna von Veckinhausen eine Gasse zu bahnen, ihr die Stufe hoch in den Waggon zu helfen.

Sie macht das alleine besser als er, fährt offenbar häufiger. Enge im Waggon: der Gestank von nassen Mänteln, zu lange getragenen Schuhen, Schweiß, schlechter Atem, mieser Tabak.

Nachrücker schieben Stave und Anna von Veckinhausen bis zum Fenster gegenüber der Tür. Der Oberinspektor stemmt sich dagegen, stößt mit den Ellbogen nach hinten, ohne sich umzublicken, resigniert dann und lässt sich drängen, ganz nah heran an die Frau, die für ihn den Trümmermörder hervorlocken soll. Er lächelt entschuldigend.

»Nur ein paar Haltestellen, dann können wir wieder frische Luft schnappen«, sagt sie.

Ein Ruck, das Kreischen von rostigen Stahlrädern auf Schienen, eine eckige Bewegung, als die Straßenbahn eine Kehre nimmt. Stöße in Schultern und Bauch, das plötzliche Gewicht des schwankenden Nebenmannes, der Schmerz in der Hand, als jemand hilfesuchend den Haltegriff packt, den man selbst umklammert hält.

Grobe Worte, halblaut und auch lauter. Niemand entschuldigt sich. Alle bemühen sich, aneinander vorbeizustarren.

Stave schweigt. Jedes heftige Wort ist gefährlich. Niemand weiß, was der Nebenmann im Krieg gemacht hat. Es sind schon Leute, die halblaut geflucht haben, von ehemaligen Russlandsoldaten einfach so niedergestochen worden. Und Halbwüchsige, die als fünfzehnjährige Buben der Hitlerjugend noch an der Front kämpften, haben jemanden, der sie versehentlich anrempelte, zu Tode geprügelt. Verwüstete Gesellschaft, denkt der Oberinspektor, und wir Krimsches räumen die Trümmer beiseite.

Wieder kommt Stave nicht dazu, etwas zu sagen. Diese obszöne Enge. Jeder könnte jedes Wort im Waggon verstehen. Wer nicht flucht, der schweigt. Was sollte ich ihr auch erzählen, denkt er.

Glücklicherweise leert sich die Bahn nach der dritten und der vierten Haltestelle – unmarkierten Punkten im Trümmermeer, an denen rätselhafterweise Dutzende aussteigen. Wo wollen die hin?, fragt sich der Oberinspektor.

Nun, da ein Durchkommen ist, schiebt sich ein schwitzender Schaffner heran. Stave reicht ihm eine Mehrfachkarte, die er schon vor zwei Wochen erstanden und bislang nur für eine Fahrt benutzt hat. Einzelfahrscheine werden nicht mehr verkauft, Papiermangel.

Stave fährt selten, um Geld zu sparen, das er in Zigaretten anlegt, mit denen er wiederum am Bahnhof Informationen von Kriegsheimkehrern kauft. Außerdem stärken Spaziergänge sein Bein.

»Zwei Personen«, sagt er zum Schaffner.

»Wie großzügig«, antwortet sie.

Gut, dass sie keinen Namen genannt hat, denkt er. Hätte sie »Herr Oberinspektor« gesagt, dann wäre ihm die ungeteilte Aufmerksamkeit in der Bahn sicher gewesen. Keine freundliche Aufmerksamkeit, bei einem Waggon, der mindestens zur Hälfte mit Leuten gefüllt ist, die gerade vom Schwarzmarkt kommen.

»Fahren Sie oft mit der Straßenbahn?«, fragt Stave überflüssigerweise, als sich endlich so viel Raum um sie gebildet hat, dass er glaubt, normal mit ihr reden zu können.

»Das habe ich in Hamburg gelernt.«

»Und wie sind Sie früher so herumgekommen?«

Sie blickt ihn aufmerksam an, auch etwas amüsiert. »Ist das eine dienstliche Frage?«

»Privat. Sie müssen sie nicht beantworten«, versichert er.

»Mit dem Automobil. Mit Kutschen. Am liebsten jedoch auf dem Rücken eines Pferdes.«

»Ein behütetes Elternhaus.«

»Ein behütetes Haus. Ich weiß, was Sie denken.«

»Was denke ich?«, fragt Stave.

»Dass ich aus einem ostelbischen Junkergeschlecht stamme. Dass es Leute wie wir waren, die Deutschland ruiniert haben.«

»Haben Sie?«

Sie stößt wütend den Atem aus. »Wir waren national gesinnt. Konservativ. Aber den Herrn Hitler, den haben wir nie gewählt.«

Der Oberinspektor wundert sich, wen sie mit »wir« meint, wagt aber nicht zu fragen.

»Hier muss ich aussteigen«, sagt Anna von Veckinhausen, als die Straßenbahn mit kreischenden Bremsen neben einer halbhoch stehen gebliebenen, brandschwarzen Hausfassade hält.

Stave begleitet sie, ohne um Erlaubnis zu bitten. Eine gerade Straße durch Schuttberge, aus denen wenige Mauerstümpfe ragen. Gusseiserne, altmodische, blinde Straßenlaternen säumen eine Seite des Weges. Sie allein haben die Verwüstungen überstanden. Stave erinnern sie an grotesk in die Länge gezogene Grabkreuze.

An einer Kreuzung im Schatten des Hochbunkers stehen die Nissenhütten: entlang der vier Straßen errichtete Baracken aus Blech. Zwanzig Nissenhütten zählt der Oberinspektor, aus den winzigen, in die tonnenförmigen Dächer geschnittenen Fenstern flackert da und dort gelboranges Kerzenlicht, andere liegen düster da. Der bittere Gestank nach brennendem, nassem Holz; blauer Qualm, der aus dünnen, verbogenen

Blechschornsteinen quillt und als zähe Wolke zwischen den Baracken, den Leinen mit längst vergessener, steifgefrorener Wäsche und den Ruinen schwebt. Ein Geruch nach Kohlsuppe und nassen Schuhen. Ab und zu eine verhüllte Gestalt, die von der Straßenbahn kommend an ihnen vorbeihuscht, eine Barackentür aufdrückt und verschwindet.

Für winzige Momente erhascht Stave Blicke ins Innere: grobe Tische, unterdimensionierte Öfen in der Mitte der Baracke, schwarze, gusseiserne Gebilde. Überall Wäsche und Stoffbahnen auf Leinen, kreuz und quer und in allen verwaschenen Farben. Wäsche, die zum Trocknen aufgespannt ist, oder provisorische Wände, mit denen sich Familien im zimmerlosen Innern der Nissenhütten Privatheit erkämpfen.

Stave fragt sich, wie sich jemand, der in einem Herrenhaus groß geworden ist, nun in einer Baracke zwischen Trümmern zurechtfinden mag. Ob Anna von Veckinhausen sich schämt? Oder ob sie glücklich ist, überhaupt noch zu leben und ein Dach über dem Kopf zu haben, auch wenn es bloß eine große Wellblechtonne ist?

Anna von Veckinhausen geht auf die Nissenhütte zu, die im Zentrum der Kreuzung platziert worden ist – einer Kreuzung, an der absurderweise noch eine fast unbeschädigte Litfaßsäule steht, beklebt mit einem Trümmermörderplakat. Anna von Veckinhausen muss auf die Fotos der Toten starren, sobald sie die Nissenhütte verlässt. Vielleicht hat das ihre Bereitschaft zur neuen Aussage gefördert, denkt Stave befriedigt.

Ein Paar in umgefärbten Wehrmachtsmänteln überholt sie, die Frau schiebt einen verbeulten Kinderwagen, dessen Vorderachse quietscht. Scheint kein Kind darin zu liegen, denkt der Oberinspektor. Sieht eher aus wie ein Baumstumpf, den die beiden wohl irgendwo ausgegraben haben. Er erinnert sich an seine eigene, ungeheizte Wohnung und fragt sich schaudernd, wie es wohl in diesen Baracken mit den dünnen Blechwänden nachts zugehen mag.

Anna von Veckinhausen beschleunigt jetzt ihre Schritte.

Sie will mich loswerden, denkt der Oberinspektor, ein wenig enttäuscht. Will sich nicht mit mir hier sehen lassen.

»Vielen Dank, dass Sie mich begleitet haben«, sagt sie, als sie die Tür in der Stirnseite der Nissenhütte erreicht hat. »Glauben Sie, dass ich von nun an einen Leibwächter benötige?«

»Warum?«, fragt Stave.

»Weil mich der Mörder gesehen hat.«

Der Oberinspektor denkt an sein Gespräch mit dem Journalisten der *Zeit*. Peinlich berührt blickt er in den grauen Himmel. »Wenn die Gestalt, die Sie gesehen haben, der Mörder war. Und wenn diese Gestalt Sie wiederum überhaupt gesehen hat, dann wird der Unbekannte auch nicht mehr von Ihnen erblickt haben als Sie von ihm. Er kennt Ihr Gesicht nicht und schon gar nicht Ihren Namen und Ihre Adresse.«

»Da haben Sie sicher recht«, antwortet sie, aber es klingt nicht überzeugt. Sie reicht ihm die Hand. »Guten Abend, Herr Oberinspektor.«

Sie wartet, bis er sich einige Schritte entfernt hat, erst dann öffnet sie die Tür. Stave kann keinen Blick in diese Nissenhütte werfen. Er zieht noch einmal höflich den Hut als Abschiedsgruß, doch die Tür ist da schon mit einem blechernen Scheppern zugeknallt. Langsam dreht er sich um und macht sich auf den langen Fußweg nach Wandsbek – ohne zu hinken. Könnte ja sein, dass sie ihm durch eines der winzigen Fenster der Nissenhütte nachschaut.

Er schreitet ein paar hundert Meter rasch aus, zwingt sich, nicht an Anna von Veckinhausen zu denken, nicht an seinen Sohn, nicht an seine Frau, nur an den Fall, den verdammten Fall.

Ein Industrieller aus Hamburg, der mit dem alten Regime Waffengeschäfte gemacht hat, und eine Adelige aus Ostpreußen mit konservativer Haltung – gibt es da eine Verbindung? Das Wort »Bottleneck« auf einem Zettel und geplünderte Antiquitäten, die an die Briten verkauft werden – lässt sich ein Zusammenhang herstellen? Eine verhüllte Gestalt zwischen Trümmern. Ein langer Mantel. Der Geruch nach Tabak. Wenn er denn der Aussage seiner einzigen Zeugin trauen kann. Aber kann er Anna von Veckinhausen trauen? Denk nicht an sie, ermahnt er sich, nicht jetzt. Kann er denn überhaupt noch jemandem trauen? MacDonald – nach all den Hinweisen, die auf Verbindungen zu den Briten deuten? Maschke, auf den das Waisenkind gezeigt hat und der offenbar irgendetwas verbirgt? Ehrlich, der vielleicht einen persönlichen Rachefeldzug führt und überhaupt kein Interesse hat, den Mörder zu finden?

Er schleppt sich die Treppe zu seiner Wohnung hoch, sein Hinken nicht länger verbergend, denn die Stiege ist düster. Fast erwartet er, Ruge oder einen anderen Schupo wartend vor seiner Tür zu finden, Boten einer neuen, ganz sicher schlechten Nachricht. Doch der Absatz vor der Wohnung ist leer. Stave schließt die Tür auf, dann hinter sich wieder sorgfältig zu. Er wirft sich auf das zerschlissene Sofa, noch in Mantel und Hut. Elende Kälte. Er müsste in die Küche gehen, sich irgendetwas zwischen die Kiefer zwingen. Zu erschöpft. Anna. Nicht daran denken. Der Oberinspektor schläft auf dem Sofa ein, sein letzter klarer Gedanke vor dem Abgleiten in die Dunkelheit ist die Verblüffung darüber, wie müde er tatsächlich ist.

Nummer vier

Mittwoch, 12. Februar 1947

Die Hölle, denkt Stave, ist nicht heiß, sondern kalt. Wenn er aus seinem Bürofenster blickt, sieht er Häuser wie nachlässig sauber gemacht: die Dächer und die nach Norden und Osten weisenden Wände freigebürstet von einem Wind, der sich in der Arktis mit Eis vollgesogen hat und mit unsichtbarem Hobel Schindeln und Putz abschmirgelt. Im Windschatten hat er pockige Eisplatten gelassen und Schleier aus Pulverschnee auf Regenrinnen, Fenstersimsen, in den leeren Türzargen ausgebombter Häuser. Die Temperatur hat sich seit Januar nicht geändert, nur das Licht: Acht Stunden steht eine blau schimmernde Sonne am wolkenlosen Himmel, taucht die Welt in eine Helligkeit, die selbst kleinste Details überdeutlich macht. Jeden Riss in der Fassade der Musikhalle am Platz gegenüber kann der Oberinspektor sehen wie auf einem Stich von Dürer, jedes beschädigte Säulenkapitell wirft groteske Schatten. Nur ich tappe im Dunkeln, denkt Stave, das ist ein schlechter Witz.

Doktor Czrisinis dritter Obduktionsbericht liegt längst in seinen Akten. Vermutliche Tatzeit: um den

20. Januar. Keine weiteren Auffälligkeiten. Stave fragt sich, wie viele Menschen noch an diesem Tag umgebracht worden sind – und wann deren Körper wohl gefunden werden.

Kleensch hat seinen Artikel in der *Zeit* gebracht: Abgewogen, keine haltlose Spekulation, keine Hysterie, keine voreiligen Hoffnungen – doch genug, um zu signalisieren: Die Polizei kommt voran. Cuddel Breuer und Staatsanwalt Ehrlich hat Stave zuvor informiert, damit sie die neue Entwicklung nicht aus der Zeitung erfahren.

Und sonst: nichts.

Er hat Männer am Fundort neben der Lappenbergsallee postiert, eine erbärmliche Aufgabe in dieser Kälte. Nun hassen ihn einige durchgefrorene, zu Tode gelangweilte Beamte dafür, denn niemand hat sich dort blicken lassen. Keine Reaktion des Mörders, kein Hinweis aus der Bevölkerung, keine neue Spur, nichts, nichts, nichts.

Keine Reaktion auch von Anna von Veckinhausen. Ob sie den Artikel gelesen hat? Ob sie wütend ist auf ihn? Stave hat MacDonald gebeten, ihre Geschichte vom Verkauf des kitschigen Bildes zu überprüfen. Sie scheint zu stimmen. Zwar hat MacDonald noch nicht den Kameraden gefunden, dem sie an jenem fraglichen Tag ein Bild verkauft haben will. Doch Anna von Veckinhausen ist, wie sich herausstellt, bei vielen britischen Offizieren bekannt, ihre Ware wird geschätzt. Der Lieutenant hat ihm freundlich bedeutet, dass einige höhere britische Beamte extrem unglücklich wären, würde sie zukünftig nicht mehr liefern. Der Oberinspektor hatte genickt und etwas Unverständliches gemurmelt. Die Botschaft hatte er verstanden.

Er würde Anna von Veckinhausen in Zukunft kaum mit Anschuldigungen wegen Plünderung oder Schwarzmarktgeschäften unter Druck setzen können. Sie würde freiwillig kooperieren oder gar nicht. Und sollte sie doch etwas mit den Morden zu tun haben, dann müsste er schon sehr gute Gründe präsentieren, um sie sich vornehmen zu können.

In Bezug auf »Bottleneck« hat MacDonald nichts erreicht. Der Industrielle Hellinger bleibt verschwunden.

Maschke hat alte Ärzte abgeklappert, die sich zur Ruhe gesetzt haben – es war seine eigene Idee, er hat die Adressen von der Ärztekammer bekommen. Dann hat er die Mediziner nach den Opfern befragt, vor allem nach dem alten Mann. Erfolglos. Trotzdem eine gute Idee, denkt Stave, darauf hätte ich auch selbst kommen können. Der Kollege von der Sitte wird immer besser.

Stave starrt auf die schmalen Ordner, die er sorgfältig nebeneinander auf seinem Schreibtisch platziert hat. Drei Ermittlungen. Drei Mordakten. Drei Mal ein paar

Blätter Papier und einige Fotos. Steckt die Lösung dieses Falles schon irgendwo in diesen Akten? Was hat er übersehen?

Es ist exakt zwölf Uhr, als seine Tür aufgerissen wird. Maschke stürmt herein.

»Was halten Sie von Anklopfen?«, fragt Stave.

»Wir haben einen neuen Mord«, keucht der Beamte von der Sitte.

»Diesmal fahre ich«, sagt Stave bestimmt, als sie zwei Minuten später vor der Kripo-Zentrale in den alten Mercedes steigen. »Was ist passiert?«

»Wir haben eine frische Leiche.«

»Wen?«

»Einen Mann in einem Keller, in Borgfelde, hinter dem Bahnhof Berliner Tor. Ist gerade erst gefunden worden, die Meldung ging gegen 11.30 Uhr bei der nächsten Wache ein.«

»Wieder der Osten.«

»Und wieder ein zerbombtes Viertel.«

Stave gibt Gas, rast bis zur Alster, treibt den keuchenden alten Achtzylinder über den Jungfernstieg, hupt, als ein Mann in Wehrmachtsmantel nicht schnell genug beiseitespringt. Maschkes Hand umklammert den Griff der Beifahrertür, die Knöchel seiner Hand sind weiß.

»Die Polizei wird uns schon nicht anhalten«, beruhigt ihn der Oberinspektor.

Vier Tote, zwei Männer, eine Frau, ein Mädchen. Drei Leichen, immerhin, sind im Osten gefunden worden. Der neue Tote ungefähr auf halbem Wege zwischen dem Fundort des ersten Opfers, der jungen Frau, und dem des dritten, dem Mädchen am Kanal. Ergibt sich jetzt endlich ein Muster?

»Anckelmannstraße 52«, presst Maschke zwischen den Lippen hervor.

Stave kurvt über den Glockengießerwall. Der Mercedes schlingert, ein Hinterrad schlägt hart gegen einen festgefrorenen Ziegel auf der Fahrbahn, dann hat er den Wagen wieder unter Kontrolle.

»Einige Stellen sind ganz schön vereist«, flüstert Maschke.

»Das fängt an, mir Spaß zu machen.«

Vorbei am Hauptbahnhof, dann quer durch St. Georg, Schwarzhändler starren ihnen hinterher. Auf der Borgfelder Straße gibt Stave noch einmal Gas, ein halber Kilometer geradeaus, niemand zu sehen. Dann zweimal scharf rechts, und mit quietschenden Bremsen zwingt er den schweren Wagen abrupt zum Stehen.

»Ein Toter am Tag reicht«, murmelt Maschke und drückt seine Tür auf.

Stave steigt ebenfalls aus und lehnt sich kurz gegen die verbeulte Motorhaube. Die Maschine tickt vor Hitze. Für ein paar Sekunden legt Stave seine Hände darauf und genießt die Wärme, die wie eine Flüssigkeit in seinen Körper strömt.

»Das ist es doch wert, oder?«, fragt er.

»Mir ist auf jeden Fall warm geworden«, antwortet Maschke verdrießlich.

Dann blickt sich der Oberinspektor um: im Rücken die stählernen Stelzen der Hochbahn, jede sechste oder siebte verbogen. Die leeren Fassaden ausgebrannter Mietshäuser, vier, fünf Stockwerke hoch. Zerbombte Firmengebäude. Halb niedergerissene Lagerhäuser. Die gepflasterte Straße teilweise wieder geräumt. Kein bewohnbares Haus in mindestens dreihundert Meter Umkreis.

Ein Muster, denkt Stave, ich habe ein Muster.

Ein Schupo taucht zwischen zwei halbhohen Wänden zu ihrer Rechten auf, winkt, tritt näher. Ein sehr junger Mann, fast noch ein Kind, Stave hat ihn nie zuvor gesehen. Er grüßt militärisch, sieht für einen Moment so aus, als wolle er sogar strammstehen.

»Schon gut«, sagt Stave und stellt sich und Maschke vor. Wahrscheinlich hat der Junge noch in der Wehrmacht gekämpft. Ein paar Dinge, denkt der Oberinspektor, kann er sich bei uns gleich wieder abgewöhnen. »Wo liegt der Mann?«

»Es ist eine Frau, Herr Oberinspektor.«

Stave starrt den jungen Schupo an. Der wird verlegen.

»Zwei Männer haben das Opfer gefunden, in einem unbeleuchteten Keller. Sie sind in Panik wieder herausgerannt und haben sich bei uns gemeldet. Sie dachten, dass der Tote ein Mann war. Haben offenbar nicht genau genug hingesehen. Es ist eine Frau.«

Stave denkt nach, er ist verwirrt. Zwei Frauen, ein Mädchen, ein alter Mann – passt das besser in ein Muster?

Der Schupo geht voran. »Das Haus Anckelmannstraße 52 ist vollständig zertrümmert«, erklärt er. »Wir können durch die Ruinen bis zum Keller klettern, aber es ist einfacher über einen Umweg.«

Er führt Stave und Maschke etwa fünfzig Meter weiter zu einem benachbarten Gebäude, das nur teilweise eingestürzt ist. Dort gibt ein gemauerter Torbogen eine Zufahrt zu halb eingefallenen Hinterhäusern frei, entlang derer sie wieder in die entgegensetzte Richtung zurückgehen.

Stave bleibt vor den Resten einer Lagerhalle stehen. »Hanseatische Glimmer-Import-Gesellschaft« steht in verwaschenen schwarzen Lettern an der rohen Ziegelwand. Jemand steigt über die Trümmer des Hauses Ankelmannstraße 52: Doktor Czrisini. Die Kripobeamten grüßen den Gerichtsmediziner nickend, der Schupo weist auf einen Kellerzugang.

»Achten Sie auf die Stufen«, warnt er, »sie sind lose.«

»Keine Tür«, murmelt Stave, als er die brüchigen

Stufen hinabgestiegen ist. Halbdunkel. Er zückt sein Notizbuch und beschreibt das Äußere des Fundortes. Der Schupo hantiert mit einer alten Taschenlampe herum, bis sie einen müden, gelben Lichtstrahl wirft. Am Aufgang der Treppe erscheinen weitere Personen. Stave sieht nur schmutzige Schuhe und den Saum langer Mäntel. Er starrt wieder nach vorne in die dunkle Höhle.

Ein Raum: Zementboden, ein paar hinabgestürzte Ziegel, Reste von abgesprungenem Wandputz, Steinstaub. Dahinter ein zweiter Raum, so düster, dass kein Licht mehr vom Treppenschacht dorthin dringt. Steinstaub auch dort, keine Trümmerstücke, keine Einrichtung.

Nur eine Tote.

Fünfunddreißig Jahre, schätzt Stave, vielleicht ein wenig jünger. Die Frau liegt nackt auf dem Boden. Festgefroren am Zement. Rötlich-bläuliche Totenflecken überall. Mund leicht geöffnet, Augen einen Spalt weit offen, rechte Hand am Boden, linke auf dem Bauchnabel, alle Finger leicht gekrümmt. Stave nimmt dem Schupo wortlos die Lampe ab und leuchtet direkt auf das Opfer. Der junge Polizist sieht aus, als würde er sich gleich übergeben.

»Sie können draußen warten«, gestattet ihm der Oberinspektor.

Doktor Czrisini nimmt eine wuchtige Taschenlampe aus seinem Arztkoffer, deren Licht heller ist. Mit behandschuhter Hand betastet er ihr Gesicht. »Schmal, länglich, trotzdem gut genährt«, murmelt er. »Braunschwarz gefärbte Wimpern, ausgedünnte Augenbrauen. Das da auf ihren Wangen könnten Reste von Gesichtspuder sein. Mittelblondes Haar, offenbar gebleicht. Öffnungen für Ohrgehänge in den Ohrläppchen. Links kein Schmuck sichtbar. Rechts«, er zögert, tastet am Hinterkopf herum, zieht etwas aus den Haaren und hält es in den Lichtstrahl der Taschenlampe. »Rechtes Ohrgehänge gelöst, doch im Hinterhaupthaar verfangen.« Der Gerichtsmediziner reicht das Schmuckstück an Stave weiter.

Der Oberinspektor betrachtet es aufmerksam: ein kleiner goldener Anhänger mit einer Perle. »Außergewöhnliche Form«, murmelt er. Das Gold ist zu einem winzigen Seestern geformt, der die Perle umschließt.

»Dazu kann ich nichts sagen«, erwidert Czrisini, »Schmuck ist nicht mein Spezialgebiet.«

Der Gerichtsmediziner zieht die Lider höher. »Blaugraue Augen.« Dann drückt er den Kiefer auf, leuchtet in ihren Mund. »Im Oberkiefer Palette mit zwei Zahnprothesen: Innerer rechter Schneidezahn, erster rechter Backenzahn. Im Unterkiefer rechts zwei vergoldete Backenzähne.«

Vom Kopf an untersucht er sie sorgfältig weiter abwärts. »Festgefroren. Totenstarre nicht feststellbar, Todesdatum zunächst unbekannt. Drosselungsmarke am

Hals, vorne und links braunrot, zwei Zentimeter breit. Rechts und hinten nur fünf Millimeter. Fesselungsmarken an beiden Handgelenken, drei bis fünf Millimeter. Auffällig gepflegte Fingernägel, hellrötlich lackiert und poliert, die überstehenden Teile mit Nagelweiß lackiert. Helle Stelle am linken Handgelenk und am linken Ringfinger. Vermutlich Spuren von Armbanduhr und Ring. Lange Operationsnarbe, etwa vierzehn Zentimeter, vom Bauchnabel bis zum Schamberg, wahrscheinlich Unterleibsoperation; gut verheilt, vernarbt.«

»Keine Schleifspuren im Staub auf dem Kellerboden«, ergänzt Stave. »Kein Schmutz am Körper. Unwahrscheinlich, dass sie hier umgebracht worden ist.«

»Sie wurde anderswo getötet und post mortem hierhergebracht«, sagt Maschke. »Um die Leiche zu verstecken.«

»Und vielleicht auch, um sie in aller Ruhe auszuziehen und auszuplündern«, ergänzt der Oberinspektor. »Allerdings muss der Täter das Opfer die wackeligen Stufen hinunter und bis hierhin getragen haben, mit einer Lampe in der Hand.«

»Ein kräftiger Mann«, sagt der Gerichtsmediziner.

»Ob er das von vornherein geplant hat?«, wirft Maschke ein. »Ob er diesen Keller schon kannte und sich vor der Tat dazu entschlossen hatte, sein Opfer hier zu verstecken? Oder hat er nach dem Mord das nächste Versteck gesucht und ist zufällig hier hineingeraten?«

»Er muss eine Lampe dabeigehabt haben.« Stave kratzt sich am Kopf. »Das spricht für einen Plan. Oder vielleicht hat er immer eine Lampe dabei. Oder er kennt sich so gut aus, dass er diesen Keller sogar im Dunkeln betritt.«

»Ich frage mich, woher die Frau stammt«, flüstert der Gerichtsmediziner versonnen.

»Sie war sicherlich wohlhabend, vielleicht reich«, räsoniert Stave. »Goldzähne. Ohrgehänge, Armbanduhr, Ring, Nagellack. Kann mich nicht erinnern, wann ich zuletzt eine Frau mit manikürten Fingern gesehen habe.«

»Zu teurer Lack, zu unauffällig und zu sorgfältig für ein leichtes Mädchen«, ergänzt Maschke. »Das war eine Dame.«

»Und die hat bestimmt nicht in Borgfelde hinterm Bahnhof gewohnt«, sagt Stave, fast klingt seine Stimme heiter. »Vielleicht Winterhude? Blankenese? Auf jeden Fall ein besseres Viertel. Unzerstört. Intakte Nachbarschaft. Irgendjemand muss sie kennen.«

Czrisini deutet auf den linken Ringfinger, dann auf den Unterleib. »Wahrscheinlich war sie auch verheiratet. Dann gibt es einen Ehemann. Dass sie Kinder hat, glaube ich bei dieser Art Narbe eher nicht. Andererseits mag das für die Ermittlungen auch ein Vorteil sein. Diese Eingriffe sind ungewöhnlicher als Blinddarmoperationen oder Zahnbehandlungen. Man müsste doch einen Chirurgen oder Gynäkologen finden, der sich daran erinnert.«

»Können wir den Todeszeitpunkt feststellen?«

»Nicht hier. Im Institut lasse ich den Körper auftauen. Wir werden nach der Leichenöffnung mehr wissen, vermutlich hat die Fäulnis im Gehirn schon eingesetzt.«

Staves eben aufgekommene Euphorie verfliegt. »Dann glauben Sie, dass das Opfer schon länger hier liegt?«

Der Gerichtsmediziner nickt. »Zumindest nicht erst seit gestern.«

Das ist einfach nicht wahr, denkt Stave. Reiche Frau, Ehemann, Nachbarn – wenn diese Frau schon vor Tagen ermordet worden ist, dann muss sie doch längst jemand vermissen. Er kann sich an keine Meldung aus den letzten Tagen erinnern, die auf dieses Opfer passen würde. Ich muss an die frische Luft, denkt er.

»Befragen wir die Männer, die sie gefunden haben«, sagt Stave. »Doktor Czrisini, ihre Leute können das Opfer mitnehmen, sobald der Fotograf mit seiner Arbeit fertig ist.«

Zwei Männer: Der Altmetallhändler August Hoffmann und sein Arbeiter Heinrich Scharfenort, beide ungefähr so alt wie Stave und sehr blass im Gesicht.

»Sie haben das Opfer gefunden?« Der Oberinspektor wählt absichtlich eine neutrale Bezeichnung.

Trotzdem blickt ihn Hoffmann schuldbewusst an.

»Wir dachten wirklich, dass es ein Mann ist. Ich habe gerade erst gehört, dass da unten eine Frau liegt.«

»Hauptsache, Sie haben den Fund gemeldet«, erwidert Stave. »Was ist vorgefallen?«

Der Arbeiter blickt zu Boden, überlässt seinem Chef die Antwort.

»Wir haben Kuchenbleche gesucht.«

»Kuchenbleche?«

»Hier stand bis '43 eine Großbäckerei. Neulich habe ich in den Trümmern ein großes Backblech gefunden. Zufällig«, setzt er eilig hinzu. »Da habe ich mir gedacht, dass da noch mehr Bleche liegen müssen. Also bin ich mit Herrn Scharfenort heute losgezogen, um …« Er zögert.

Der Oberinspektor nickt verständnisvoll. »Metall zu bergen«, vollendet er. »Deshalb sind Sie in den Keller gestiegen?«

»Ja. Die Ruinen an der Oberfläche sind doch längst abgegrast. Wir haben Karbidlampen mitgenommen, um die Keller zu inspizieren.«

»Und mit denen sind Sie auch in diesen Keller gestiegen?«

Der Metallhändler nickt und sieht für einen Augenblick so aus, als müsse er hinter einer Mauer verschwinden, um sich zu übergeben, nimmt sich dann jedoch zusammen.

»Wir sind die Stufen hinuntergegangen und leuchteten den ersten Raum aus. Dann den zweiten. Ich sah nur den nackten Fuß plötzlich im Licht.«

»Und Sie?«

Der Arbeiter blickt auf. »Ich war hinter meinem Chef. Ich habe gar nichts gesehen. Herr Hoffmann hat gerufen: ›Ein Toter!‹ Und da haben wir gemacht, dass wir wieder rauskamen.«

»Ist Ihnen sonst noch etwas Ungewöhnliches aufgefallen?«

»Das reicht mir an Ungewöhnlichem.«

»Keine Person?«

Die beiden schütteln die Köpfe.

»Waren Sie die letzten Tage schon hier? Sie haben gesagt, dass Sie zufällig ein Kuchenblech entdeckten.«

»Ich habe vor drei Tagen eine Abkürzung genommen, die ich sonst nie gehe. Da sah ich es in einem halb zugeschütteten Kellereingang. Deshalb meine Idee mit der Karbidlampe. Ansonsten bin ich nicht hier.«

»Wissen Sie, ob jemand regelmäßig hier ist? Jemand, der die Abkürzung nimmt, die Sie benutzt haben?«

Wieder eine stumme Verneinung.

Mit einem Nicken entlässt Stave die beiden Zeugen.

»Neue Erkenntnisse?«

Sein Chef steht vor Stave. Cuddel Breuer blickt ihn nicht an, sondern starrt zu einem Fährtenhund, der verfroren und lustlos zwischen den Trümmern herumschnüffelt. »Der schlägt einfach nicht an«, kommentiert er.

Auch Stave verzichtet auf eine Begrüßungsfloskel. »Doktor Crzisini vermutet, dass die Tote schon einige Tage hier liegen könnte. Sieht auch nicht so aus, als sei der Fundort zugleich der Tatort.«

Breuer nickt schweigend dazu, greift dann in seinen weiten Mantel, zieht eine wuchtige Taschenlampe hervor und geht wortlos in den Keller. Allein.

Der traut mir nicht mehr, denkt Stave.

Nach einigen Minuten ist Breuer wieder oben. »Einen verflixt schwierigen Fall haben Sie da an der Backe, Stave. Kommen Sie bei mir vorbei, wenn Sie hier fertig sind.« Dann dreht er sich grußlos um und geht.

Zumindest hast du auch nicht mehr gefunden als ich, sagt sich Stave grimmig.

Als der Kripochef um eine doppelt mannshohe Mauer biegt, wäre er fast mit einer Gestalt zusammengestoßen, die stolpernd durch die Ruinen hastet: Kleensch von der *Zeit*.

»Mir bleibt heute auch nichts erspart«, murmelt der Oberinspektor. Eine Sekunde lang zögert er. Soll er den Reporter ignorieren? Abwimmeln? Er würde nur überall herumschnüffeln, Fragen stellen, Unruhe verbreiten. Besser, man nimmt die Sache selbst in die Hand. Stave geht auf Kleensch zu, schüttelt ihm die Hand, führt ihn zum Keller.

»Ein neues Opfer des Trümmermörders«, stellt der Journalist fest, als er im gelblichen Licht der Taschenlampe die Tote betrachtet. Nüchtern.

Der denkt bereits an seinen Artikel, fährt es Stave durch den Kopf. Er erzählt Kleensch von allem, was sie entdeckt haben, und weist ihn besonders auf die Zeichen hin, die darauf deuten, dass die Tote wohlhabend gewesen sein muss.

»Jetzt werden tote Reiche genauso wenig vermisst wie tote Arme. Das ist Demokratie«, kommentiert Kleensch.

»Das wollen Sie doch nicht schreiben?«

Er lächelt. »Das würde mein Verleger ungern lesen. Und die Briten wären auch nicht froh darüber. Ich möchte meine Stelle behalten. Zigarette?«

»Bitte rauchen Sie nicht am Fundort«, antwortet der Oberinspektor, schüttelt zugleich dankend den Kopf und weist mit der Rechten zum Kellerausgang.

»Niemand will das gerne lesen«, unternimmt Stave draußen einen halbherzigen Versuch, den Artikel zu verhindern.

Kleensch blickt ihn nachsichtig an. »Da irren Sie sich. Geschichten von Morden will jeder gerne lesen. Gruselige Geschichten. Bloß die Moral von der Geschichte will keiner hören. Also spare ich mir diesen Teil und habe dafür mehr Platz für die Details. Wenn Sie verstehen, was ich meine.«

Stave nickt resigniert. »Sie machen Ihre Arbeit, ich meine.«

»Die Leute werden Angst bekommen, auch wenn ich Ihnen verspreche, mich zurückzuhalten. Aber so ist das: Der Trümmermörder wird zum personifizierten Bösen, zum Schreckensmann. Endlich hat diese fürchterliche Kältezeit ein Gesicht – wenn auch ein ziemlich unkenntliches. Könnte jeder sein: Jede Gestalt auf der Straße hinter mir, jeder Schatten in den Trümmern, jeder schweigsame neue Nachbar. Die Leute werden sich gegenseitig verdächtigen. Wird schlimmer mit den Denunziationen werden als zur Hitlerzeit. Da kann man aber nichts machen. Man wird Ihnen die Hölle heiß machen, tut mir leid. Aber irgendwann schnappen Sie den Kerl, der das verbrochen hat. Und dann sind Sie ein Held.«

»Besten Dank für Ihren Optimismus.«

»Der hilft einem sehr. Vor allem im Angesicht des Todes.« Kleensch lüpft zum Abschied seinen Hut und stolpert davon.

Wenigstens hat er mit niemand anderem geredet, denkt Stave. Wäre unangenehm geworden, wenn er Breuer mit seinen Fragen lästig geworden wäre – dann hätte er das nachher ausbaden müssen.

Später fährt Stave im Mercedes zurück. Allein, denn Maschke hat unter dem fadenscheinigsten aller Vorwände – er wolle etwas für seine Gesundheit tun und zu Fuß gehen – dankend abgelehnt, zu ihm einzusteigen.

Auf dem Jungfernstieg tritt der Oberinspektor plötzlich auf die Bremse. Knirschend kommt der Wagen nach ein paar Metern zum Stehen. Das ist die Gelegenheit, denkt Stave.

Schon seit einigen Tagen hat er, ratlos wie noch nie zuvor, daran gedacht, einen Psychologen zu dem Fall zu befragen. Hat sich auch schon unauffällig nach guten Seelendoktoren in Hamburg umgehört. Doch er hat die Sache aufgeschoben. Teils aus Scheu, weil keiner der Beamten des Morddezernats viel von Psychologen hält. Teils aus Scham, weil er mit so einem Gang den Kollegen seine Ratlosigkeit eingestehen würde: eine Verzweiflungstat, der Stave geht schon zum Nervenarzt. Und, wer weiß, vielleicht kann er sich ja gleich selbst auf die Couch legen?

Niemals.

Zufällig aber ist er nun allein. Und zufällig hat Hamburgs bekanntester Psychologe seine Praxis am Jungfernstieg: Professor Walter Bürger-Prinz.

Stave tritt auf die fast unbeschädigte Prachtstraße, die zur Rechten in mehreren Stufen bis zur glitzernden Eisfläche der Alster abfällt. Zur Linken ragen die wuchtigen, säulengeschmückten Fassaden repräsentativer

Gebäude auf, die unverwüstet durch alle Bombenhagel gekommen sind. Wieder überkommt den Oberinspektor für einen Moment der Drang, seine Wut über diese Ungerechtigkeit hinauszuschreien. Warum bleibt all diese Pracht verschont, dieser Reichtum, der doch so oft auf Gier und Menschenverachtung gegründet ist?

Stave nimmt sich zusammen. Was kann ein Psychologe dafür, dass die Briten lieber Arbeiterviertel ausgelöscht haben als Prachtboulevards?

Er hat die Hausnummer der Praxis nicht im Kopf, doch als er langsam die Fassadenreihe abschreitet, entdeckt er ein großes Messingschild mit dem Namen des Professors neben einem Eingang. Fünfter Stock. Der Oberinspektor drückt eine drei Meter hohe Tür auf: Treppenstufen aus hellem Marmor, schmiedeeisernes Geländer – aber keine Glühbirne mehr in den Lampenfassungen des Lüsters, wie er befriedigt bemerkt. Ein altertümlicher Fahrstuhlkorb in der Mitte des Treppenhauses, doch der wird mangels Strom nicht funktionieren. Er macht sich langsam an den langen Aufstieg.

Als er endlich das Vorzimmer der Praxis betritt, sinkt er bis zum Knöchel in einen weichen Teppich ein, blickt auf englische Clubsessel, einen Schreibtisch und einen Aktenschrank aus Teak, atmet den gediegenen Duft von Earl-Grey-Tee und Möbelpolitur ein. Stave, in seinen ausgelatschten Schuhen, dem zerknitterten Anzug und dem zerschlissenen Mantel, fühlt sich schäbig. Hinter dem Schreibtisch thront eine Empfangsdame: über fünfzig, streng zurückgekämmtes, graues Haar, Nickelbrille.

»Sie wünschen?«

Es klingt, als habe sie gesagt: »Betteln und Hausieren verboten.«

Stave wollte höflich fragen, ob der Herr Professor ihn vielleicht empfange möge, nur für wenige Minuten. Doch die einschüchternde Wand der Prunkfassaden, das endlose marmorne Treppenhaus, das schwere Aroma in der Luft und nun noch diese kalte Verachtung sägen an den Ketten seiner Selbstbeherrschung, bis sie nicht mehr halten. Wütend marschiert er bis zum Tisch, zückt seinen Ausweis und hält ihn der eisernen Dame vor die Nase.

»Stave, Kriminalpolizei. Ich will Professor Bürger-Prinz sprechen. Sofort.«

Sie weicht etwas zurück, schockiert und ratlos, weil so noch nie jemand mit ihr gesprochen hat. Einen Moment lang entgleisen ihre Gesichtszüge zur Fratze der Empörung, dann besinnt sie sich, sagt nichts, steht auf, verschwindet durch eine Tür, die mit dickem Leder gepolstert ist.

Stave muss nicht lange warten. Als er durch die Tür geführt wird, betritt er eine andere Welt. Ein weiter Raum, türhohe Fenster mit Alsterblick, ein Schreibtisch, drei Sessel und, tatsächlich, eine Couch. Doch nichts davon ist gediegen-englisch, sondern auf eine seltsame Weise modern und doch schon wieder altmodisch – Vorkriegszeit. Bauhaus, vermutet Stave. Die Sessel Würfel aus verchromtem Stahl und schwarzem Leder, die Couch eine hingegossene Liege aus den gleichen Materialien. Sicher sehr bequem, denkt der Oberinspektor, doch das sieht aus wie die Luxusvariante der Tische, auf denen Doktor Crzisini seine Leichen seziert. Aber seziert wird man hier ja auch, in gewisser Weise.

Die Wände sind weiß, ein einziges Bild hängt an der den Fenstern gegenüberliegenden Wand. Schwarze, wilde Striche auf ockerfarbenem Grund. Muss moderne Kunst sein, vermutet Stave. Parkettboden, blank poliert. Auf der Bank des mittleren Fensters die Bronzefigur eines sitzenden Mannes, irgendwie asiatisch. Vielleicht Buddha? Keine Urkunde an der Wand, kein Diplom, kein Familienfoto auf dem Schreibtisch, kein Telefon.

Stave hat einmal in einem Buch ein Foto von Sigmund Freud gesehen und unbewusst erwartet, einem Abbild des berühmten Forschers zu begegnen. Tatsächlich jedoch tritt ihm nun ein Mann entgegen wie aus einem Rekrutierungsplakat der SS: Professor Bürger-Prinz ist etwa 1,90 Meter groß, athletisch, hat kurze, blonde Haare und die leuchtendsten blauen Augen, die Stave je gesehen hat. Eine Farbe wie das Wasser eines norwegischen Fjordes. Der Oberinspektor fühlt sich durchschaut.

»Was führt Sie so dringend zu mir?« Die tiefe, wohlmodulierte Stimme eines geübten Redners oder eines Sängers. Der Psychologe reicht ihm die Hand. Fester Druck.

Stave ist erleichtert, als Bürger-Prinz auf zwei Sessel weist, nicht auf die Couch. Er entschuldigt sich für seinen Überfall. Dann fängt er an zu erzählen, von den Opfern, den Fundorten, den wenigen Spuren. Von Medaillons mit seltsamen Zeichen. Von Vermisstenanzeigen, die nie eingehen. Von Toten, die niemand identifiziert. Von Würgemalen und nackter Haut. Von Ruinen und verbrannten Mauern und dünnem Schnee auf Zement.

Der Psychologe unterbricht ihn nicht. Die irritierenden Augen blicken ihn unverwandt an, er macht sich keine Notizen, sitzt entspannt und doch aufmerksam in seinem Sessel. Vielleicht hat ihn meine Geschichte tatsächlich gepackt, hofft Stave, hat sein professionelles Interesse geweckt. Oder er beherrscht seine Posen perfekt.

»Ich habe die Geschichten von dem Trümmermörder gelesen«, sagt der Psychologe schließlich, als Stave nichts mehr einfällt, das er noch berichten könnte. »In der *Zeit*. Und die Fotos der Opfer starren einem ja von jeder Litfaßsäule entgegen.«

»Erkennen Sie ein Muster?«, fragt Stave. »Verraten Ihnen die Morde irgendetwas über den Mörder? Etwas, das uns vielleicht bisher entgangen ist? Wer tut so etwas und warum? Was verbindet diese Morde – außer dem identischen Tathergang? Ich bin auf der Suche nach neuen Spuren.«

»Sie wissen nicht mehr weiter.«

»Ich weiß nicht mehr weiter.«

Bürger-Prinz runzelt die Stirn. »Ich hoffe, Sie erwarten nicht ernsthaft von mir, dass ich Ihnen innerhalb von einer Minute eine Lösung für einen Fall präsentiere, über den Sie, ein erfahrener Kriminalist, seit Wochen vergebens nachgrübeln.«

»Vielleicht erkennen Sie wenigstens so etwas wie ein Muster«, beharrt Stave. »Bei der Wahl der Orte etwa, an denen der Unbekannte die Leichen ablegt. Oder bei den Opfern, die er auswählt.«

Der Psychologe steht auf, geht zum Schreibtisch, holt dort aus einer Schublade einen Stadtplan Hamburgs hervor, studiert ihn. »Trümmergrundstücke, zerbombte Kleine-Leute-Viertel, dreimal östlich, einmal westlich der Alster. Keller, Fahrstuhlschacht, Bombentrichter. Der Mörder versteckt die Leichen, doch das reicht ihm.«

»Was meinen Sie damit?«

»Er will sie nicht verschwinden lassen. Nicht für immer verbergen. Nur lange genug, dass er selbst nicht entdeckt wird.«

»Kein Wunder, er hatte wenig Zeit: Alle Opfer – außer dem letzten, bei dem wir noch die Obduktion abwarten müssen – sind am gleichen Tag umgebracht worden. Am 20. Januar.«

»Sie müssen aber nicht alle am selben Tag zu ihren Fundorten gebracht worden sein.«

Stave starrt den Psychologen an. »Sie meinen, jemand bringt mehrere Leute um und versteckt alle seine Opfer an einem bestimmten Ort. Und dann räumt er nach und nach sein Lager?«

Bürger-Prinz lächelt nachsichtig. »Kalt genug dafür wäre es. Und Ihr Unbekannter wäre nicht der erste Mörder, der Tage oder Wochen nach der Tat die Leichen von einem Ort zum anderen verfrachtet.«

»Da spielt jemand ein perverses Spiel mit uns?«

»Möglicherweise. Vielleicht treiben den Täter aber auch ganz praktische Gründe. Er kann jeweils immer nur einen Körper tragen. Vielleicht ist er jede Nacht unterwegs.«

»Jede Nacht?« Der Oberinspektor schließt die Augen.

»Auf jeden Fall handelt der Mörder überlegt. Rational. Übrigens könnte es bei den Fundorten noch eine Gemeinsamkeit geben: die drei östlichen Stellen liegen nahe am Hauptbahnhof, die westliche nahe am Bahnhof Dammtor.«

»Der Mörder sucht sich seine Opfer in Zügen? Oder am Bahnhof?«

»Und bringt sie in der Nähe der Bahnhöfe um. Dann

versteckt er seine Opfer in Trümmergrundstücken, die in der Nachbarschaft liegen.«

»Alle Opfer an einem Tag? Vier Tote, zwei Bahnhöfe? Züge fahren nur tagsüber. Nach acht Uhr abends sind Bahnhöfe menschenleer. Wenn der Mörder sein Opfer tagsüber attackiert, wie schafft er die Leichen dann unentdeckt auf die Trümmergrundstücke? Wenn er nachts seine Opfer versteckt – wie kann er sie zuvor am Bahnhof getroffen haben? Bringt er sie tagsüber irgendwo um, wartet dann stundenlang und versteckt sie schließlich? Wohl kaum.«

»Wenn er sich seine Opfer aus den letzten Zügen aussucht, dann wäre das denkbar. Ein Zug, der um halb sechs abends kommt, fährt bereits in einen dunklen Bahnhof ein. Einen sehr dunklen Bahnhof. Und bei dieser Kälte einen sehr einsamen Bahnhof. Sagen wir: Er tötet den alten Mann am Bahnhof Dammtor, dann die drei weiblichen Opfer am Hauptbahnhof. Das mag zu schaffen sein.«

»Sie glauben an einen geübten Mörder?«

Bürger-Prinz denkt nach. »Vielleicht sucht sich der Täter das jeweils schwächste Opfer aus«, murmelt er.

Stave starrt ihn nur fragend an.

»Die Person aus einem Zug, die er hofft, am leichtesten überwältigen zu können. Eine Frau. Ein Kind. Ein alter Mann.«

Der Oberinspektor erinnert sich an die endlosen

Stunden, die er am Bahnhof verbracht hat, an seine forschenden Blicke auf die einfahrenden Waggons, an die Tausende von Menschen, die an ihm vorbeigedrängt sind. Er schüttelt den Kopf. »Das mit dem Mädchen würde ich glauben, mit dem Alten vielleicht auch. Aber die Frauen passen nicht in dieses Muster. Sie werden keinen Zug finden heutzutage, in dem eine junge Frau die schwächste Person ist. Es sind immer Kinder unterwegs, außerdem Alte und Kriegskrüppel.«

Er zögert, weil ihm etwas auffällt. »Der alte Mann wurde als einziges Opfer geschlagen, schwer verprügelt sogar, nach allem, was der Gerichtsmediziner feststellen konnte. Von den vier Menschen, die sich der Mörder bislang aussuchte, war er aber nicht der stärkste und schon gar nicht der beweglichste. Die beiden Frauen hätten sicherlich eine für ihn gefährlichere Gegenwehr leisten oder leichter fliehen können.«

Der Psychologe lächelt. »Ich sehe, worauf Sie hinauswollen: Familie. Jemand hegt einen tödlichen Groll gegen eine Familie – wahrscheinlich seine eigene. Deshalb müssen die Menschen sterben. Der alte jedoch, der Patriarch, muss besonders leiden, ihn verprügelt der Mörder, bevor er die Schlinge zuzieht.«

Stave nickt. »Selbstverständlich kann das ein Zufall sein. Vielleicht will der Mörder alle Opfer so erwürgen, dass sie sich erst gar nicht wehren können. Vielleicht schleicht er sich von hinten an. Oder er betäubt sie. Und allein beim Alten ging zufällig etwas schief, den bekam er nicht unter Kontrolle, musste deshalb zuschlagen. Aber einmal angenommen, es ist kein Zufall …«

»Dann sind die Schläge ein Indiz für einen besonders großen Zorn. Für Hass. Für einen Wunsch nach Rache, Bestrafung, Vergeltung.«

»Dann hat der Mörder seine Opfer gekannt. Er bringt sie alle um, aus Gründen, die wir noch nicht kennen. Aber diesen einen, den attackiert er besonders grausam.«

»Er bestraft ihn.«

»Ein Alter, eine Frau Mitte dreißig, eine Frau um die zwanzig, ein höchstens achtjähriges Mädchen – wer kann etwas gegen derart unterschiedliche Menschen haben? Ein Getriebener, der alle seine Angehörigen umbringt?«

»Alle Toten wären demnach verwandt.«

»Weshalb es keine Vermisstenmeldung gibt. Der einzige Verwandte, der sie vermissen könnte, ist der Mörder.«

Der Psychologe blickt aus dem Fenster. »Der alte Mann könnte der Vater der beiden Frauen sein. Der Großvater des Mädchens, vielleicht auch der Großvater des Mädchens und der jüngeren der beiden Frauen. Aber wäre eine der beiden Frauen die Mutter des Mädchens? Die eine wäre zu jung. Die ältere könnte es sein – doch Sie sagten mir, dass der Gerichtsmediziner nicht glaubt, dass sie je schwanger gewesen ist.«

»Sie ist am Unterleib operiert worden. Wir wissen nicht, wann. Und vor der Obduktion wissen wir auch gar nicht, was sie operiert haben.«

»Bei einer vierzehn Zentimeter langen Operationsnarbe kann da unten nicht mehr allzu viel intakt sein«, murmelt der Psychologe.

»Trotzdem kann sie vor dem Eingriff schwanger gewesen sein.«

»Also gut, nehmen wir das mal als Hypothese an: Wir haben Großvater, Tochter, Enkelkind, dazu eine junge Verwandte, vielleicht die deutlich jüngere Schwester der älteren Frau.«

Stave lächelt zum ersten Mal, seit er die Praxis betreten hat. »Nehmen wir weiterhin an, dass die Ausführung der Taten und die Zeugenaussage auf einen männlichen Täter hindeuten. Und nehmen wir an, dieser Täter ist verwandt mit den Opfern. Dann bleibt als Hauptverdächtiger der Mann der älteren Frau und somit Vater des Mädchens übrig. Den müssen wir suchen.«

Bürger-Prinz sieht ihn an, so etwas wie Bedauern im Blick. »Vielleicht werden Sie ihn auch zwischen Trümmern finden, festgefroren am Boden und mit Würgemalen am Hals.«

Der Oberinspektor schnappt nach Luft. Plötzlich hat er eine Vision: Jeden Tag findet er in Ruinen eine steifgefrorene Leiche, mal ein Mädchen, mal einen Jungen, eine Frau, einen Mann … Und wenn dieser ewige Winter doch jemals enden wird, dann werden Leichen, die monatelang unentdeckt in Kellern lagen, auftauen, und ihr Verwesungsgestank wird die Ratten anlocken und dann die Polizei.

»Wenn es wirklich ein Familiendrama ist, dessen Zeugen wir hier werden«, fährt der Psychologe leise fort, »dann fehlen uns noch einige Darsteller: eine Großmutter. Das zweite Großelternpaar. Der Kindsvater und mutmaßliche Gatte der älteren Frau. Vielleicht weitere Kinder. Brüder oder Schwestern der Erwachsenen. Nicht zu reden von Verwandten zweiten oder dritten Grades. Viele weitere potenzielle Opfer – oder Täter.«

Stave seufzt. »Sie meinen, dass wir noch ein paar weitere Tote finden müssen, die in dieses Schema passen? Dann erst können wir sicherer sein, dass es sich um eine Familie handelt?«

Bürger-Prinz schüttelt den Kopf. »Wenn Sie den zwanzigsten Toten finden, dann können wir wohl ziemlich sicher sein, dass es keine Familie ist. Aber wenige weitere Opfer? Ein Junge oder ein Mädchen würden ebenso in das Schema passen wie alte Menschen beiderlei Geschlechts. Ein Mann ebenso wie eine Frau. Denken Sie doch: Einen Mann zwischen fünfunddreißig und fünfzig Jahren würden Sie für den Gatten und Vater halten. Einen jüngeren Mann für einen Bruder oder vielleicht den Mann der jüngeren Frau. Seien Sie sicher: Der nächste Tote, den Sie finden, wird ins Schema passen. Und der übernächste auch. Sie werden um nichts schlauer sein als jetzt.«

»Was ist mit dem Medaillon?«

Bürger-Prinz lehnt sich zurück und starrt zur Decke. »Die beiden Opfer, die es trugen, haben sicher etwas miteinander zu tun.«

»Wenn es nicht der Täter abgelegt hat, als Zeichen.«

»Das glaube ich nicht. Zu unauffällig beziehungsweise zu unregelmäßig. Sie haben zwei Tote ohne Medaillon gefunden, was bedeutet, dass der Täter dort nichts hinterlassen hat. Oder dass er es tat, aber so versteckt, dass Sie es übersahen. Beides würde nicht zu einem Mörder passen, der auf jeden Fall Zeichen setzen will.«

»Also sind die Medaillons aus dem Besitz der Opfer. Eine Familie. So etwas wie ein Wappen?«

»Keines, das ich von einer Hamburger Familie kennen würde«, antwortet der Psychologe. »Aber es muss kein Familienwappen sein.«

»Sondern?«

»Vielleicht ein religiöses Zeichen? Ein Kreuz und zwei Dolche, das hat eine spirituelle Dimension.«

»Eine Sekte? Wie die Zeugen Jehovas? Der alte Mann war beschnitten.«

»Wie die Juden. Und die Muslime übrigens auch.«

»Juden und Muslime werden wohl kaum ein Kreuz tragen.«

»Also Christen. Vielleicht gehören die vier Opfer derselben Gemeinde an.«

»Und kein anderes Gemeindemitglied meldet sie als vermisst? Kein Pastor oder Sektenführer?«

»Sekten wollen nicht unbedingt ans Licht der Öffentlichkeit treten und auch nicht die Aufmerksamkeit der Polizei erregen. Vor allem nach den Erfahrungen der letzten Jahre.«

Stave denkt an die Zeugen Jehovas, die, als »Bibelforscher« geschmäht, in die Konzentrationslager gesperrt wurden. Er hat in den wenigen Minuten mit dem Psychologen viel erfahren, mehr, als er zu hoffen gewagt hatte. Aber was fängt er mit den Fakten und Hypothesen an? Wo soll er die in seinen Fall einordnen? Ist irgendetwas davon überhaupt wichtig? Oder verirrt er sich auf einer toten Spur?

»Danke für Ihre Zeit«, sagt der Oberinspektor resigniert und steht auf.

In der Zentrale geht Stave langsam den düsteren Gang bis zu seinem Büro entlang, bleibt bei der Tür zum Vorzimmer jedoch abrupt stehen. Sie ist nur angelehnt. Dahinter erkennt er zwei Schemen: Erna Berg und MacDonald. Für einen Moment ist der Oberinspektor versucht, diskret zu hüsteln, bevor er eintritt.

Doch die beiden turteln nicht herum. Seine Sekretärin sitzt am Schreibtisch, das Gesicht verweint. Der junge Brite steht schräg dahinter, halb zu ihr hinuntergebeugt, und redet im Flüsterton beschwörend auf sie ein.

Stave versteht kein Wort, ist auch ganz froh darüber. Geht mich nichts an, denkt er. Ein Beziehungsdrama schon jetzt, obwohl die beiden doch erst seit wenigen Tagen ein Paar sind. Er gibt den beiden noch etwas Zeit, sich auszusprechen, und geht nicht in sein Büro, sondern weiter bis zu seinem Chef. Cuddel Breuer hat ihn ja einbestellt.

Stave fasst die Funde noch einmal zusammen, gibt sich auch einen Ruck und berichtet von seinem Besuch bei Bürger-Prinz.

»Sie lassen wirklich nichts unversucht.«

Stave schweigt irritiert, nicht sicher, ob das lobend oder sarkastisch gemeint ist. »Ich tue mein Bestes.«

»Das erzählen Sie dem Bürgermeister«, sagt Breuer. »Wir sollen uns bei ihm melden. Er ist nicht glücklich über den Fall.«

Stave und Breuer fahren im Mercedes die wenigen hundert Meter bis zum Rathaus, obwohl Stave lieber gegangen wäre. Das hätte ihm mehr Zeit zum Nachdenken verschafft.

Das Rathaus mit der wuchtigen Neorenaissancefassade und dem schlanken, hohen Turm ist unbeschädigt. Ein Monument von Handelsreichtum und Bürgerstolz, deplatziert inmitten der Trümmer. Auf dem Platz davor fährt eine Straßenbahn um eine Kehre und kommt kreischend zum Stehen. Händler und Postboten steigen ein. Passanten hasten über die Fläche, als würden sie noch immer zum nächsten Luftschutzkeller laufen, das Geheul von Sirenen in den Ohren.

Der Oberinspektor folgt seinem Chef in den mächtigen Bau, durch halbdunkle Gänge in ein ungeheiztes Büro. Bürgermeister Max Brauer empfängt sie: ein massiver, vitaler Mann, quadratisches Gesicht, straff zurückgekämmte graue Haare, klare Augen. Knapp sechzig Jahre alt, bis 1933 Bürgermeister von Altona. Dann vertrieben ihn die Nazis, er ging nach China, später in die USA. Vor einem Jahr kehrte er zurück, seit drei Monaten ist er Bürgermeister der Hansestadt.

Stave kennt ihn flüchtig, weil er im Dezember 1946 eine Messerstecherei unter Altonas Schwarzhändlern bearbeitete und dabei Zeugen am Tatort befragte, der Palmaille, der Elbuferstraße. Er klingelte bei den Anwohnern, es war ein Sonntagvormittag. Bei Nr. 49, Dachgeschoss, stand »Brauer« am Klingelschild, doch er dachte sich nichts dabei, schließlich ist das kein seltener Name. Er war etwas erschrocken, als er plötzlich vor dem Bürgermeister stand.

Auch der erkennt ihn jetzt wieder, schüttelt ihm die Hand. Kräftiger Druck. »Bitte entschuldigen Sie, dass hier nicht geheizt ist«, sagt der Bürgermeister. Er selbst hat seinen Mantel anbehalten, scheint aber nicht durchgefroren zu sein.

Cuddel Breuer überlässt es Stave, den Fall zu schildern.

»Wir müssen etwas unternehmen«, sagt Brauer, nachdem er den Bericht gehört hat. »Flagge zeigen.«

Cuddel Breuer nickt, Stave beschränkt sich darauf, ausdruckslos ins Nichts zu starren.

»Ich habe in all den Jahren noch nie einen Winter erlebt, der so hart gewesen wäre wie dieser«, fährt der Bürgermeister fort. »Niemand kann sagen, wann dieser Frost endlich aufhört. In einer Woche? Oder erst in einem Monat? Oder in zwei? Wie sollen wir über den Winter kommen? Schon in normalen Zeiten wäre dies eine Herausforderung gewesen. Platzende Wasserleitungen überall in der Stadt, zusammenbrechende Strommasten, blockierte Kohlefrachter, zugewehte Landstraßen, ich muss Ihnen das nicht alles erklären. Aber in dieser außergewöhnlichen Lage …«

Ich habe schon verstanden, denkt Stave. Und du bist erst seit drei Monaten Bürgermeister. Die Leute erwarten etwas von dir. Der Oberinspektor hätte Brauer gerne geholfen, er hat ihm im November 1946 seine Stimme gegeben. Aber wie? Er fühlt sich wie ein Versager und schweigt.

»Wir werden neue Warnplakate drucken«, erwidert Cuddel Breuer an seiner Stelle.

»Wir haben so viele Beamte auf den Fall angesetzt, wie wir können«, ergänzt Stave, der endlich Worte findet. »Die Briten kooperieren. Wir haben mehr Spuren verfolgt als bei jedem anderen Fall seit dem Zusammenbruch, sogar bis in die Sowjetzone hinein. Und doch wissen wir bis heute nicht einmal, wer die Toten sind. So etwas gab es noch nie.«

Der Bürgermeister nickt verständnisvoll, lächelt sogar, bleibt aber hartnäckig. »Man kann keine Verhaftung erzwingen, ich weiß. Aber ich lese auch Zeitung. Und ich höre Gespräche von einfachen Bürgern. Ich bekomme Briefe. Man trägt mir Getuschel zu, sogar aus den Reihen der Beamten dieser Stadt.

Jedermann hat Angst. Jeder fragt sich, wer die Toten sind – und wer der Mörder ist. Jeder hat seine eigene Theorie, verdächtigt jemand anderen. Ungute Gerüchte machen die Runde. Es ist, als würde all das Elend, als würden die ständigen Entbehrungen und Demütigungen einen Hass nähren, der sich ein Objekt sucht. Und der gesichtslose Mörder könnte dieses Objekt sein. Solange es so kalt bleibt und solange Sie den Mörder nicht verhaftet haben, wird dieser Zorn wachsen. Irgendwann wird man der Polizei Versagen vorwerfen. Und dann der Verwaltung allgemein. Und irgendwann wird jemand laut sagen, was sich so mancher sicherlich schon denken wird: Dass es das früher nicht gegeben hätte, unter Adolf. Ich aber werde nicht tatenlos zusehen, wie ein einziger verrückter Mörder eine Lage schafft, in der sich unsere Bürger nach den Nazis zurücksehnen.«

Stave hat das jetzt schon in der einen oder anderen Variante von Breuer gehört, von Staatsanwalt Ehrlich, von MacDonald, selbst Kleensch von der *Zeit* hat es erwähnt. Er starrt den Bürgermeister an. Der blickt noch immer freundlich zu ihnen herüber, doch der Oberinspektor hat verstanden, dass diesmal in den Ausführungen noch etwas Neues mitgeschwungen ist – ein Ultimatum. Unternehmt endlich etwas oder der Bürgermeister persönlich wird sich die Kripo vorknöpfen, um nicht in den Ruch der Hilflosigkeit zu kommen. Stave begreift, dass es dabei gar nicht so sehr darum geht, den Mörder zu fassen. Es reicht, wenn es keine schlechten, sondern gute oder am besten gar keine Schlagzeilen mehr gibt. Wenn die Leute beruhigt sind. Wenn sie die Taten vergessen.

»Ich nehme an, dass diese Plakate bereits gedruckt sind?«, fragt Brauer.

Cuddel Breuer wird, zum ersten Mal, seit Stave ihn kennt, verlegen. »Wir denken, dass es notwendig ist, noch einmal nach den Vermissten zu fragen. Und die Leute zu warnen.«

»Tun Sie das. Aber ich habe von Herrn Stave gehört, dass er sich keine großen Hoffnungen macht, was die Identifikation mit Hilfe von gruseligen Fotos auf allen

Litfaßsäulen dieser Stadt angeht. Ich schlage also vor, dass Sie, sollte diese Plakatierung ebenfalls erfolglos bleiben, in Zukunft diskreter ermitteln.«

»Ohne Schlagzeilen, verstehe«, sagt Stave.

Brauer lächelt traurig. »Meine Sorgen beschränken sich ja längst nicht mehr auf ein paar geplatzte Wasserleitungen. Die Krankenhäuser sind überfüllt: Lungenentzündungen, Hungerödeme, Erfrierungen. Täglich sterben inzwischen mehr Menschen, als dieser Wahnsinnige bis heute umgebracht hat. Rein statistisch gesehen ist er also das geringere Problem. Psychologisch aber leider nicht. Dieser Mörder darf nicht zum Symbol unseres Scheiterns werden. Das ist alles, was ich von Ihnen verlange.«

Schweigend gehen Breuer und Stave zurück zum Mercedes. Erst als sie die schweren Wagentüren geschlossen haben, redet der Oberinspektor – fast, als hätte er Angst, dass man ihn im Rathaus belauschen könnte.

»Was passiert, wenn die Toten niemals identifiziert werden?«, fragt er. »Und wenn wir den Fall niemals abschließen können? Wenn der Mörder davonkommt?«

»Dann beten Sie, dass möglichst bald Tauwetter einsetzt«, brummt Breuer und startet den Motor. »Damit wir uns nach unserer Degradierung zu Schupos beim Streifendienst nicht den Allerwertesten abfrieren.«

Als Stave endlich zerschlagen und hungrig den Gang zu seinem Büro hinuntergehinkt kommt, ist sein Vorzimmer leer. Erna Berg und MacDonald sind verschwunden. Dann betritt er sein Zimmer – und bleibt abrupt stehen. Etwas fehlt. Er benötigt eine Sekunde, bis er erkennt, was er vermisst.

Die Mordakten sind verschwunden.

Er stürzt zum Schreibtisch, sicher, dass er sie dort zurückgelassen hat, als Maschke ihn heute Mittag mit der Nachricht vom vierten Mord alarmierte. Er hat sie nicht wieder in die Ablage gelegt, sondern war hinausgehastet. Ob seine Sekretärin aufgeräumt hat? Niemals hat sie bislang so etwas gewagt. Er reißt trotzdem die Schublade zur Hängeregistratur auf.

Leer.

Verwirrt blickt Stave sich um. Keine Panik, sagt er sich, reiß dich jetzt bloß zusammen.

Im Vorzimmer: Keine Akten.

Schwer atmend lässt sich Stave schließlich auf seinen Stuhl fallen. Hat jemand die Akten gestohlen? Maschke, der zur Kripo-Zentrale zurückgekehrt war, als Stave noch bei Bürger-Prinz Fragen stellte? MacDonald, der auf Erna Berg einredete in seinem Vorzimmer? Oder Erna Berg, die offenbar mit ihren Nerven am Ende war? Aber warum sollte irgendjemand von ihnen Mordakten verschwinden lassen?

Für einen Moment hat Stave den fürchterlichen Verdacht, dass der Trümmermörder selbst in seine Räume geschlichen und die wenigen Spuren seiner Taten verwischt haben könnte. Absurd, sagt er sich. Oder doch nicht? Jemand sabotiert die Ermittlungen.

Was soll er jetzt tun? Zu Breuer gehen? Der würde ihm, unmittelbar nachdem ihnen der Bürgermeister persönlich den Kopf gewaschen hat, sofort wegen erwiesener Unzuverlässigkeit suspendieren. Zu Staatsanwalt Ehrlich schleichen? Das Resultat wäre dasselbe. Ich kann niemandem mehr trauen, denkt Stave. Irgendjemand will mich fertigmachen.

Bis spät in die Nacht bleibt er in seinem Büro, studiert seine Notizhefte und schreibt auf, was er über die vier Mordfälle noch weiß. Doktor Czrisini wird er unauffällig um Kopien von dessen Untersuchungsberichten bitten. Dazu neue Abzüge vom Polizeifotografen einholen. Zur Not kann er die wenigen Zeugen auch noch einmal einbestellen. Anna von Veckinhausen. Für einen Moment denkt er an sie, zwingt sich dann aber rasch, sich wieder auf das neue Rätsel zu konzentrieren.

Als er sich schließlich um kurz vor Mitternacht mühsam vom Schreibtisch hochstemmt, weiß er, dass er mit den Ermittlungen weitermachen kann – mit den offiziellen Ermittlungen in Sachen Trümmermörder. Und mit seinen höchst privaten Ermittlungen in Sachen Aktendiebstahl. Er wird heimlich nach den Schriftstücken suchen. Wird die Menschen, die er für Kollegen, manche sogar für Freunde hielt, unauffällig nach Motiv und Gelegenheit überprüfen.

Und er wird niemandem mehr trauen.

Unter Kollegen

Donnerstag, 13. Februar 1947

Eiskaltes Wasser auf der Haut und *Sunlicht*-Kernseife von der Farbe geronnener Galle, die blasig schäumt. Stave weiß, dass in der *Sunlicht*-Fabrik im Stadtteil Bahrenfeld Knochen eingekocht werden. Er ermittelte letztes Jahr im Werk, weil er einen Mörder verdächtigte, sein Opfer dort in einen der Kessel geworfen zu haben. Er hat nichts beweisen können – aber wer weiß?

Er wäscht sich, bis seine Haut brennt. Stave spürt das Bedürfnis, den Schmutz wegzuspülen, den sichtbaren wie den unsichtbaren. Immerhin ist es morgens inzwischen hell genug, dass er sich im angestoßenen Spiegel über dem Waschbecken ins Gesicht sehen kann. Nicht, dass ihn dieser Anblick aufmuntern würde.

Auf der Straße ist er froh, dass er keine Uniform trägt. Niemand erkennt in ihm einen Polizisten. Überall kleben Plakate: »Wer kennt die hier abgebildeten Personen?« Darunter vier Leichenfotos. Dann der Text mit der Bitte, dem Flehen, wenn man genau liest, wenigstens einen der Toten zu identifizieren. 60 000 Plakate hat Cuddel Breuer genehmigt. Sie prangen, so meint Stave, an jeder Wand, an jeder unbeschädigten Litfaßsäule. Per Kurier sind sie zu den Dienststellen in anderen Städten geschickt worden, bis in die Sowjetzone.

Bilde ich mir das ein, denkt Stave: Die Menschen scheinen heute noch schneller über die Straße zu hasten, noch starrer den Blick zu meiden, noch tiefer in Mänteln und Schals zu versinken. Niemand geht mehr direkt an den Trümmergrundstücken entlang. Die werden gemieden, als brüte dort eine Seuche. Lieber weichen die Passanten auf die Straßenmitte aus, als im Schatten einer leeren Fassade, einer halb eingefallenen Mauer vorbeizugehen.

In die offenen Eingeweide eines ausgebombten Mehrfamilienhauses hat jemand mit Brettern und Dachpappe eine Bude hineingesetzt wie ein Geschwür. Auf einer Leine vor dem Verschlag baumelt ein Tuch, bretthart gefroren. Ein geborgenes Kellerfenster ist in die nach rechts geneigte Vorderseite der Behausung eingelassen. Dahinter zerschlissene Vorhänge, noch zitternd von einer raschen Handbewegung. Da mustert mich jemand, glaubt der Oberinspektor, als er den Ort passiert. Da hält einer Wache. Er fühlt sich von verstohlenen Blicken verfolgt und dreht unauffällig den Kopf. Niemand. Er geht schneller, dann langsamer, biegt plötzlich scharf rechts ab, schlägt einen Haken, kehrt zurück auf die Straße. Niemand. Nur vermummte, eilige Gestalten, die irgendwo herkommen und irgendwo hinrennen.

Lass dich bloß nicht verrückt machen, denkt er.

In der Zentrale hofft er einen Moment lang auf ein Wunder: dass die Akten wieder auf seinem Schreibtisch liegen, ein bedauerlicher Irrtum eines Kollegen, alles in Ordnung.

Doch die Dokumente bleiben verschwunden.

Stave macht sich in den langen Gängen auf die Suche nach dem Polizeifotografen. Erna Berg kann er nicht schicken, sie ist noch nicht da. Ungewöhnlich, denkt der Oberinspektor. Er trifft den Fotografen in einem Labor und bestellt neue Abzüge aller Leichenbilder im Fall des Trümmermörders. Den erstaunten Blick des Kollegen ignoriert er.

Als er zu seinem Büro zurückkehrt, öffnet Erna Berg gerade die Tür: bleich, verquollene, gerötete Augen, aber bemüht, sich nichts anmerken zu lassen.

Liebeskummer, vermutet Stave. Wenn sie darüber mit mir nicht reden will, dann muss sie es nicht. Er grüßt freundlich, als wäre alles wie immer. »Bitten Sie doch Maschke zu mir«, sagt er und, eine winzige Spur hinterhältiger, »und für heute Nachmittag um zwei Uhr auch Lieutenant MacDonald.«

Als Maschke eingetroffen ist, macht er sich zusammen mit ihm auf den Weg zu Doktor Czrisini. Er will dabei sein, wenn die Leiche aufgeschnitten wird. Sein Kollege war blass geworden, als er vom Ziel ihres Ausflugs hörte, und schweigt nun den ganzen Weg über.

Sie brauchen kaum eine Viertelstunde zu Fuß: über

den Wall, vorbei am Bahnhof Dammtor. Wenn Bürger-Prinz recht hat, fährt es Stave durch den Kopf, dann kreuze ich gerade ein Revier des Trümmermörders. Der weiße Rauch einer Lokomotive quillt aus den Stahl- und Glasbögen des Bahnhofs. Leute in Mänteln, die Köpfe unter allen Arten von Stoff verborgen, Hunderte, wie überall. Ich bin nicht der Schwächste hier, denkt Stave, mir wird er schon nicht auflauern. Er hat keine Hoffnung, hier einen Verdächtigen aufzuspüren.

Sie eilen weiter, queren das verwüstete Gelände der Universität, biegen in die Neue Rabenstraße ein, eine ruhige Gegend in Rotherbaum, Alsternähe, in der auch das Pathologische Institut liegt. Stave fragt sich, wie viele Besitzer der Villen wissen, dass in ihrer Nachbarschaft Leichen zerteilt werden.

Ein paar Minuten später stehen beide in einem hellen Saal an einem Stahltisch, auf dem die Tote liegt. Aufgetaut. Doktor Czrisini grüßt Stave, dann Maschke, stellt ihnen einen jungen, bebrillten Assistenten vor, der protokollieren wird, was der Gerichtsmediziner während der Leichenöffnung feststellt.

Stave schüttelt beiden die Hand und verkriecht sich tiefer in seinen Mantel, was ihm einen hochmütigen Blick des Assistenten einträgt. Er lächelt freundlich zurück. Mach dir keine Hoffnung, denkt er, ich kippe nicht aus den Latschen. Bei seinem Kollegen von der Sitte ist er sich da nicht so sicher: Maschke hat den beiden bekittelten Ärzten kaum die Hand gereicht und sieht bereits so aus, als müsste er sich gleich in eine der verchromten Wannen übergeben. Stave ist nur kalt. Auch die beiden Ärzte haben Mäntel unter ihren weißen Kitteln anbehalten.

Czrisini beginnt am Kopf, tastet und betrachtet zunächst, bevor er zum Skalpell und dann zur Knochensäge greift. Er geht methodisch vor und diktiert vieles, das Stave schon kennt. Dann aber horcht er auf.

»Kleine, braunrot eingetrocknete Wunde, linke Stirn«, sagt der Gerichtsmediziner, »etwa zwei zu einem Zentimeter. Blutung in der Kopfhaut. Ebenso Stirn rechts über dem Augenlid geschwollen. Vielleicht Schläge.«

Also ist nicht nur der Alte von seinem Mörder traktiert worden, denkt Stave. Mindestens eine der Frauen hat sich ebenfalls vor ihrem Tod gewehrt – oder der Täter hegte auch gegen sie einen außergewöhnlichen Hass.

Nach einer Weile sägt Czrisini den Schädel auf. Betäubender Gestank füllt den Raum. Der Assistent blickt – wie er denkt: unauffällig – zu Stave hinüber. Der lächelt sardonisch zurück.

Maschke aber gibt ein Gurgeln von sich, presst die Rechte auf den Mund und stürzt zur Tür. Höhnischer Blick des Assistenten. Stave würde ihm am liebsten einen Tritt verpassen. Man soll doch froh sein, dass noch nicht jeder so abgebrüht beim Herumhantieren an Leichen ist, denkt er.

»Gehirn bereits hochgradig fäulnisweich«, diktiert Czrisini währenddessen ungerührt. Dann sieht er zum Oberkommissar hinüber. »Indiz für ein Todesdatum vor ungefähr vier Wochen.«

»Also der 20. Januar«, murmelt Stave.

»Gut möglich«, antwortet Czrisini.

Der Assistent sieht vom einen zum anderen, offenbar fassungslos darüber, wie die beiden auf ein so exaktes Datum kommen können.

»Prothese im Oberkiefer«, fährt der Gerichtsmediziner fort. »Unterkiefer rechts zwei künstliche Backenzähne. Gold. Rechtes Zungenbein und beide Kehlkopfhörner zerbrochen«, gibt Czrisini zu Protokoll, als er sich am Hals zu schaffen macht. »Typisches Zeichen für Drosselung. Hat wahrscheinlich zum Tod geführt.«

Der Gerichtsmediziner arbeitet sich langsam den Körper hinab, schält ihn, zergliedert Haut und Knochen, Nerven und Organe.

»Im Magen reichlich breiiger Speisebrei«, sagt er. Der Gestank wird nicht besser. Czrisinis Assistent wirft Stave wieder einen Blick zu.

»Was könnte sie gegessen haben?«, fragt der Oberinspektor.

»Brot wahrscheinlich. Oder Grütze. Auf jeden Fall genug, um nicht zu hungern.«

Dann endlich erreicht der Arzt den Unterleib der Toten. Stave tritt neugierig näher.

»Scheide ohne Spur von Verletzung«, murmelt Czrisini. Er greift wieder zum Skalpell, zerstört die alte Narbe, nimmt den Weg, den vor ihm schon einmal ein Chirurg genommen hat.

»Linke Gebärmutteranhänge fehlen.«

»Die Folgen der Operation?«

»Vermutlich. Aber sehen Sie: Die rechten Gebärmutteranhänge sind miteinander verwachsen. Der Eierstock ist ziemlich groß.« Er stutzt, schneidet mit dem Skalpell Gewebe weg, das Stave keinem Organ zuordnen kann.

»Da«, sagt der Gerichtsmediziner und deutet auf etwas Rotes im Eierstock, das der Oberinspektor nicht erkennt. »Körper im Eierstock. Völlig durchblutet, etwa kirschgroß.«

Stave wird zum ersten Mal flau im Magen. »Ein Embryo?«, keucht er.

»Nein. Eine Geschwulst«, antwortet Czrisini.

»Krebs?«

»Ob gut- oder bösartig, das kann ich so nicht sagen. Ist ja jetzt auch gleichgültig, oder?«

Der Oberinspektor hat sich wieder gefangen. »Könnte die Frau Kinder gehabt haben?«

Der Gerichtsmediziner starrt lange auf den geöffneten, halb geleerten Unterleib der Toten. Auf die herausgenommenen Organe, die in stählernen Wannen liegen. Dann schüttelt er den Kopf.

»Das glaube ich nicht. Die Frau hat Verwachsungen und Wucherungen im Unterleib, offenbar schon ziemlich lange. Wahrscheinlich sind deshalb die linken Gebärmutteranhänge entfernt worden. Die rechten sind auch abnorm. Und dann noch dieser Körper im Eierstock. Darüber hinaus gibt es auch keine Zeichen für eine erfolgte Geburt, keine alten Verletzungen an der Scheide etwa. Nein, ich würde mein Geld darauf wetten, dass sie kinderlos ist.«

»Wann ist diese Frau operiert worden?«

»Schwer zu sagen. Die Narben sind vollständig verheilt. Nicht in den letzten zwölf Monaten. Aber wahrscheinlich innerhalb der letzten zehn Jahre. Davor wäre sie außergewöhnlich jung gewesen für einen derartigen Eingriff.«

»Zwischen 1937 und Anfang 1946. In einer Praxis?«

Czrisini wirft ihm einen überraschten Blick zu, schüttelt dann den Kopf. »Nein. Wenn in ihrer medizinischen Versorgung alles mit rechten Dingen zuging, dann hat sie den Eingriff in einem Krankenhaus mit chirurgischer Abteilung machen lassen.«

»Machten viele Krankenhäuser im Reich eine solche Operation?«

»Im ganzen Reich? Hunderte.«

»Schade.«

Den Rest der Leichenöffnung verfolgt Stave schweigend. Nichts mehr, das ihm weiterhelfen würde.

Ein Mann, gegen den als einziges Opfer auch Schläge geführt worden sind; eine Frau, die Mutter des Kindes sein könnte – was sich gestern noch in der Praxis von Bürger-Prinz wie eine elegante Hypothese zu einem Familiendrama dargeboten hat, ist von den Schnitten des Gerichtsmediziners zerlegt worden wie ein fauliges Organ: Die Frau auf dem Tisch hat nie Kinder gehabt. Und sie ist aller Wahrscheinlichkeit nach auch von ihrem Mörder vor der Erdrosselung geschlagen worden.

Trotzdem: vier Tote, viermal wohl der gleiche Todestag. Zwei Medaillons. Dazu die Ergebnisse der Obduktion – diese Frau war wohlhabend. Das Ohrgehänge mit der Seesternform. Keine Arbeitshände bei ihr. Keine Arbeitshände beim alten Mann, bei der jungen Frau. Zu viele Gemeinsamkeiten für den bloßen Zufall, denkt der Oberinspektor. Die vier Opfer gehören zusammen.

Führt die Unterleibsoperation auf eine weitere Spur? Wenn die Tote nicht aus Hamburg stammte, niemand hat sie hier identifiziert, dann mag dieser Eingriff sonst wo durchgeführt worden sein. Im Osten? Königsberg? In zerbombten Metropolen? Berlin? Könnte überall geschehen sein, zwischen Flensburg und Garmisch. Wer würde sich dort an sie erinnern? Wo mögen alte Krankenakten liegen? Wo mag der Chirurg heute leben –

falls er noch lebt, was alles in allem eher unwahrscheinlich ist.

»Ich schicke Ihnen einen Bericht«, verkündet Czrisini schließlich, als er sich die Hände wäscht.

»Bitte senden Sie mir auch noch einmal Kopien der anderen drei Obduktionen zu«, sagt Stave und ignoriert das Starren des Assistenten.

»Tut mir leid, dass ich Sie mitgenommen habe«, sagt er vor dem Institut zu Maschke, der rauchend an einer Hauswand lehnt, das Gesicht fahl, die Hand mit der Lucky Strike zittert noch leicht. »Ich glaubte, dass Sie dieser Teil der Arbeit bei der Mordkommission interessiert.«

»Da bleibe ich lieber bei meinen Straßenschwalben«, antwortet Maschke, und er klingt dabei überhaupt nicht zynisch.

Zur vereinbarten Zeit erscheint MacDonald in Staves Büro. Der Lieutenant ist blass und fahrig. Er meidet den Blick von Erna Berg. Und auch Stave sieht er kaum einmal einen Augenblick an. Nervosität umgibt ihn wie eine Wolke schlechten Rasierwassers.

»Soll ich ein Schild aufstellen: ›Out of Bounds for German Civilians‹?«, brummt der Oberinspektor.

MacDonald starrt ihn eine Sekunde irritiert an, als weckte ihn das aus einem Traum. Dann schüttelt er entschuldigend den Kopf.

»Wir Engländer denken uns nichts dabei«, sagt er leichthin. »Koloniale Tradition. Machen Sie sich nichts daraus, alter Junge.«

»Schranke bleibt Schranke, ich bin doch kein Kuli«, erwidert Stave.

»So ein Schild ist immerhin offen und ehrlich«, gibt der Lieutenant zurück, plötzlich ernst. »Ich versichere Ihnen, dass wir in England noch ganz andere Schranken ziehen. Unsichtbare, hinterhältige. In Oxford, in bestimmten Clubs, im Offizierskasino. Irgendwie bringen sie einen dazu, dass man sich plötzlich für die eigene Herkunft, die eigene Familie, den eigenen Nachnamen schämt.«

Stave denkt an seine eigene Karriere bei der Polizei. Nicht gerade brillant. Außerdem gab es Ärger mit den Nazis. Aber hat er sich je seiner Herkunft geschämt? Wurde ihm je eine Tür vor der Nase zugeschlagen, weil er in der falschen Familie geboren war? Er fragt sich, welche stummen Kämpfe MacDonald wohl schon durchgestanden hat, um dort zu sein, wo er nun ist.

»Gegen Ihren Nachnamen habe ich nichts«, sagt er laut.

»Sie sprechen ihn sogar korrekt aus«, erwidert der Lieutenant und lächelt wieder.

Auch Stave schmunzelt. Tut gut, mal nicht auf der Hut zu sein, denkt er, sagt aber nichts.

Maschke tritt ein. Stave hatte den Kollegen zu einer

Pause verdonnert, doch inzwischen scheint er sich von der Obduktion erholt zu haben. Wir drei schaffen das schon, denkt der Oberinspektor.

Er schließt die Tür zu seinem Büro und erzählt ihnen von der Leichenöffnung. Vom Chefamt S, dem er Fotos des Ohrgehänges geschickt hat, gibt es keine neue Meldung. Das zweite Schmuckstück ist auf dem Schwarzmarkt bislang nicht aufgetaucht. Ein Beamter hat die wenigen Juweliere der Stadt abgeklappert, die schon wieder geöffnet haben: nichts. Keiner hat etwas Derartiges gefertigt. Seinen gestrigen Besuch bei Bürger-Prinz erwähnt Stave nicht.

»Neue Vorschläge?«, fragt er schließlich.

»Schicken wir die Fotos und Beschreibungen der drei toten Erwachsenen an alle Kripo-Dienststellen im ehemaligen Reichsgebiet. Sofern sie noch existieren. Vielleicht ist einer ja nicht nur Opfer, sondern auch mal Täter gewesen und erkennungsdienstlich behandelt worden«, wirft Maschke in den Raum.

Stave nickt, unwillkürlich verärgert. Simple Idee. Darauf hätte er auch selbst kommen können. Das zermürbt mich langsam, denkt er. Gut, dass wenigstens Maschke noch mitdenkt. »Angenommen, es handelt sich bei allen Opfern um Angehörige einer Familie. Eine wohlhabende Familie. Nicht aus Hamburg.«

Die drei diskutieren die Hypothese, wobei eigentlich nur zwei reden, Maschke und Stave, denn MacDonald starrt gedankenverloren aus dem Fenster. Für Stave ein Gespräch mit Déjà-vu, denn es verläuft ungefähr so wie die Unterhaltung mit dem Psychologen. Nur dass jetzt niemand mehr ernsthaft die Vermutung äußert, die ältere der beiden Frauen könnte die Mutter des Mädchens sein.

»Wenn es eine Beziehungstat ist, dann haben wir kaum eine Möglichkeit, ohne weitere Spuren etwas von den Motiven zu erfahren«, schließt Maschke. Er klingt müde. »Sollte irgendjemand wütend sein auf seinen Papi, weil der ihm mal den Tretroller weggenommen hat, und sollte er deshalb seine Familie auslöschen – wie können wir davon erfahren? Oder wenn der perverse Onkel sich an seinen Nichten vergreift. Oder die jahrelang gequälte Gattin ihre lästige Verwandtschaft loswerden möchte. Alles Motive, aber nichts davon würde nach draußen dringen. Wir haben nichts, das wir verfolgen können.«

»Höchstens Erbschleicherei«, erwidert Stave, dem eine Idee kommt. »Jemand bringt alle Verwandten um, damit er ein Erbe antreten kann. Alle Opfer waren wohlgenährt, also nicht arm. Da muss es etwas zu erben geben. Schon immer hat es Menschen gegeben, die wegen einiger Mark zu Mördern wurden. Heute jedoch treibt einen vielleicht nicht nur die Gier dazu, ein Erbe vorzeitig antreten zu wollen, sondern auch die Not. Eine beheizbare Unterkunft. Ein paar alte Medaillen oder Bilder, die man auf dem Schwarzmarkt verschanzen kann. Das ist für den einen oder anderen der Unterschied zwischen erfrieren und nicht erfrieren. Zwischen verhungern und nicht verhungern. Ich halte das zwar nicht für sehr wahrscheinlich, weil die Opfer so schrecklich perfekt ausgeplündert wurden. Würde das ein Erbschleicher machen? Trotzdem müssen wir diese Möglichkeit beachten.«

Maschke denkt ein paar Augenblicke darüber nach, nickt. »Also schön«, murmelt er. »Aber was sollen wir tun?«

»Wenn wir alle Kripo-Dienststellen im alten Reich schon anschreiben, dann bitten wir sie auch, uns Informationen über verdächtige Erbfälle zu senden. Und in Hamburg und Schleswig-Holstein klappern wir sämtliche Standesämter, Friedhofsverwaltungen und Beerdigungsunternehmen ab: Sind Menschen, auch unter ganz unverdächtigen Umständen, als verstorben gemeldet worden, auf die die Beschreibung unserer vier Toten passt? Fanden alle angekündigten Beisetzungen tatsächlich statt?«

Der Mann von der Sitte blickt ihn verwundert an.

»Vielleicht bringt jemand seine Ehefrau um und meldet das dem Standesamt, meldet auch eine Beerdigung an. So kassiert er sein Erbe. Aber die Beerdigung will er nie stattfinden lassen, aus Angst, jemand würde die Würgemale an der Toten erkennen. Also legt er sein Opfer in den Trümmern ab und sagt die Beerdigung ab. Kein Beamter vom Standesamt würde nachfragen, ob die auf dem gemeldeten Todesfall angekündigte Beerdigung auch stattgefunden hat. Schon gar nicht in diesen Zeiten. Und ein Beerdigungsunternehmer, dem der Auftrag storniert wird, rennt auch nicht unbedingt zum Standesamt oder gar zur Polizei. Der denkt doch, dass ihn ein billigerer Konkurrent ausgestochen hat«

»Gut, dass ich nicht Ihr Erbonkel bin«, murmelt Maschke.

»Wir werden zwei Fleißaufgaben abarbeiten«, sagt Stave. »Wir müssen die Schreiben an die Kripo-Dienststellen, die Standesämter und so weiter verfassen. Dazu brauchen wir wieder Dutzende Abzüge der Fotos. Wahrscheinlich sogar Hunderte. Frau Berg wird sich darum kümmern.«

Er beobachtet, wie MacDonald zusammenzuckt, als er ihren Namen hört. Doch keiner der beiden sagt etwas dazu.

»Und wir werden allen Chirurgen, die in den letzten zehn Jahren Eierstockoperationen vorgenommen haben, einen Brief schicken – mit Fotos der älteren Frau, vom Kopf und untenrum. Die Ärzte in zweihundert Kilometer Umkreis von Hamburg werden wir persönlich aufsuchen. Das geht schneller, und das werden Sie erledigen, Maschke.«

»Mein Glückstag«, erwidert der Mann von der Sitte,

sieht aber für seine Verhältnisse nicht unzufrieden aus. »Solange ich bei keiner weiteren Obduktion dabei sein muss, bin ich Ihr Mann.«

Der ist ganz froh, dass er hier rauskommt, vermutet Stave. Dann ist er aus der Feuerlinie, falls man mir wegen des Trümmermörders noch mehr Ärger bereitet. Maschke ahnt nicht, dass ihm der Oberinspektor, bei aller mittlerweile aufgekommenen Sympathie, mit dem Auftrag keinen karriereschonenden Gefallen tun will, sondern dass er Hintergedanken hat.

Stave steht auf. »An die Arbeit.«

Nachdem die Männer sein Büro verlassen haben, wartet Stave ein paar Augenblicke, bevor er ins Vorzimmer geht. Vielleicht, denkt er, sind MacDonald und Erna Berg dankbar für einige Sekunden Zweisamkeit. Doch als er endlich den Raum betritt, findet er die Sekretärin alleine an ihrem Tisch. Er sagt ihr, was zu tun ist, sie macht sich Notizen – mit zitternder Hand.

Schließlich kommt er sich dumm vor, weiterhin so zu tun, als bemerke er nichts. »Fehlt Ihnen etwas?«, fragt er. Und merkt zu spät, wie plump vertraulich das klingt. »Sie müssen mir selbstverständlich nichts sagen«, stottert er rasch hinterher. Klingt noch dämlicher.

Der klägliche Versuch eines Lächeln, doch dann gibt Erna Berg auf und weint stumm. Stave steht verlegen daneben, sieht die Tränen, die unter den vors Gesicht geschlagenen Händen hervorquellen, über die Wangen laufen, auf den Schreibtisch tröpfeln. Er zieht sein Taschentuch heraus, will ihr damit über das Gesicht streichen, findet das dann doch zu intim, und wischt stattdessen die feuchten Perlen von der Schreibtischplatte. Eine quälende Ewigkeit vergeht so, in der er nicht weiß, was er tun soll, und sich zugleich davor fürchtet, dass gerade jetzt jemand ins Büro platzen könnte.

Endlich beruhigt sich seine Sekretärin wieder etwas, nimmt das Taschentuch, das er noch immer in der Hand hält, wischt sich über das Gesicht, schnieft hinein.

»Das kann ich Ihnen nun schlecht wiedergeben«, murmelt sie und steckt es ein. »Ich bringe es Ihnen morgen wieder mit, gewaschen und gebügelt.«

»Sie dürfen es behalten«, antwortet Stave.

»Wenigstens eine Sorge weniger«, erwidert sie. »Es tut mir leid, dass ich hier eine Szene mache.«

»Sie können sich den Tag freinehmen.«

Sie winkt erschrocken ab. »Mir geht es im Moment hier besser als zu Hause.« Dann holt sie tief Luft. »Sie ahnen sicher etwas?«, fragt sie schüchtern.

»MacDonald?«

»James – Lieutenant MacDonald – hat mich gewarnt: Er glaubt, dass Sie uns ertappt haben.«

»Sie haben nichts getan, bei dem ich Sie hätte ertappen können.«

»Vielen Dank für diese freundliche Lüge. Herr MacDonald und ich sind uns in den letzten Wochen nähergekommen.«

»Das ist kein Verbrechen.«

»Wenn man eine verheiratete Frau ist, ein Kind erwartet und plötzlich der Ehemann wiederkehrt, dann wohl schon.«

Jetzt setzt sich Stave auf den Besucherstuhl vor dem Schreibtisch. »Turbulente Tage«, murmelt er.

»Sehen Sie: Ich dachte, dass ich Witwe bin. Mein Mann wurde vermisst. Keine Nachricht, kein Lebenszeichen, seit Jahren. Sie kennen das ja.« Sie wird dunkelrot, blickt zu Boden. »Dann kam da plötzlich Lieutenant MacDonald in Ihr Büro. Wir sprachen miteinander, wir waren beide allein, ungebunden, eines kam zum anderen. Dass ich so rasch schwanger wurde, war nicht geplant. Aber wir wollen das Kind. Wir träumen von einer gemeinsamen Zukunft. Auch mit meinem Sohn, den Herr MacDonald annehmen will. Wir wollen nach England ziehen, irgendwann. Weg von all diesen Trümmern.« Sie schlägt die Hände vors Gesicht. »Und dann klopft es vor zwei Tagen an meiner Wohnungstür. Ich denke, dass es James ist, bin überrascht, freue mich, reiße die Tür auf – und vor mir steht mein Mann. Oder das, was von ihm noch übrig geblieben ist. Ein dünner Schatten. Einbeinig. Und dieser Blick in den Augen, verloren, hilflos und zugleich irgendwie brutal.«

Ein Weinkrampf. Stave wartet, bis sie sich wieder etwas beruhigt hat. Er ist froh, dass sie ihn in diesem Augenblick nicht anblickt. Neid und Wut durchströmen ihn wie Galle. Neid, weil ihr verloren geglaubter Mann plötzlich da ist, während sein Sohn spurlos verschwunden bleibt. Und Wut, weil sie sich über dieses Wunder nicht einmal freuen kann.

»Ahnt Ihr Mann etwas von Ihren«, er sucht nach dem passenden Ausdruck, findet keinen und endet lahm mit »Schwierigkeiten?«

Sie schüttelt den Kopf. »James und ich treffen uns vorläufig nicht außerhalb des Dienstes. Auch für ihn ist das ein Schock. Aber meinen Zustand kann ich nicht ewig verheimlichen. Zumal ich ja später nicht einmal behaupten könnte, dass das Kind von meinem Mann ist. Denn ich kann einfach nicht, Sie verstehen.«

Stave versteht nur zu gut. Ein Mann, der ein Bein irgendwo in Russland gelassen hat und als Krüppel zu seiner jungen Gattin zurückkehrt. Einer Frau, die vor Entsetzen die Augen aufreißt, als er bei ihr anklopft. Und die nachts im Bett von ihm wegrückt, als hätte er Aussatz. Ob auch sein kleiner Sohn ihn meidet, den fast fremden Mann mit der Entstellung?

»Was wollen Sie tun?«

Sie strafft sich plötzlich, quält ein Lächeln auf ihr Gesicht. »Zunächst einmal alle diese Briefe schreiben, Herr Oberinspektor«, sagt sie.

Stave springt auf. »Selbstverständlich geht mich das nichts an«, murmelt er. »Verzeihen Sie die Frage.«
Er geht wieder in sein Büro und schließt die Tür.

Stave betrachtet seinen Stadtplan mit den vier roten Nadeln darauf. Drei Fundorte im Osten, einer im Westen. Die drei Stellen östlich der Alster liegen letztlich kaum eine Viertelstunde Fußmarsch auseinander. Zur Lappenbergsallee jedoch ist jeder dieser Plätze mindestens eine Stunde Wegstrecke entfernt.

Es sei denn, der Täter führe ein Auto oder einen Lastwagen.

Stave durchdenkt diese Option. Das würde auf einen der wenigen Deutschen mit Sondergenehmigung hindeuten. Oder auf einen Briten. Andererseits: Sind Motorfahrzeuge nicht ein auffälliger Anblick? Und keiner der vier Fundorte könnte direkt mit einem Auto angesteuert werden – man müsste die Leichen irgendwie vom Fahrzeug an der nächsten Straße bis zu ihren Verstecken geschafft haben. Tagsüber praktisch unmöglich, dass das unbeobachtet stattfinden könnte. Und nachts? Da wäre ein Auto noch viel auffälliger, denn die Briten fahren kaum zur dunklen Stunde, den Deutschen ist es ausdrücklich verboten.

Verdammt, denkt Stave, will denn nichts zusammenpassen? Irgendwo hakt es immer, irgendein Detail passt nie ins Bild. Er denkt an die letzte Obduktion. Warum sollte ein Mörder, der so beutegierig ist, dass er der Frau sogar den Schlüpfer abnimmt, ihr ausgerechnet die Goldzähne lassen? Für Gold kann man auf dem Schwarzmarkt alles haben.

Verwischt er also mit dem Ausplündern bloß Spuren? Aber wenn er seine Opfer nicht ausraubt, sich nicht an ihnen vergeht, er auch keinen familiären Groll gegen sie hegt – warum bringt er sie dann überhaupt um?

Stave könnte seinen Kopf gegen die Wand hämmern vor Zorn – Zorn über den Mörder, über seine eigene Unfähigkeit, über die Kollegen, die ihn im Stich lassen, ihre privaten Dramen inszenieren oder sogar seine Arbeit sabotieren.

Es ist inzwischen nach 18 Uhr. Das Vorzimmer ist leer, auf dem Flur ist es still. Wenn ich mit den einen Ermittlungen nicht weiterkomme, denkt Stave, dann ist es Zeit, dass ich mich den anderen zuwende. Den heimlichen.

Er verlässt sein Zimmer, geht langsam den düsteren Gang hinunter, späht unauffällig in die Büros, deren Türen nicht verschlossen sind. Ruhiger Abend. Stave erreicht das Treppenhaus, geht zwei Stockwerke abwärts, hält inne. Bis dahin müsste jeder, der ihn beobachtet, denken, dass er nach Hause geht. Erst jetzt wagt er sich auf fremdes Terrain. Der Oberinspektor atmet tief durch, drückt dann eine Tür auf und betritt den Flur des Sittendezernats.

Ein Gang und Bürotüren zu beiden Seiten, wie bei der Mordkommission. Nirgendwo brennt Licht. Im Halbdunkel eilt er den Flur entlang, überfliegt die Schilder neben den Türen.

Polizeiinspektor Lothar Maschke.

Blicke zu beiden Seiten, dann drückt er die Klinke herunter.

Unverschlossen.

Stave schlüpft lautlos hinein, schließt rasch die Tür. Sein Herz rast. Er hat in seinem ganzen Leben kaum je etwas Verbotenes getan und jetzt das: der Einbruch bei einem Kollegen.

Er fingert eine Taschenlampe aus der Manteltasche, knipst sie an, blickt sich um. Kein Vorzimmer, ein winziges Büro, schmuddeliger Eindruck. Ein Gebirge aus Berichten, Polizeifotos, Notizheften, leeren Lucky-Strike-Schachteln auf dem Schreibtisch. Überquellender Aschenbecher. Ein Stuhl, weggeschoben vom Tisch, nicht ordentlich an die Kante gerückt. An einer Wand ein Stadtplan von Hamburg, schief angepinnt mit rostigen Heftzwecken. Mit vier Bleistiftkreuzen sind dort die Fundorte markiert. An einer anderen Wand das Zeugnis der Polizeischule, nicht gerahmt, auch etwas schief.

Stave tritt näher, sieht sich den Schreibtisch genauer

an, berührt jedoch noch nichts. Ein gerahmtes Foto: eine ernst dreinblickende, ältere Dame. Der Oberinspektor erinnert sich, dass sein Kollege noch bei seiner Mutter wohnt. Sonst nichts Persönliches. Das Durcheinander auf der Schreibtischplatte – papierner Niederschlag der Mordermittlungen: Kopien von Obduktionsberichten, Bilder des Polizeifotografen, Listen von Chirurgen und Zahnärzten.

Keine Akten.

Stave streift sich dünne, schwarze Lederhandschuhe über, dann zerlegt er sorgfältig die Papierberge, darauf achtend, dass er sie anschließend exakt wieder so zusammenschiebt, wie sie vorher waren. Wer weiß, ob Maschkes scheinbares Chaos nicht doch Methode hat?

Nichts.

Dann noch die Schreibtischschubladen, zwei zu jeder Seite. Links oben: Zigaretten, Feuerzeuge. Stave hebt die Augenbrauen. Ziemlich viele für das Gehalt eines Polizeiinspektors. Entweder lässt der Kollege seinen halben Lohn in Rauch aufgehen oder er hat Quellen, die ein Kripobeamter nicht haben sollte.

Links unten, eine tiefe Schublade: Karteikarten, manche mit Fotos. Stave fischt einige heraus, studiert sie. Aufgeklebte Polizeifotos, wie sie zur Identifikation von Verbrechern gemacht werden, daneben Namen. Auf der Rückseite, in Maschkes Schülerschrift, Notizen:

»Rufnamen: Lena oder die Dänin.«

»Trägt Messer versteckt an jedem Fußknöchel.«

»Mädchen von Willy Warncke (Dicker Willy).«

»Yvonne Delluc, hat Familie hier.«

»Achtung: Isabelle beliebt bei britischen Offizieren. Nicht zu hart anfassen.«

»Verhaftet Schwarzmarkt 5. 1. 47 mit 1 Paar Nylonstrümpfen, 20 Zigaretten.«

Der Oberinspektor blättert rasch durch den Stapel: Huren, Luden, Huren, Luden. Keine Freier. Erstaunlich, wie viele seiner Kunden Maschke in der kurzen Zeit, die er seit seinem Abschluss bei der Sitte ist, schon klassifiziert hat.

Die Karteikarten liegen ohne erkennbare Ordnung aufeinander, doch Stave vermutet, dass Maschke genau weiß, wo welche Karte steckt. Hinter dessen Schluderigkeit versteckt sich System, denkt er.

Rechte obere Schublade: Bleistifte, ein beschädigter Anspitzer, zerfledderte Notizhefte – leer, oft sind viele Seiten herausgerissen. Es sind mehr oder weniger vollgeschriebene Kladden, die Maschke offenbar wiederverwenden will. Daneben bröselige Radiergummis, zwei verbogene Büroklammern, ein paar angerostete Heftzwecken, Tabakkrümel.

Rechte untere Schublade, so tief wie die gegenüber: etwa ein Dutzend Zettel, manche zerknüllt, noch drei Notizhefte. Stave lässt den milchigen Kegel der Taschenlampe kurz hineinleuchten und überfliegt die Papiere.

Zahlenkolonnen. Die Zettel sind mit Ziffern bekritzelt. Manchmal nur wenige auf einem Blatt, manchmal mehrere; die Notizhefte sind ebenfalls Zahlenfriedhöfe. Telefonnummern? Kombinationen von Schließfächern? Nirgendwo eine Erläuterung dazu, kein Name, nicht einmal ein Buchstabe.

Unter den Zetteln und Heften ein aktueller Fahrplan der Reichsbahn für alle Besatzungszonen – fast wertlos in diesem Winter, da niemand weiß, wann ein Zug fährt, ja ob überhaupt.

Darunter Landkarten, wie sie in der Wehrmacht ausgegeben wurden. Topographische Karten, großer Maßstab – Norddeutschland, Niedersachsen, Dänemark, die Niederlande, Belgien und Luxemburg, Frankreich, Bayern und Österreich, die Schweiz.

Stave blickt verwundert auf die sorgfältig gefalteten Pläne. Hamburgs Umland ist für einen Kripobeamten sicher interessant. Aber die fremden Staaten? Er zeichnet im Kopf ein Bild: alle Länder nördlich, westlich und südlich der Reichsgrenzen. Maschke war in der Wehrmacht, war auf dem Westfeldzug. Warum hat er ausgerechnet alle seine Landkarten behalten? Warum hat er als U-Boot-Fahrer überhaupt solche Karten bekommen? Stave blättert sie noch einmal durch. Die Pläne sehen unbenutzt aus – bis auf einen, der von Frankreich. Die Faltstellen weiß, Risse am Rand. Er zerrt ihn hervor, breitet ihn vorsichtig auf dem unebenen Schreibtisch aus. Ganz Frankreich, eine Karte so groß wie die Tischplatte.

Mit Bleistift hineingekritzelte Notizen. Militärische Symbole, Buchstaben und Ziffern, offenbar Kürzel für Einheiten. Daneben Daten. Manche Einträge ausradiert und überschrieben, manchmal hastig durchgestrichen und darüber korrigiert.

Das Bild eines Rückzugs.

Die ältesten Notizen beginnen am 1. Juni 1944 links fast an der Atlantikküste, nordöstlich von Bordeaux. Dann eine Linie hoch nach Norden in die Normandie. Die Invasion der Alliierten, denkt Stave. Dann immer nur nach Osten. Der letzte Eintrag, Ende November 1944, bei Straßburg.

Als der Oberinspektor die Karte wieder zusammenfaltet, fällt der Strahl der Taschenlampe auf die Rückseite der Blätter. Ein halb verwischter amtlicher Stempel aus dem Reich: Adler und Hakenkreuz, darunter Schriftzüge in Fraktur. Stave will den Plan schon wieder zwischen die anderen schieben, als er stutzt – da ist noch ein Zeichen im Stempel. Die beiden Runen der SS.

Er legt die Karte unter die Taschenlampe, entziffert mühsam die von Fingerabdrücken verwischten, von Regentropfen an einigen Stellen zerlaufenen Buchstaben unter den Zeichen: 3. Komp. I. Bat. SS-Panzergrenadier Regiment ›Der Führer‹.

Und darunter, in Bleistift und fast unleserlich, ein Name: «Hans Herthge«. In Maschkes Schrift.

Stave hat keine Zeit, über seinen Fund nachzudenken. Denn plötzlich hört er etwas vom Gang draußen.

Schritte.

Dem Oberinspektor bleiben zwei Sekunden zum Nachdenken. Wahrscheinlich wird der Unbekannte vorbeigehen. Aber wenn nicht? Soll man ihn hier mit Taschenlampe am Schreibtisch eines Kollegen entdecken? Soll er sich verstecken? Aber wo?

Frechheit siegt, denkt Stave. Er wirft die Schublade zu, stopft den Frankreich-Plan und seine Handschuhe in die Manteltasche, knippst die Taschenlampe aus und schaltet die Schreibtischlampe an. Wenn man ihn schon sieht, dann so, als habe er nichts zu verbergen.

Die Schritte werden lauter, dann Stille. Jemand steht direkt vor der Tür. Stave beugt sich über die Papiere auf dem Schreibtisch und tut so, als würde er etwas suchen.

Die Klinke wird heruntergedrückt, vorsichtig. Der Oberinspektor blickt auf. Staatsanwalt Ehrlich.

Die Männer mustern sich eine Sekunde lang, beide peinlich berührt.

»Guten Abend«, sagt Stave schließlich, der sich als Erster fängt. »Kann ich Ihnen helfen?«

»Habe ich mich im Flur geirrt?«, erwidert der Staatsanwalt. »Das ist doch das Büro von Herrn Maschke.«

»Punktgenaue Landung. Mein Kollege hat jedoch schon Feierabend gemacht.«

»Und Sie sind zur Sitte versetzt worden?« Der Staatsanwalt mustert ihn verwundert.

Stave hatte ein paar Augenblicke Zeit, sich eine Geschichte zurechtzulegen. »Maschke soll ab morgen Chirurgen abklappern, die Operationen vorgenommen haben, wie die beim vierten Opfer. Ich hatte ihn schon einmal zu Ärzten geschickt. Die Prothesen, der Leistenbruch, Sie erinnern sich? Ich frage mich, ob es wohl Mediziner gibt, die bei Männern Leistenbrüche operieren und bei Frauen Unterleibsoperationen durchführen. Falls die Opfer doch zur selben Familie gehören, wäre das doch ein Ansatz. Weil Maschke schon ausgeflogen ist, suche ich bei ihm.« Er deutet entschuldigend auf die Papierberge vor sich. »Aber ich befürchte, ich muss doch morgen mit ihm reden.«

Ehrlich blickt ihn einen Moment lang skeptisch an, lächelt dann und nickt. »Verstehe«, murmelt er. Es klingt, als verstünde er nichts. »Dann muss ich wohl ebenfalls warten, bis ich den Polizeiinspektor sprechen kann. Schade.«

Der Staatsanwalt deutet eine Verbeugung an, dann zieht er die Tür wieder hinter sich zu. Schritte auf dem Gang, leiser werdend.

Stave atmet tief durch. Kalter Schweiß perlt ihm zwischen den Schulterblättern den Rücken hinab. Ob Ehrlich ihm die Geschichte abnimmt? Ob er mit Maschke über dieses unverhoffte Treffen reden wird? Er muss nun auf jeden Fall mit dem Beamten von der Sitte die idiotische Vermutung mit den Chirurgen durchsprechen, um seine Tarngeschichte aufrechtzuerhalten.

Er wartet noch ein paar Minuten, bis er sicher ist, dass Ehrlich verschwunden ist. Schiebt die Papiere wieder zurecht. Zögert, ob er auch die Frankreichkarte zurücklegen soll, entscheidet sich dann aber dafür, sie zu behalten. Vorläufig. Mal sehen, was es mit »Hans Herthge« auf sich hat.

Er knipst das Licht aus, tritt auf den Flur, eilt aus dem dunklen Haus. Erst draußen, auf dem zugigen Platz, fällt Stave auf, dass Ehrlich ihm nicht verraten hat, was er eigentlich zu so später Stunde in Maschkes Büro wollte.

Düstere Straßen, Ruinen wie Spukschlösser, irgendwo röhrt der Motor eines britischen Jeeps; ein steifgefrorener Vorhang, halb aus dem Ziegelschutt herausgeweht, klappert im Wind, sonst lastende Stille. Stave hat sich in den letzten Jahren so sehr an den Anblick der verwüsteten Stadt gewöhnt, dass er kaum je darüber nachdenkt. Doch als er nun nach Hause eilt, fühlt er sich unbehaglich, unsicher. Bedroht.

Zuckende Schatten in Fensterhöhlen. Umrisse vor gehäuteten Wänden. Leichen? Oder ein Mörder, der geduckt im Versteck auf einen nächtlichen Wanderer lauert? Ich werde paranoid, denkt der Oberinspektor mal wieder.

Stave ertappt sich dabei, dass auch er mitten auf der Straße geht – so weit entfernt von den Trümmergrundstücken wie nur möglich. Ein Kitzeln zwischen den Schulterblättern, als beobachte ihn jemand. Er fährt herum. Nichts.

Und doch bleibt das Gefühl, nicht allein zu sein.

Er greift nach seiner Pistole, legt den Sicherungshebel der FN 22 um, geht schneller, trotz der Schmerzen im linken Bein. Der Weg scheint endlos zu sein.

Als Stave endlich vor seinem Haus angekommen ist, nimmt er in der dunklen Treppe zwei Stufen auf einmal, fingert am Schloss herum, wirft die Wohnungstür hinter sich zu. Sein Herz rast, die Haut ist nass, der Atem rasselt.

Ich benehme mich wie ein Idiot, denkt er, wie ein Anfänger. Wenn jemand auf mich zugekommen wäre, um mich nach der Uhrzeit zu fragen, ich hätte ihn vor Angst erschossen. Er wartet, bis seine Hand nicht mehr zittert, sichert dann die FN 22 und steckt sie in das Holster zurück. Muss mehr schlafen, sagt er sich, mich endlich einmal richtig durchwärmen. Wenn dieser Frost nur endlich aufhören würde! Zugleich fürchtet er sich davor. Vor auftauenden, stinkenden Leichen.

Er bereitet sein Abendessen zu: Brot, das nach Papier schmeckt, dünner Käse, Wasser, eine matschige Kartoffel, die er nach einer Stunde auf der Brennhexe halbgar hinunterschlingt. Dann wartet er ausgestreckt auf den Schlaf, liegt wie ein Toter auf dem Bett, regungslos. Müdigkeit, die vier Zentner wiegt. Doch irgendetwas in seinem Kopf weigert sich, ins Traumland zu gleiten.

Stave tastet sich schließlich zum Radio. Gelblicher Glanz aus dem alten Kasten, als die Röhren warm werden. Er hat seit Monaten nichts mehr gehört. In der braunen Zeit die dröhnenden Klänge von Liszt und dann: »Das Oberkommando der Wehrmacht gibt bekannt!« Die sich überschlagenden Stimmen von Hitler oder Goebbels und dazwischen, rauschend wie ein Hagelschauer am Fenster, der Chor der »Heil«-Rufer in irgendeinem Sportpalast. Wagnermusik. Er war dessen schließlich so überdrüssig, dass er lieber gar nichts mehr einschaltete als das. Es gab Kollegen und Nachbarn, von denen er wusste, dass sie heimlich BBC lauschten, aber das hatte er nie gewagt.

Heute jedoch soll ein neuer Sender erstmals ausstrahlen: Nordwestdeutscher Rundfunk. Britische Offiziere, junge deutsche Journalisten, eine Art BBC für Deutsche. Stave hat davon gehört, hat, wenig interessiert, in den letzten Tagen hin und wieder den Kollegen gelauscht, die schon die Tage abzählten, bis endlich wieder Radio zu hören ist.

Nun aber, da der Schlaf ihn nicht entführt, lässt er sich beschallen. Wenigstens die Illusion einer zweiten Stimme im Raum. Ein Sprecher. Rauschen, statisches Knacken, manchmal minutenlange Stille und Dunkelheit, wenn der Strom aussetzt. Dann ein Hörspiel. Stave achtet nicht auf den Namen des Verfassers, lauscht auch nur halb den Beschreibungen, den Dialogen, genießt bloß, Geräusche in der Wohnung zu haben, das weiche Licht des Radios, die Rückkehr eines Splitters von Normalität.

Stave hört von einem Mann, der aus dem Krieg heimkehrt und den niemand haben will. Hört, wie dieser Mann mit der Elbe spricht. Seltsam, denkt er, wie soll man mit der Elbe sprechen, wenn die unter einem Meter Eis verborgen liegt?

Damit driftet er in einen Traum, in dem sein Sohn mit der Elbe spricht, deren Wellen irgendwie die Züge von Margarethe annehmen. Es ist warm, die Häuser glänzen unzerstört in der Sonne. Stave fühlt sich traurig und beglückt zugleich und gleitet jenseits der Träume in das Reich schwärzester Dunkelheit und schläft so tief wie seit Jahren nicht mehr.

Enttarnung

Montag, 17. Februar 1947

Seit sieben Uhr morgens bearbeitet Stave im Büro das Telefon. Als die Kuppe des rechten Zeigefingers rot wird, weil er so oft die Wählscheibe dreht, greift er nach einem Bleistift und fingert damit herum. Am Freitag schon hat er versucht, Maschke zu erreichen. Er will ihn unbedingt sprechen, bevor Ehrlich mit ihm reden kann, um ihm seine Version der Geschichte vom abendlichen Treffen im Büro zu servieren. Vergebens. Nirgendwo kann er den Kollegen von der Sitte erreichen, in keinem Hotel, auf keiner Polizeiwache Norddeutschlands, in keinem Krankenhaus. Mehrmals hat er mit Menschen gesprochen, die ihrerseits Maschke empfangen haben, stets wenige Stunden zuvor. Es ist, als würde er mir entkommen wollen, denkt Stave. Absurd.

Das Wochenende hat er auf dem Bahnhof verbracht – und er hatte dabei viel Zeit zum Nachdenken. Denn je länger sich dieser Winter hinschleppt, desto weniger Kohle wird gefördert. Und immer mehr Lokomotiven bleiben mit geplatzten Leitungen oder vor Frost gesprungenen Kesseln liegen. Nun rattern an einem Tag weniger Züge über die Gleise als früher in einer Stunde.

Stave ist auf leeren Bahnsteigen auf und ab gegangen, nicht nur, um die Kälte aus seinen Beinen zu treten. Unruhig war er, hatte sich ausgemalt, dass Ehrlich am Wochenende irgendwie mit Maschke reden würde – über ihn. Oder dass der Kollege unangekündigt fürs Wochenende zurückgekehrt sei und sein Büro aufgesucht habe. Stave stellte sich Maschke vor, wie er das scheinbar unordentliche Zimmer betritt, vielleicht nur auf der Suche nach einer Packung Zigaretten. Wie er dann stutzt, als er bemerkt, dass ein Papier nicht so schief auf dem Haufen liegt, wie er es hingelegt hatte. Dann malt er sich aus, wie Maschke den Schreibtisch untersucht, hier und da Störungen im sorgfältig arrangierten Durcheinander entdeckt, dann die unterste rechte Schublade öffnet, die Landkarten durchblättert, bemerkt, dass eine fehlt. Und dann ruft Ehrlich bei ihm an …

Wenn er nicht an Maschke dachte, dann wirbelten seine Gedanken um den Trümmermörder. Wenn er nun auch hier war am Bahnhof, suchend wie er? Wenn der Mörder gar vor ihm seinen Sohn fände, der müde und abgezehrt aus einem Waggon taumelt? Ein ausgemergelter Kriegsheimkehrer, eine leichte Beute. Ein Schupo würde Stave irgendwann rufen: »Wir haben wieder einen Toten.« Ein Ruinengrundstück. Ein nackter, junger Mann. Stave tritt näher, dann der Schock des Erkennens …

Der Oberinspektor war durch die riesige Halle geschlichen, unruhig, wütend, ziellos wie ein gefangener Tiger. Als der letzte Zug abends mit asthmatischem Keuchen aus dem Bahnhof schlingerte, war er wie immer müde, durchgefroren, enttäuscht und zugleich auch eine Winzigkeit erleichtert, dass nichts passiert war. Und dass wieder ein Wochenende verstrichen war.

Plötzlich zuckt Stave zusammen: Das Telefon läutet. Er reißt den Hörer von der Gabel.

»Maschke hier.«

Rauschen, Knistern, die Stimme schwankt. Eine Verbindung, als würde der Kollege vom Nordpol aus anrufen.

»Versuche schon seit einer Stunde, bei Ihnen durchzukommen. Was ist denn los? Es ist dauernd besetzt.«

Stave zwingt sich, kein Zeichen von Erleichterung zu verraten.

»Musste ein paar Anrufe tätigen«, antwortet er. »Nichts Wichtiges. Was Neues bei Ihnen?«

Maschke ruft aus Travemünde an. Er schimpft über die Großschieber im Kurhotel: Zimmer mit Meerblick für 500 Reichsmark die Nacht, Frühstück mit echtem Kaffee und Marmelade, abends eine Flasche Whiskey für 800 Mark.

»Das Hotel ist voll«, ruft er über das Rauschen der Leitung hinweg, »als hätte es nie einen Krieg gegeben. Nur das Publikum hat gewechselt.«

»Klingt, als verprassten dort Geschäftsleute ihre Scheine. Ist doch wie früher.« Stave kann sich eine Prise Schadenfreude nicht verkneifen. Der zynische Maschke, der Jäger der Huren und Luden, bleibt doch tief im Innern jemand, der an das Gute im Menschen glaubt.

Oder auch nicht. Der Oberinspektor denkt wieder an die Frankreichkarte mit dem Stempel der Waffen-SS und dem Namen »Hans Herthge«.

Soll ich ihn mitten im Gespräch einfach mit »Herthge« anreden und dann mal hören, wie er reagiert, denkt er, verwirft diese Überlegung aber rasch. Er müsste zu viel erklären danach. Stattdessen rät er Maschke, sich nach Chirurgen umzusehen, die sowohl Eierstock- als auch Leistenbruchoperationen ausgeführt haben. Stave wählt dabei seine Worte sorgfältig. Er bleibt vage, verrät nicht direkt, dass er abends in Maschkes Büro war – dreht es aber doch so, dass er dem Kollegen, sollte der je durch Ehrlich davon erfahren, erwidern kann, das habe er mit ihm doch schon am Telefon besprochen.

Der Beamte von der Sitte schweigt. Wird er misstrauisch? Doch dann kommt die Antwort. »Mache ich«, sagt Maschke.

Trotz des Knisterns in der Leitung kann man die Skepsis in seiner Stimme hören. »Leistenbruch und Eierstock. Bis jetzt habe ich mich von Hamburg aus bis zur Ostseeküste vorgearbeitet. Jetzt fahre ich bis zur dänischen Grenze. Dann quer durchs Land und an der Nordsee wieder abwärts. Wird noch Tage dauern. Ich habe inzwischen schon etwa zwanzig Chirurgen gefunden. Erstaunlich, wie viele Kerle bei Frauen unten rumschnippeln. Aber niemand hat die Dame je gesehen, die wir suchen. Ich habe jeden Arzt, wenn ich schon mal da war, gefragt, ob die Frau wohl Kinder gehabt haben könnte. Alle hielten das für ziemlich unwahrscheinlich.«

»Und die anderen?«

»Ich zeige jedem Arzt jedes verdammte Bild, das unser Fotograf gemacht hat. Der Alte, die junge Frau, das Mädchen – kein Opfer scheint je einen Doktor besucht zu haben. Müssen ziemlich gesunde Leute gewesen sein. Nur ein bisschen Halsschmerzen am Ende.«

»Melden Sie sich jeden zweiten Tag in der Zentrale, auch wenn Sie nichts finden. Seien Sie sorgfältig. Fragen Sie auch nach älteren Medizinern, die jetzt nicht mehr praktizieren. Hören Sie sich lieber einen Tag zu viel um als eine Stunde zu wenig.«

So habe ich Maschke vom Hals, denkt er, als er den Hörer auf die Gabel knallt.

Inzwischen hämmert die Schreibmaschine im Vorzimmer: Erna Berg ist angekommen.

»Wie geht es Ihnen?«, fragt Stave überflüssigerweise.

Sie sieht aus, als habe sie seit drei Tagen kein Auge mehr zugemacht.

»Gut«, lügt sie. Das Klacken der Schreibmaschine wird noch lauter.

»Besorgen Sie mir doch bitte einige Hefter für die Ablage. Ich muss noch Akten einsortieren.« Ein Versuchsballon.

Erna Berg nickt nur.

Das Wort »Akten« macht sie nicht nervös. Sie hätte von allen Kollegen die beste Gelegenheit gehabt, die Mordakten verschwinden zu lassen. Aber sie hat kein Motiv. Sie reagiert nicht einmal auf das Wort. Oder sie ist eine sehr gute Schauspielerin. Aber wenn sie das wäre, würde sie dann nicht die Geschichte mit MacDonald und ihrem Mann besser verheimlichen können?

»Kann ich sonst noch etwas für Sie tun?« Sie blickt zu ihm auf.

Stave merkt, dass er sie angestarrt hat. Er wird rot und schüttelt den Kopf. Dann besinnt er sich. »Doch, rufen Sie MacDonald zu mir.«

Sie zaubert ein schwaches Lächeln herbei. »Das würde ich gerne. Doch der Herr Lieutenant ist verschwunden.«

»Verschwunden?«

»Weg. Unauffindbar. Auch auf seinem Posten kann mir niemand sagen, wo er ist. Ich rufe dort ja häufiger an, nicht nur dienstlich. Manchmal vergehen ein paar Stunden, manchmal dauert es einen Tag. Dann ist James wieder da, spricht mit mir, als wenn nichts gewesen wäre. Ich weiß nicht, was er in diesen Zeiten macht. Vielleicht hat er ja eine andere Frau?«

»Das glaube ich nicht«, antwortet der Oberinspektor mechanisch, obwohl er den Briten nicht so gut kennt, dass er etwas Derartiges behaupten könnte.

»Versuchen Sie es weiter.«

»Das müssen Sie mir nicht sagen. Ich melde mich, sobald ich ihn aufgetrieben habe.«

Stave zieht sich wieder in sein Büro zurück. Maschke ist aus dem Weg. MacDonald ist unauffindbar. Erna Berg ist mit ihren eigenen Problemen beschäftigt. Ehrlich und Cuddel Breuer stehen nicht bei ihm auf der Schwelle – ein Wochenende ohne Leichenfund gibt ihm eine Atempause, eine Gnadenfrist, bevor die nächsten Nachfragen kommen.

Ich knöpfe mir alles noch einmal vor, denkt der Oberinspektor, ungestört, allein. Ich werde mir die wichtigsten Zeugen noch einmal vornehmen. »Fragen Sie bei der Fahrbereitschaft, ob ich einen der Wagen haben kann«, ruft er seiner Sekrtetärin zu.

»Den ganzen Tag?«

»Den halben. Oder nur zwei Stunden, wenn es sein muss.«

»Wo soll es denn hingehen?«

»Spuren verfolgen«, antwortet Stave bloß.

Eine halbe Stunde später jagt er den alten Mercedes mit pfeifenden Reifen über das Pflaster an der Elbuferstraße. Stave hatte einen Moment lang darüber nachgedacht, ob er sein Kommen telefonisch ankündigen soll, sich dann aber dagegen entschieden. Ein-Mann-Überfallkommando. Vielleicht kann er die Überraschung nutzen. Falls man ihn im Warburg Children's Health Home abweist, kann er ja immer noch den Dienstweg einschlagen; zur Not mit MacDonalds Hilfe, wann immer der wieder auftaucht. Flüchtig fragt er sich, warum der Lieutenant verschwunden ist und ob Erna Berg möglicherweise doch recht hat.

Vor dem Warburgschen Anwesen muss er anhalten. Das Tor ist verschlossen, niemand ist zu sehen. Der Oberinspektor klingelt. Nach einer endlosen Minute erscheint ein Halbwüchsiger auf der anderen Seite des Tores.

»Sie wünschen?«

Stave greift unbewusst in seine Manteltasche, um den Polizeiausweis zu zücken, doch dann entscheidet er sich dagegen. Er nennt nur seinen Namen, ohne Rang.

»Ich möchte gerne mit Madame DuBois sprechen«, sagt er.

Der Junge verschwindet. Eine Minute. Zwei Minuten. Der Oberinspektor fragt sich schon, ob er die falsche Taktik gewählt hat, als er endlich die schlanke Betreuerin aus der Villa treten sieht. Sie öffnet das Tor und winkt ihm, mit dem Wagen den Weg hinaufzufahren.

»Es tut mir leid, dass Sie den Mörder noch immer nicht gefunden haben«, begrüßt ihn Thérèse DuBois.

»Wieso kommen Sie darauf, dass ich ihn noch nicht verhaftet habe?«

»Warum wären Sie sonst wieder hier?«

Stave folgt ihr in den Wintergarten der Villa und überlegt sich, wie viel er verraten soll.

»Ich bin nicht wegen des Trümmermörders hier«, beginnt er, nachdem er Platz genommen hat.

»Eine andere Ermittlung?«

»Vielleicht. Ich stehe noch am Anfang.«

»Und dafür brauchen Sie meine Unterstützung?«

»Ich brauche die Unterstützung eines kleinen Mädchens.«

Thérèse DuBois lächelt. Triumphierend, denkt Stave.

»Anouk Magaldi. Sie haben mich bei Ihrem ersten Besuch nach ihrem Namen gefragt. Seither wundere ich mich, was Sie damit wohl bezweckt haben. Und frage mich, wann Sie zurückkehren, um mir das zu verraten.«

»Darf ich mit ihr sprechen?«

»Warum?«

»Sie scheint meinen Kollegen zu kennen. Von früher.«

Thérèse DuBois blickt ihn schweigend an.

»Mein Kollege weiß davon nichts«, setzt der Oberinspektor hinzu. Er zögert. »Ich habe gewisse Gründe, mich zu fragen, wer mein Kollege eigentlich ist.«

»Sie glauben, dass er ein Nazi war?«

»Das waren viele. Ich möchte wissen, welche Art Nazi er war.«

»Ob er etwas getan hat, das Staatsanwalt Ehrlich interessieren könnte?«

Stave sieht sie verblüfft an. Nickt dann, fast widerwillig. »Ja.«

»Ich werde die Kleine holen.«

Nach ein paar Minuten steht das Mädchen vor ihm: zierlich für ihr Alter, Arme und Beine dünn wie Bambusrohre, langes, schwarzes Haar, große Augen. Stave reicht ihr zur Begrüßung die Hand, doch sie ignoriert die Geste, blickt ihn nur an. Wachsam, denkt der Oberinspektor, fluchtbereit. »Sprichst du Deutsch?«

Anouk schüttelt den Kopf.

»Ich werde für Sie übersetzen«, sagt Thérèse DuBois.

»Wieso hast du diese Geste gemacht, als du meinen Kollegen angeblickt hast?«, fragt Stave und ahmt ihre Hals-Abschneide-Bewegung nach.

Die Betreuerin hat kaum zwei Worte auf Französisch gesagt, da unterbricht die Kleine sie. Hastige Rede. Sätze, als würde sie beim Laufen sprechen. Gesten: Das Mädchen wirft etwas, sie duckt sich, sie kriecht, sie hebt die Hände, sie schließt die Augen, sie verzieht schmerzverzerrt das Gesicht, sie rennt.

Stave versteht kein Wort – aber die Bewegungen des Mädchens verraten ihm genug. Noch bevor Thérèse DuBois endlich mit ihrer Übersetzung beginnen kann, weiß er, dass sie ihm von einem Massaker erzählen wird.

»Anouk ist Jüdin. Sie lebte mit ihren Angehörigen in einem kleinen Ort nordwestlich von Limoges«, erklärt die Betreuerin. »Deshalb waren sie besonders vorsichtig während der deutschen Besatzungszeit. Vorsichtiger als ihre Nachbarn. Im Sommer '44 kamen Soldaten in das Dorf, da sind sie sofort in einem Keller verschwunden. Die meisten Bewohner jedoch haben sich nicht versteckt.«

»Welche Soldaten?«

»Deutsche. Waffen-SS. Die Invasion in der Normandie hatte vier Tage zuvor stattgefunden. Die Soldaten waren auf dem Weg zur Front. Die Franzosen dachten, dass die deutsche Herrschaft bald vorüber sei. Die Résistance verübte viele Anschläge. Und die SS-Männer rächten sich, an diesem Tag, an diesem Ort.«

Stave schweigt, wartet darauf, dass sie weitererzählt.

»Sie zerrten alle Männer und halbwüchsigen Jungen in Garagen oder Scheunen und erschossen sie. Die Frauen und Kinder trieben sie in die Kirche. Dann zündeten sie das Gotteshaus an, warfen Handgranaten hinein und feuerten. Am Ende waren praktisch alle Einwohner tot, mehr als sechshundert Menschen. Ein Drittel von ihnen Kinder.

Auch Anouks Eltern wurden entdeckt und erschossen. Sie jedoch überlebte, zusammengekauert hinter einem Regal mit Werkzeug und Holz. Die SS-Männer übersahen sie. Dann schlich sie an ein Kellerfenster, blickte hinaus und sah alles mit an. Nach dem Massaker zündeten die Mörder die Häuser des Dorfes an. Als es in ihrem Keller unerträglich heiß wurde, floh die Kleine. Niemand hat sie entdeckt, bis sie am nächsten Tag einem Kommando der Résistance in die Arme lief. Ihre Rettung. Nur eine Handvoll weiterer Einwohner überlebte.«

Stave blickt das Mädchen ernst an und sagt langsam: »Und der Mann, mit dem ich neulich bei euch war, gehörte an jenem Tag zu den Soldaten?«

Die Betreuerin übersetzt. Die Kleine nickt. Dann wieder eine Wortkaskade und Gesten: Tritte, Finger am Abzug.

»Er gehörte zu dem Trupp, der ihre Eltern aus dem Keller zerrte. Und später sah sie ihn, wie er in die brennende Kirche schoss. Er lachte dabei.«

Stave schließt die Augen und versucht sich Maschke vorzustellen: ein schlaksiger junger Mann in schwarzer Uniform mit der Schirmmütze, auf der ein Totenkopf prangt. Oder wahrscheinlicher mit einem Helm, rauchend sicherlich, lachend.

»Wie hieß dieser Ort?«, fragt er schließlich.

»Oradour-sur-Glane.«

»Wann war das Massaker?«

»Am 10. Juni 1944.«

Stave zieht die Frankreichkarte hervor, die er aus Maschkes Schreibtisch hat mitgehen lassen, und breitet sie auf dem Fußboden aus. Das Mädchen starrt ihn schweigend an.

»Können Sie mir den Ort auf der Karte zeigen?«

Die Betreuerin sucht, deutet dann auf einen Punkt fast in der Mitte des Landes.

Der Oberinspektor beugt sich über die Karte. Exakt an dem Punkt ist mit Bleistift ein Datum eingetragen: »10. Jun. '44.«

Auf dem Rückweg fährt Stave ungewöhnlich langsam. Lothar Maschke ist eigentlich Hans Herthge, kein U-Boot-Fahrer, sondern ehemaliger Soldat der Waffen-SS. Ein Mörder, mitverantwortlich für den Tod von mehr als sechshundert Menschen.

Und wir regen uns über vier Leichen auf, denkt er, aber ermahnt sich dann: Zu Recht regen wir uns auf. Mord ist Mord.

Was soll er unternehmen? Er hat die Aussage einer Achtjährigen. Thérèse DuBois versprach ihm, dass die Kleine vor Gericht als Zeugin auftreten würde. Sie sagte das in einem Ton, als erwarte sie, dass Stave sofort zum Staatsanwalt gehen würde. Doch was könnte Ehrlich tun? Bei einem Schuldspruch würde Maschke/Herthge der Tod drohen. Aber reicht die Aussage einer Achtjährigen, um einen Polizeibeamten unter das Fallbeil zu bringen? Kann man überhaupt nachweisen, dass Maschke Herthge ist? Es gibt die Frankreichkarte, doch die hat Stave unter zweifelhaften Umständen aus dem Schreibtisch des Kollegen entwendet. Was würde ein geschickter Verteidiger daraus machen? Am Ende würde man Maschke aus Mangel an Beweisen freisprechen – und Stave wäre der Denunziant, das Kollegenschwein. Er würde seinen Hut nehmen können.

Ich muss mich mit Ehrlich beraten, denkt Stave. Vertraulich. Sehen, was man tun kann. Weitere Beweise sammeln. Dann tritt er abrupt auf die Bremse, der Wagen kommt schleudernd zum Stehen.

Ehrlich wollte an jenem Abend in Maschkes Büro. Er hat ihm nicht gesagt, warum er den Beamten von der Sitte sehen wollte. Vielleicht wollte er ihn gar nicht sehen? Vielleicht wollte der Herr Staatsanwalt, ebenso wie der Herr Oberinspektor, im Schreibtisch des Polizisten schnüffeln – wenn auch aus anderen Gründen. Möglich, dass Ehrlich längst etwas von Maschkes dunkler Vergangenheit ahnt. Was sagte Thérèse DuBois? Dass Ehrlich sich immer neue Prozesse auflädt. Ein Rächer. Jemand, der mit den Nazis viele Rechnungen offen hat.

Stave starrt aus dem dreckverschmierten Glas der Windschutzscheibe. Ein Mann, der ein altes Fahrrad mit eierigen, blanken Felgen über den Gehsteig schiebt, blickt ihn misstrauisch an, geht dann aber schnell weiter. Der Oberinspektor achtet nicht weiter auf ihn. Wer spielt hier welches Spiel, denkt er. Kein Wunder, dass Maschke bei ihrem ersten Besuch im Kinderheim aus dem Haus ging. Kein Wunder, dass ihm die ganzen Ermittlungen in Sachen Displaced Persons nicht passen – muss er doch immer fürchten, dass ihn irgendein Versprengter wiedererkennt. Wer weiß, was der SS-Mann noch alles angestellt hat? Jeder Jude, jeder überlebende Flüchtling, jeder ehemalige Kriegsgefangene könnte ein Zeuge sein, der ihn auffliegen lässt. Kein Wunder, dass Maschke am liebsten rasch einen Schwarzhändler als Täter präsentiert hätte. Kein Wunder auch, dass er dafür Gewalt anwendet und den erstbesten Verdächtigen zusammenschlägt, um ein Geständnis zu erpressen.

Hat Maschke deswegen die Akten gestohlen? Steht da etwas drin, das einen Hinweis geben könnte auf die SS-Vergangenheit des Beamten? Aber was? Stave fröstelt und weiß, dass dies nicht vom kalten Sturm kommt, der um das Auto heult.

Dann wandern Staves Gedanken zum Staatsanwalt. Interessiert sich Ehrlich überhaupt für den Trümmermörder? Oder nutzt er den Fall nur, um Maschke/

Herthge, den er bereits verdächtigt, irgendwie in die Enge zu treiben? Hat der Staatsanwalt gar, wie er es auch bei Maschke versuchte, Staves Büro einen nächtlichen Besuch abgestattet? Und hat Ehrlich die Akten mitgehen lassen? Und wieder: Stave will kein Vorfall einfallen, der diesen Verdacht erhärten würde, kein auffälliges Verhalten, kein Motiv.

Stave hatte Thérèse DuBois beim Abschied erklärt, dass die Aussage der Achtjährigen allein seiner Meinung nach nicht zu einer Verurteilung von Maschke führen würde. Sie hatte traurig gelächelt.

»Es ist leichter, sechshundert Menschen an einem Tag zu massakrieren, als einen Mörder vor Gericht zu stellen«, hatte sie gesagt.

»Er wird vor Gericht landen, das verspreche ich«, hatte Stave geantwortet. »Ich werde weitere Beweise finden.«

Nun fragt er sich, ob er dieses Versprechen halten kann.

In der Zentrale schleppt er sich müde den Flur Richtung Büro hinunter. Er ignoriert seinen Hunger, das Ziehen im Bein. Erna Berg legt gerade den Hörer auf die Gabel, als er eintritt.

»MacDonald?«

»Hat sich gemeldet. Er ist auf dem Weg zu Ihnen.«

»Sonst noch Neuigkeiten?«

»Nein. Keine Anrufe. Keine Besucher.«

»Keine neue Leiche.«

Erna Berg lächelt verlegen. »Darf ich mir den Nachmittag freinehmen? Ich würde mich gerne untersuchen lassen. Beim Frauenarzt.«

Stave starrt sie an. Frauenarzt – oder Engelmacherin? Was geht das mich an, denkt er dann und nickt. »Gehen Sie nur. Sieht nicht so aus, als gäbe es heute noch viel zu tun.« Er zögert kurz. »Viel Glück«, setzt er noch hinzu, doch so leise, dass Erna Berg ihn nicht hört.

Als seine Sekretärin gegangen ist, klemmt er sich eine halbe Stunde lang ans Telefon, ruft Hotels und Polizeiwachen an der Ostseeküste an – Maschke ist nicht aufzutreiben. Der wird bei irgendeinem Arzt sein, vermutet der Oberinspektor.

Ob er sich Maschkes Personalakte bringen lassen soll? Vielleicht findet er dort ein Indiz, das auf den Identitätswechsel hinweist. Ein gefälschtes Dokument, ein Widerspruch im Lebenslauf. Aber was soll er den Kollegen von der Personalabteilung als Vorwand sagen? Dass ihm ein alter Freund vertraulich etwas steckt, ist das eine. Aber gleich die ganze Akte aushändigen? Die bleibt am Platz. Es hilft nichts – Stave wird mit dem Staatsanwalt reden müssen. Ehrlich wird eher an die Personalakten kommen als er.

Trotzdem ist Stave zufrieden. Ich bin weitergekommen, denkt er, ich muss nur auf eigene Faust handeln.

Maschke ist Herthge, das ist doch schon einmal eine Erkenntnis.

Es klopft an seine Bürotür: MacDonald.

»Habe die Geschichte der Zeugin Anna von Veckinhausen endgültig festgezurrt«, berichtet der Lieutenant. »Sie hat an dem fraglichen Tag tatsächlich vor dem Garrison Theatre ein Bild an einen britischen Offizier verkauft. Habe das Werk gesehen. Guter deutscher Kitsch. Preis: 520 Reichsmark.« Dann holt der junge Brite tief Luft. »Wo ist übrigens Ihre Sekretärin?«, fragt er. Es soll wohl beiläufig klingen.

»Beim Frauenarzt«, antwortet Stave.

MacDonald massiert seine Schläfen. Zum ersten Mal, seit der Oberinspektor ihn kennt, wirkt er müde. »Ich habe einfach kein Glück bei Frauen«, murmelt er resigniert.

»Frau Berg wirkt auf mich ernsthaft verliebt«, antwortet der Oberinspektor steif, weil er nicht weiß, womit sonst er sein Gegenüber trösten könnte.

MacDonald lächelt. »Ein äußerst unpassender Charakterzug für eine verheiratete Frau. Ich kenne mich damit aus.« Er schweigt.

Stave erwidert nichts, wartet bloß ab, was nun kommen mag.

»Erna ist die zweite Frau in meinem Leben, die mir wirklich etwas bedeutet«, fährt der Offizier irgendwann fort. »Die erste war eine wundervolle, lebenslustige, kluge Dame. Leider verheiratet. Mit einem Regimentskameraden. Sohn eines Lords, Erbe eines schönen Schlosses, eines gewaltigen Vermögens und eines halben Dutzend exquisiter Adelstitel.«

»Klingt nach einem ungleichen Duell.«

»Klingt nach einem Skandal. Besagte Dame hätte sich vielleicht trotz allem irgendwann für mich entschieden. Aber dann kamen erste Gerüchte über unser Verhältnis auf, im Club, im Offizierskasino.«

»Unsichtbare Schranken«, murmelt Stave.

MacDonald lächelt. »Eine adelige Dame und ein schottischer Niemand. Sie wäre gesellschaftlich erledigt gewesen, ich sowieso. Also kehrte sie zu ihrem Gatten zurück. Ganz standesgemäß.« Der Lieutenant wedelt mit der Hand, als verscheuche er ein lästiges Insekt. »Ein guter Grund, an die Front zu gehen, finden Sie nicht?«

»Und ein guter Grund, in dieser Stadt zu bleiben.« Stave lächelt dem Briten zum Abschied zu. »Frau Berg ist definitiv keine Adelige«, sagt er aufmunternd.

Apropos Adelsdamen, denkt Stave: Ich werde mir noch ein paar Zeugen vornehmen. Zum Beispiel Anna von Veckinhausen.

Er nimmt die Straßenbahn bis zur Haltestelle neben der schwarzgebrannten Mauer. Die Straße mit den Laternen. Stave ist früh dran, es ist kaum 15 Uhr. Die Lebensmittelgeschäfte sind längst geschlossen, die Schlangen vor den Türen haben sich aufgelöst. Ein paar Kinder, die vormittags Unterricht gehabt haben, spielen trotz der Kälte auf der Straße. Doch viele Kinder sind noch in der Schule, die Eltern arbeiten oder organisieren Sachen auf dem Schwarzmarkt. Zwischen den Ruinen ist es fast menschenleer.

Die ideale Zeit für den Mörder, fährt es dem Oberinspektor durch den Kopf. Warum denke ich immer an die Abend- oder Nachtstunden? Greift er sich seine Opfer am frühen Nachmittag, dann muss er kaum einen Zeugen fürchten.

Würde das zu Anna von Veckinhausens Version passen? Sie hat die Gestalt erst in der Dämmerung gesehen. Aber da, so vermutet Stave, war der Alte bei der Lappenbergsallee schon tot. Der Mörder zerrt ihn ins Versteck, raubt ihn aus. Das kostet Zeit. Möglich, dass er von der Zeugin gestört wurde, die erst kurz vor Einbruch der Dunkelheit durch die Trümmerlandschaft strich.

Die Nissenhütten an der Kreuzung der freigeräumten Straßen. Niemand zu sehen. Die Baracke fast im Zentrum, in der Anna von Veckinhausen wohnt. Oder präziser: hinter deren Tür sie an jenem Abend verschwunden ist, an dem er sie begleitet hat. Er konnte keinen Blick hineinwerfen. Und nun? Stave weiß nicht einmal, ob seine Zeugin da ist. Vielleicht durchsucht sie irgendwo Ruinen auf der Suche nach Antiquitäten. Egal – er konnte ja schlecht vorher anrufen, um sich anzukündigen, in der Barackensiedlung gibt es kein Telefon.

Der Oberinspektor klopft an die Tür. Es klingt, als hämmere er auf ein leeres Benzinfass ein. Ein alter, zahnloser Mann öffnet ihm so schnell, als habe er hinter der Tür gelauert. Fleckiges Hemd. Der Geruch nach Zwiebeln. Staves Magen knurrt.

Der Oberinspektor nennt seinen Namen, ohne Rang, ohne seinen Ausweis zu zücken. Er möchte Anna von Veckinhausen nicht in eine peinliche Situation bringen, indem er sich als Polizist zu erkennen gibt. Er fragt nach ihr.

»Den Namen habe ich nie gehört«, murmelt der Alte und starrt ihn misstrauisch an.

Hat ihn seine Zeugin hereingelegt? Wohnt sie nicht hier? Er beschreibt sie.

»Ach die«, sagt der Alte neugierig und versperrt nicht länger den Eingang.

Stave betritt die Nissenhütte. Wie lange mag der Alte wohl schon unter dem gleichen Dach wohnen wie Anna von Veckinhausen? Und er kennt nicht einmal ihren Namen.

Der gusseiserne Ofen im Zentrum der Baracke, kleiner als ein Bierfass, bollert. Flammen lodern, orangefarbenes Leuchten dringt durch die Ritzen neben der schlecht schließenden Klappe. Ein Hauch von Ruß hängt in der abgestandenen Luft. Die Nissenhütte ist nicht viel größer als die Laube eines Schrebergartens. Staves Gesicht glüht nach wenigen Sekunden von der abstrahlenden Hitze des Ofens; sein Rücken jedoch, den er der Blechwand zuwendet, bleibt kalt. Wenn der Ofen einmal ausgeht, dann erfrieren alle hier, denkt er. Er fragt sich flüchtig, ob die Bewohner nachts einen Wachdienst einrichten, damit immer einer das Feuer im Auge behält. Wie in der Steinzeit.

Graue Decken aus Wehrmachtsbeständen sind an Drähten quer durch die Baracke gespannt, sodass vom Zentrum der Nissenhütte mit dem Ofen aus vier abgetrennte Bereiche zugänglich sind.

Der alte Mann geht am Ofen vorbei zur linken hinteren Ecke und ruckelt an einer Decke. »Besuch für Sie!« Er schreit es heraus, als stände er auf einem Kasernenhof.

Nach ein paar Augenblicken schlägt Anna von Veckinhausen die Stoffbahn hoch. Stave erhascht einen Blick auf ein Feldbett, zwei umgedrehte Obstkisten, die wohl als Stuhl und Tisch dienen, einen Überseekoffer, ein kleines Ölgemälde, das an der gewölbten Barackenwand lehnt: eine Kirche im Winter.

Sie tritt rasch hervor, schlägt die Decke zurück und versperrt ihm den Blick auf ihre Unterkunft. Vielleicht hat sie etwas zu verbergen, denkt Stave. Vielleicht schämt sie sich aber auch nur. Sie sieht erschöpft aus – und nicht unbedingt erfreut, ihn zu sehen.

»Ich möchte Ihnen noch einmal ein paar Fragen stellen«, beginnt Stave.

»Braucht Ihr Freund von der Zeitung Material für einen neuen Artikel?«

Bevor er antworten kann, verschwindet sie wieder in ihrem Verschlag. Für einen Moment befürchtet der Oberinspektor, wie ein dummer Schuljunge stehen gelassen worden zu sein. Was sollte er auch tun? Sie muss ihm nicht antworten – es sei denn, er schickte ihr eine Vorladung. Aber ohne triftigen Grund? Was, wenn sie sich dann bei ihren englischen Offiziersfreunden über ihn beschwert? Ärger hat er schon genug. Doch zu seiner Erleichterung erscheint sie nach einigen Sekunden wieder, in Mantel und Kopftuch.

Der Alte steht noch immer neben dem Ofen und starrt aufmerksam hinüber.

»Lassen Sie uns spazieren gehen«, sagt Anna von Veckinhausen – laut genug, dass ihr Mitbewohner das hören kann.

Stave wäre lieber in der Nähe des Ofens geblieben, um die Hitze in sich aufzusaugen. Doch er nickt, erleichtert darüber, dass sie überhaupt mit ihm reden will.

Sie schlendern schweigend durch die Ruinen, bis sie die Wandse erreichen. Vor dem Krieg ein Bach, an manchen Stellen zu Tümpeln aufgestaut, der zwischen Wiesen und Buchen dahinfloss. Ein grüner Streifen quer durch Hamburgs Osten, nur wenige hundert Meter breit, doch einige Kilometer lang. Enten auf dem stillen Wasser, angelockt von Brotkrümel werfenden Kindern. Ab und zu ein Reiher, der im Schilf auf Fische lauerte, grau und starr wie eine geschnitzte Skulptur. Schmetterlinge, Spatzen, Eichhörnchen, die in den Ästen turnen, dass die Blätter rascheln, Maulwurfshügel.

Nun ist die Wandse ein Band aus schwarzgrauem Eis, durchgefroren bis zum Grund. Fische, Reiher, Enten sind verschwunden, erfroren oder gefangen und auf irgendeiner Brennhexe gekocht. Die Bäume zerhackt von Holzsammlern. Nur die mächtigsten Stämme stehen noch, manche zernarbt von den Metallsplittern zerplatzter Bomben, andere versengt. Die Wiesen sind an vielen Stellen unter Schuttbergen verschwunden, zerschmetterten Ziegeln und Steinstaub, dort abgeladen, um die Straßen der Umgebung rasch zu räumen.

»Sie haben dem Journalisten gesagt, dass ich den Trümmermörder gesehen habe«, sagt Anna von Veckinhausen vorwurfsvoll, als sie endlich am Bachufer stehen.

Stave, erleichtert, dass er sein linkes Bein kurz ausruhen kann, hebt entschuldigend die Hände. »Ich habe ihm gesagt, dass eine Frau den Täter gesehen hat. Kleensch hätte das so oder so erfahren. Besser er hört meine Version der Geschichte, als dass er sich alles selbst zusammenreimt.«

»Der Trümmermörder weiß jetzt, dass es eine Zeugin gibt. Vielleicht weiß er, dass ich es war, denn möglicherweise hat er mich an jenem Abend gesehen.«

»Wenn er Sie tatsächlich gesehen hat, dann musste er sowieso damit rechnen, dass Sie zur Polizei gehen. Und auch nach diesem Artikel weiß er nicht, wer Sie sind, wie Sie heißen, wo Sie wohnen.«

Anna von Veckinhausen zuckt die Achseln.

»Ich hatte gehofft, dieser Zeitungsbeitrag würde den Mörder nervös machen«, gesteht der Oberinspektor. »Vielleicht so nervös, dass er zum Tatort zurückkehrt. Um Spuren zu beseitigen oder dergleichen. Das kommt oft vor.«

»Hat er?«

Stave schüttelt den Kopf. »Vielleicht stören ihn unsere Nachforschungen nicht. Er fühlt sich nicht bedroht.«

»Ich kann es mir denken«, antwortet Anna von Veckinhausen und blickt auf das Eis. »Werde ich observiert?«

Stave blickt sie überrascht an. »Nein. Warum fragen Sie das?«

»Bin ich nicht Ihre einzige Zeugin? Fürchten Sie nicht, dass der Mörder mir auflauern könnte, um mich für immer zum Schweigen zu bringen?«

»Er weiß nichts über Sie. Wollen Sie, dass wir Sie im Auge behalten?«

Da lächelt sie zum ersten Mal flüchtig. »Besser nicht.«
»Fühlen Sie sich beobachtet?«
Sie legt den Arm vor den Körper, wie sie es so oft tut. »Fühlen wir uns nicht alle beobachtet?«
Sie geht wieder los, schlendert am Bach entlang. Stave bleibt neben ihr. Er ist hungrig und müde, sein Bein schmerzt. Gerne würde er sie in ein Café einladen, und wäre es nur für eine dünne Kohlsuppe in einem halb ausgebombten Haus. Doch er wagt nicht, das vorzuschlagen. Ihm fällt auch nichts mehr ein, das er sie noch fragen könnte. Eigentlich idiotisch, dass ich hier noch einmal aufgekreuzt bin, denkt er. Aber es ist schön, endlich einmal wieder neben einer Frau zu gehen. Selbst mit dieser Kälte, selbst durch diesen verwüsteten Park, selbst wenn man sorgfältig darauf achtet, ihr nicht zu nahe zu treten, immer einen halben Meter Abstand zwischen den Schultern zu lassen. Und doch: ihr eleganter Gang, trotz des schäbigen Mantels, der den Körper umhüllt, und der schweren Stiefel an den Füßen. Die Strähne schwarzen Haares, die unter dem Kopftuch hervorgerutscht ist und die sie manchmal gedankenverloren in die Stirn schiebt, aber nie hoch genug, als dass sie nicht wieder hinunterfallen würde. Ihre Verletzlichkeit, wenn sie den Arm vor die Brust legt. Ihr seltenes Lächeln. Stave meint sogar, einen Hauch ihres Duftes einzuatmen, doch das muss eine Illusion sein, in dieser Kälte.

Sei kein Idiot, ermahnt er sich.

Weil ihm nichts Besseres einfällt, stellt er ihr die gleichen Fragen noch einmal. Sie erzählt bereitwillig. Keine Widersprüche, stellt ein Teil von Staves Verstand fest. Der andere Teil seines Selbst ist einfach glücklich, ihren Worten zu lauschen, an ihrer Seite zu gehen.

Irgendwann kehren sie um, ohne dass sie darüber ein Wort verloren hätten. Es dunkelt, doch der eisige Bach glitzert wie ein Leuchtband.

»Sie kommen mit Ihrem Fall nicht voran«, sagt Anna von Veckinhausen. Keine Frage, sondern eine Feststellung, nicht unfreundlich.

Er lächelt gequält. »So ein Verbrechen hatte ich noch nie«, gesteht er. »Wir können nicht einmal die Toten identifizieren.«

»Wundert Sie das?«

Er blickt sie überrascht an, nickt dann. »Ja.«

Sie schüttelt den Kopf. »Sie glauben an das Gute im Menschen. Trotz allem.« Mit einer Geste deutet sie auf einen Schuttberg.

»Ich weiß nicht, was die Identifikation von vier Toten mit dem Glauben an das Gute im Menschen zu tun haben soll.«

Anna von Veckinhausen lächelt ihn an, mitleidig, wie er findet. »Ich habe den Alten gehört, der Ihnen vorhin in der Nissenhütte die Tür geöffnet hat. Johann Schwarzhuber, Witwer, geflohen aus Breslau, seit acht Monaten in Hamburg, alter Parteigenosse, früher Tischler, jetzt Rentner, keine Angehörigen. Das weiß ich alles, obwohl ich wahrscheinlich noch keine zehn Sätze mit ihm gewechselt habe. Aber was weiß er über mich?«

»Nicht einmal Ihren Namen.«

»Wenn ich von diesem Spaziergang an der Wandse nicht zurückkäme, Herr Oberinspektor, der brave Rentner Johann Schwarzhuber würde mich nicht als vermisst melden. Und sollte mein Foto irgendwann auf einem Ihrer Plakate auftauchen, würde er sich nicht bei der Polizei melden. Er würde wegschauen, etwas wenig Schmeichelhaftes vor sich hin brummen und meinen Verschlag plündern, bevor es jemand anders tut. Seit acht Monaten trennt uns bloß eine zerschlissene Wolldecke. Wir frieren und hungern gemeinsam. Und doch würde Johann Schwarzhuber mich ohne zu zögern sterben lassen. Und die beiden Familien mit kleinen Kindern, die ebenfalls in unserer Nissenhütte leben, auch. Und jeden anderen Menschen auf dieser Erde. Er würde niemandem helfen, nur sich selbst.

Hamburg ist voller Johann Schwarzhubers, Tausende streichen durch die Ruinen, lauern in den Baracken, starren aus vereisten Fensterscheiben. Ich wette, dass da mancher die vier Toten kennt und sich denkt: Soll sich doch ein anderer den Ärger machen und zur Polizei gehen!«

»Mag sein, dass in Hamburg viele Johann Schwarzhubers leben«, erwidert der Oberinspektor. »Doch nicht alle Hamburger sind Johann Schwarzhubers. Wenn Sie auf diesem Spaziergang verschwinden, dann würde er Sie vielleicht nicht als vermisst melden, aber irgendjemand anders schon.«

Anna von Veckinhausen blickt ihn lange an, schüttelt schließlich mit einem müden Lächeln den Kopf. »Da täuschen Sie sich«, murmelt sie, dann verklingt ihre Stimme und sie starrt auf das Eis des Baches.

»Dann habe ich Glück gehabt, dass wenigstens Sie den Ärger auf sich genommen haben und zur Polizei gegangen sind«, sagt Stave. Niemand, der Anna von Veckinhausen als vermisst melden würde, denkt er. Wie traurig – und doch jubiliert irgendetwas tief in ihm: kein Ehemann.

Dann fällt ihm plötzlich etwas ein. Er zieht ein Foto aus seiner Manteltasche, das Bild des Ohrgehänges der vierten Toten. »Sie sind Expertin für Schmuck und Kunst. Haben Sie das schon einmal gesehen?«

Anna von Veckinhausen nimmt das Foto vorsichtig in ihre Hand, als wäre es selbst ein Schmuckstück. »René Lalique«, sagt sie, nachdem sie nur wenige Augenblicke das Bild studiert hat.

Stave starrt sie an. »Wer ist das?«

Sie lächelt nachsichtig. »Ein Juwelier, dessen Kreationen sich ein Polizeibeamter nicht leisten kann. Art nouveau. René Lalique war ein Pariser Schmuckkünstler.

Objekte dieser Art fertigte er von etwa 1890 bis 1914. Hat das etwas mit Ihren Morden zu tun?«

Der Oberinspektor nimmt ihr das Foto wieder ab. »Wenn ich diesen Kerl jemals zur Strecke bringe, dann verdanke ich das nur Ihnen«, murmelt er. Dann berichtet er Anna von Veckinhausen, unter welchen Umständen er das Ohrgehänge gefunden hat.

»Wo verkaufte René Lalique seinen Schmuck?«

»Ausschließlich in Paris. Aber das Ohrgehänge ist ja fast schon eine Antiquität. Das mag durch mehrere Hände gegangen sein, bis das vierte Opfer es trug.«

»Die Trägerin war also möglicherweise in Frankreich – und wenn, dann vor dem Krieg. Und sie war wahrscheinlich reich.«

»Derjenige, der es ihr geschenkt hat, war reich.«

Stave denkt an die Medaillons. »Haben Seestern und Perle irgendeine religiöse Bedeutung? Als Zeichen einer Sekte oder dergleichen?«

Sie blickt ihn verblüfft an, überlegt lange, schüttelt den Kopf.

»Schade«, sagt der Oberinsepktor. »Es wäre zu schön gewesen, wenn Sie mir alle Arbeit abgenommen hätten.«

Anna von Veckinhausen lächelt wieder. Als sie vor der Nissenhütte angelangt sind, reicht sie ihm zum Abschied die Hand. Stave umschließt sie, hält sie eine Sekunde länger fest als nötig.

»Sagen Sie mir Bescheid, wenn Sie mal ein Bild haben wollen, das Sie im Büro an die kahle Wand hängen können.«

»Ich melde mich«, antwortet Stave. »Versprochen.«

Der Oberinspektor wandert gedankenverloren durch die Ruinen, erschöpft von den vielen Wegen, die er an diesem Tag schon zurückgelegt hat. Aber auch seltsam glücklich. Ich komme endlich wieder voran, sagt er sich, und auch: Da beginnt etwas mit Anna von Veckinhausen, ohne dass er sich selbst die Frage stellt, was er mit diesem »etwas« eigentlich meint.

Da er auf dem Weg zu seiner Wohnung an Marienthal vorbeigehen muss – inzwischen ist es so spät, dass den Straßenbahnen schon wieder der Strom abgestellt worden ist –, beschließt er, an diesem seinem Glückstag, auch noch einmal bei den Hellingers vorbeizusehen. Vielleicht ist der Industrielle wieder aufgetaucht, ohne dass er sich die Mühe gemacht hätte, sich bei der Polizei zu melden. Das kommt andauernd vor. Vielleicht fällt seiner Frau auch noch etwas ein. Und zumindest ist es in der Villa dort warm, und es gibt heißen Tee.

Die Straße mit den großen Häusern: dunkel wie Grüfte. Als er sich dem Anwesen nähert, bereut er seinen Entschluss für einen Moment. Denn er blickt durch ein Fenster und erkennt Frau Hellinger, die am Küchentisch sitzt und weint. Stave zögert kurz, klopft dann trotzdem an. Es dauert lange, bis die Tür geöffnet wird. Die Frau des Industriellen sieht blass aus, doch hätte er sie nicht zuvor beobachtet, der Oberinspektor wäre nicht auf die Idee gekommen, dass sie eben noch in Tränen aufgelöst war. Frau Hellinger blickt ihn ängstlich an.

Sie muss denken, dass ich eine schlimme Nachricht überbringe, fährt es Stave durch den Kopf, und er lächelt rasch, erklärt, dass er nichts Neues zu verkünden habe – aber ob ihr vielleicht noch irgendetwas eingefallen ist, seit ihrem letzten Gespräch?

Sie führt ihn tatsächlich hinein. Die Wärme, der Duft glimmender Kohlen. Tee.

»Ich weiß nicht, was ich Ihnen sonst noch erzählen könnte«, murmelt sie. »Dass mein Mann mit den Engländern zu tun hatte, wissen Sie ja.«

Stave schweigt und schlürft den Tee.

»Dass er Vorhalterechner für U-Boote entwickelte, wissen Sie auch. Was soll ich noch sagen?«

Dem Oberinspektor kommt eine Idee. »Wer war der letzte Besucher, den Ihr Mann vor seinem Verschwinden empfangen hat?«

Sie denkt nach. »Am Tag davor … niemanden. Zwei Tage davor einen englischen Offizier. Der Herr kam öfters zu uns oder zu meinem Mann ins Büro. Um technische Dinge zu besprechen, nehme ich an, aber genau weiß ich das nicht.«

»Kennen Sie seinen Namen?«

»Oh ja, ein charmanter junger Mann. So unmilitärisch. Lieutenant MacDonald. James C. MacDonald.«

Lebenszeichen

Dienstag, 18. Februar 1947

Erst die Kälte erlöst Stave. Im Schlaf hat er sich hin und her gewendet, hat die Decke fortgeworfen und lag schweißgebadet auf dem zerwühlten Laken, gefangen im Alptraum, bis die schneidende Kälte den Panzer des Spuks zerbrach. Feuer. Bomben. Rauch. Der Gestank nach brennendem Fleisch. Margarethes Gesicht. Szenen des immer gleichen Filmes – und doch alles neu: Stave hat im Traum Margarethe in den Flammen gesehen, hat vor dem Feuer gestanden und geschrien. Sie aber hörte ihn nicht, denn ihr Körper war festgefroren am Küchenboden, trotz der Gluthitze. Eine schmale, rote Linie lief um ihren Hals. Und auf ihren starren, offenen Augen lag Eis.

Ich muss diesen Fall lösen, ermahnt sich der Oberinspektor, sonst denke ich bald an gar nichts anderes mehr. Früher hat er die Ermittlungen an den Garderobenhaken gehängt wie den Mantel. Wenn er nach Hause kam, war mit der Arbeit Schluss, auch im Kopf. Die Wohnung als Festung des privaten Glücks. Bis die Bomben fielen.

Fluchend tastet sich Stave durch die Zimmer. Das

Eis auf den Fensterscheiben schluckt das frühmorgendliche Dämmerlicht. Er fühlt sich, als tauche er durch Graupensuppe, während er zum Küchentisch wankt: graues Glimmen überall, die Proportionen des schiefen Tisches und des Stuhls mit dem geflickten Bein sind verzerrt. Er greift neben die Lehne, stößt beinahe den emaillierten Kaffeebecher um. Nicht, dass das wichtig wäre: Kaffee hat er nicht und warmes Wasser ebenso wenig wie Licht.

Stromsperre.

Stave hat es vergessen. Jedem Stadtteil wird zweimal pro Woche für zwei Stunden der Saft abgedreht, weil die Kohle in den Kraftwerken nicht mehr für alle reicht. Heute Morgen ist Wandsbek dran, er hätte vorbereitet sein sollen. Wo ist die Kerze?

Denken kann ich auch im Dämmerlicht, spricht sich Stave Mut zu. MacDonald. Der Engländer hat ihn getäuscht, hat ihm den Besuch bei dem vermissten Industriellen verschwiegen. Warum? Hat das etwas mit den Morden zu tun? Hellinger, der nächste Tote, den sie irgendwo in einem Keller finden werden? Und, endlich, eine Spur zum Täter? MacDonald? Irgendwie absurd.

Aber um das Alibi des Lieutenants hat er sich nie gekümmert. Sagte Erna Berg nicht, dass er manchmal stundenlang unauffindbar ist? Was macht er in dieser Zeit? Er könnte es sein. Fragt sich nur, was er für ein

Motiv gehabt haben sollte. Raub wohl kaum, Besatzungsoffiziere leben wie Kolonialherren, er muss nur an die Antiquitäten denken, die Anna von Veckinhausen den Briten verkauft. Und außerdem: Hellingers Frau hat keines der anderen Opfer erkannt, als er ihr die Fotos zeigte. Wenn sie nichts mit ihrem verschwundenen Gatten zu tun haben – welcher Zusammenhang besteht dann zwischen den vier Toten und dem Industriellen? Und wie wiederum hängt das mit MacDonald zusammen?

Haben die verschwundenen Akten etwas damit zu tun? Möglich, in ihnen steht Hellingers Name – ein Name, der bislang nur in den Listen des Suchdienstes und irgendwo auf einer Polizeiwache verzeichnet war und damit so gut wie unbekannt geblieben wäre. Mordakten hingegen werden gelesen: von Stave, Maschke, von Cuddel Breuer und Staatsanwalt Ehrlich mindestens. Das erhöht die Wahrscheinlichkeit, dass irgendwann irgendjemand eine Verbindung zwischen Hellinger und MacDonald herstellt. Zumal es dieses rätselhafte englische Wort auf dem Zettel gibt: »bottleneck« – auch das steht in den Akten. Also lässt der Lieutenant, der aus irgendeinem Grund seinen Kontakt zu Hellinger geheim halten will, die Akten verschwinden. Selbstverständlich weiß er, dass das Stave alarmieren wird. Aber er weiß auch, dass der Oberinspektor damit wohl kaum zu seinem Vorgesetzten rennen würde, nicht bei so einem Fall. Er, Stave, rekonstruiert im stillen Kämmerlein den Fall so gut wie möglich, keine neugierigen Augen blicken mehr in die Mordakte. Das, immerhin, wäre ein Motiv.

Gelegenheit? MacDonald ist oft genug bei Erna Berg gewesen, auch dann, als Stave nicht im Büro war. Ein unbemerkter Augenblick und die Akten sind unter dem Uniformmantel verschwunden. Oder vielleicht ist seine Sekretärin ja auch eingeweiht und hat auf die Bitte ihres Geliebten hin die Dokumente mitgehen lassen. Wenn sie deshalb ein schlechtes Gewissen plagt, dann ist das Stave nicht aufgefallen, so verzweifelt, wie sie aus privaten Gründen schon ist.

Er denkt an den Ohrschmuck der Toten. Pariser Juwelier. Reichtum. Wann könnte das Opfer in der französischen Metropole gewesen sein? Vor dem Krieg? Vor zehn, höchstens fünfzehn Jahren, als junge Erwachsene. Würde eine Frau Anfang zwanzig solchen Schmuck tragen? Er versucht sich Margarethe damit vorzustellen. Absurd, sie hatten als junge Verliebte von anderen Dingen geträumt. Eine größere Wohnung. Spielsachen für Karl. Noch ein Kind. Andererseits behauptet Anna von Veckinhausen, dass dieses Ohrgehänge vor 1914 gefertigt worden ist. Zu der Zeit ist das vierte Opfer definitiv zu jung gewesen, um es zu kaufen oder es sich schenken zu lassen. Also ein Erbstück. Wer hat französischen Schmuck in Hamburg? In dieser Zeit? Reiche

Familien. Aber warum geht dann keine Vermisstenmeldung ein?

Die Ermittlungen kommen voran, aber in welche Richtung führen sie? Sein Atem steigt in kleinen, blauen Wolken vor den Lippen auf, wie Zigarettenqualm.

Das erinnert ihn an Maschke.

Bis gestern war er noch froh, ihn möglichst weit fort zu wissen. Jetzt denkt er anders darüber. Bislang hat er geglaubt, er könne mit MacDonalds Hilfe jederzeit auf die Hilfe der Briten zurückgreifen, um Maschke zu holen, wann immer es ihm passt. Aber nun kann er auch dem Lieutenant nicht mehr trauen. Also wäre es besser, wenn der Kollege von der Sitte wieder in Hamburg wäre, unter Staves direkter Kontrolle. Den muss ich am Telefon erreichen, und ich darf mich nicht verplappern, denkt er. Muss ihm unter einem Vorwand sagen, er soll seine Nachforschungen bei den Ärzten abbrechen und nach Hamburg zurückkehren. Sofort.

Ungelenk zwängt er sich in den schweren Mantel. Eis hat sich über Nacht wie Firnis auf Rücken und Schultern gelegt und rieselt als glitzernder Staub zu Boden, als er den Mantel um die Schultern wirft. Alles ist eine Nummer zu groß, denkt er, ich bin zu dünn geworden. Alles eine Nummer zu groß – ob das auch auf meine Fälle zutrifft?

Hut, Schal, Lederhandschuhe, Pistole, Taschenlampe, Dienstausweis. Warum mache ich das eigentlich? Warum gehe ich hinaus in die Kälte? Warum ducke ich mich gegen den Wind? Warum verbringe ich meine Zeit mit Leuten wie MacDonald, Ehrlich, Maschke oder Erna Berg, die eigene Pläne haben? Pläne, in denen ich bloß störe?

Aber was soll man sonst tun? In der grauen Wohnung hocken und an die verbrannte Frau denken? Und den verbitterten Sohn, der irgendwo verkommt? Falls er überhaupt noch lebt.

Ich bin jetzt dreiundvierzig Jahre alt, denkt Stave, und ich habe nicht gerade viel vorzuweisen im Leben. Dann verlässt er die Wohnung, schließt wie immer sorgfältig ab, schreitet den vertrauten Weg durch das düstere Treppenhaus, bis ihn draußen auf der Straße der Wind trifft wie eine eisige Faust.

»Wie geht es Ihnen?«, fragt er Erna Berg, als er eine Stunde später das Vorzimmer zu seinem Büro betritt.

»Dem Kind in mir geht es gut. In ein paar Wochen wird man das Bäuchlein sehen, meint der Arzt.«

Keine Abtreibung also. Stave will fragen, wie sie sich entschieden hat. Wird sie es ihrem Mann beichten? Wird sie mit MacDonald durchbrennen? Dann jedoch empfindet er diese Nachforschungen als zu persönlich. Er schließt die Tür hinter sich.

Eine lange Zeit verbringt er am Telefon: Maschke ist nicht aufzutreiben. Stave ist beunruhigt, weil er nicht einmal ein Hotel ausfindig machen kann, in dem Maschke die vergangene Nacht abgestiegen wäre. Der wird doch jetzt nicht untertauchen, fleht er stumm und fragt sich, ob er sich irgendwie verraten hat. Schließlich steht er auf, verlässt die Kripo-Zentrale und geht die wenigen Meter über den zugigen Platz bis zur Staatsanwaltschaft.

Ehrlich streicht sich über das kahle Haupt, er scheint erfreut zu sein, ihn zu sehen. In seinem Büro duftet es wie immer nach Tee. Earl Grey, vermutet Stave.

»Was kann ich für Sie tun?«

Meinen Kollegen verhaften, hätte Stave gerne geantwortet. Doch so weit ist es noch nicht.

»Ich habe leider nichts Neues in Sachen Trümmermörder. Aber ich führe auch noch andere Ermittlungen und bitte Sie dafür um Unterstützung. Amtshilfe gewissermaßen, diskret.«

»Diskretion ist das Wesen staatsanwaltschaftlicher Ermittlungen«, antwortet Ehrlich und lächelt fein.

Er ist neugierig, denkt Stave. Gut so. Andererseits hoffentlich nicht zu neugierig.

»Ich bitte um Akteneinsicht. Ich möchte Ihnen aber noch nicht sagen, um welchen Fall es sich handelt. Ob es überhaupt ein Fall ist. Ich stehe noch ganz am Anfang meiner Ermittlungen«, sagt der Oberinspektor und hofft dabei, dass sein Gesicht die Lüge nicht verrät.

»Geben Sie mir wenigstens eine ungefähre Vorstellung davon, in welche Richtung sich Ihre Ermittlungen bewegen? Ist es politisch?«

Stave denkt nach. »Möglich, in einem weiteren Sinn. Hauptsächlich jedoch handelt es sich um unauffällige Ermittlungen im Kollegenkreis.«

Ehrlich blickt ihn aus seinen hellen, wässrigen Augen an.

»Kollegen, die neben Ihnen mit den Ermittlungen des Trümmermörderfalls betraut sind?«

»Würde ich das verraten, kämen Sie dem Betreffenden bereits auf die Spur. Es muss ganz vertraulich bleiben.«

»Schön. Welche Akten?«

»Oradour. Eine Stadt in Frankreich, in die im Juni 1944 die SS einrückte.«

»Ich habe davon gehört«, unterbricht ihn der Staatsanwalt. »Das Massaker.«

Dann mustert er ihn lange. Eine Minute vergeht, Stave fühlt sich wie ein Prüfling. Unbehaglich rutscht er auf dem Stuhl hin und her, während ihn Ehrlich nachdenklich anstarrt.

»Das Büro nebenan ist heute unbesetzt«, sagt er schließlich. »Ich lasse Ihnen die Akten dort hineinbringen. Sie können sie studieren, aber nicht mitnehmen. Viele sind es nicht.«

»Es gab keine Ermittlungen?«

»Doch, aber keine Täter. Schon unmittelbar nach dem Massaker wollte Marschall Rommel ein Kriegsgerichtsverfahren einleiten, Hitler persönlich hat das verhindert. Dann stellte sich das Problem nicht mehr: Die SS-Einheit wurde Ende Juni '44 bei Kämpfen gegen die Alliierten aufgerieben. Vollständig.«

»Keine Überlebenden?«

Ehrlich lächelt dünn. »Bis vor ein paar Minuten dachte ich: keine Überlebenden. Nun allerdings kommen mir Zweifel.«

Stave lächelt nun auch. »Vielen Dank, Herr Staatsanwalt.«

»Halten Sie mich auf dem Laufenden. Wenn Sie etwas finden, will ich es wissen. Und wenn Sie nichts finden, auch.«

Stave genießt kurz darauf die Stille im Büro, das so warm ist, dass er den Mantel ablegen kann. Ehrlich hat ihm einen Tee hereingereicht, den er langsam schlürft. Eigentlich ist das Leben doch schön, denkt er.

Nach einiger Zeit bringt ihm ein bebrillter Archivar in grauem Kittel einen Leitz-Aktenordner ins Zimmer. Der Oberinspektor zwingt sich, nicht enttäuscht zu sein: Der Ordner ist leicht.

Stave arbeitet die Akten rasch durch. Die Geschichte des Massakers kennt er schon, die Angaben des Mädchens aus dem Warburg-Kinderheim stimmen mit dem überein, was er hier liest. Dann überfliegt er eine hektographierte Liste aller Soldaten, die zur SS-Einheit gehörten. »Herthge, Hans« steht dort, und das überrascht ihn nicht. Einen »Maschke« hingegen gibt es nicht.

Eine weitere Liste, viel kürzer: die Namen der Überlebenden. Der Oberinspektor überfliegt sie: »Desaux, Joseph; Delluc, Yvonne; Fouché, Roger-Pierre; Magaldi, Anouk.« Noch wenige Einträge mehr, er kopiert alle Namen, obwohl er eigentlich nur den einen braucht: Anouk Magaldi. Das reicht, um die Achtjährige vor Gericht glaubwürdig erscheinen zu lassen.

Dann folgen wenige Zeugenaussagen, dazu ein Auszug aus dem Kriegstagebuch des Oberkommandos der Wehrmacht vom 30. Juni 1944: »3. Kompanie des SS-Panzergrenadierregiments 4 aufgerieben.«

Schließlich ein Schreiben auf Französisch, das Stave mit seinen lückenhaften Erinnerungen an den lange zurückliegenden Schulunterricht mühsam übersetzt: Die Staatsanwaltschaft von Limoges hat Ermittlungen aufgenommen und alle Angehörigen der SS-Einheit zur Fahndung ausgeschrieben. Danach nichts mehr. Kein Brief, kein Dokument, das belegen würde, dass je auch nur einer der SS-Männer vor Gericht gestellt worden wäre.

Der Oberinspektor massiert sich den Nacken. Die Geschichte des Mädchens kann er bestätigen. Hans Herthge war ein Mörder. Bleibt nur noch, den Beweis zu führen, dass Maschke Herthge ist. Noch einen Strich zeichnen, dann ist das Bild vollendet. Und doch hat er das vage Gefühl, irgendetwas Wichtiges übersehen zu haben.

Stave legt Ehrlich den Leitz-Ordner auf den Schreibtisch.

»Wollen Sie mich einweihen?«, fragt der Staatsanwalt.

»Bald. Ich muss noch eine andere Spur verfolgen. Dann sprechen wir uns.« Stave deutet auf den Ordner: »Sie werden Gelegenheit haben, diese Akten um ein paar neue Dokumente zu ergänzen.«

»Sie sind mein Mann«, antwortet Ehrlich.

Stave geht die Feldstraße hinunter, die kleinen Straßen von St. Pauli, schließlich erreicht er Altona. Er marschiert schnell, so hält er die angenehme Wärme des Büros im Körper, bis er vor dem Gebäude des Suchdienstes steht, das pompöse Portal aufzieht und auf die endlosen Reihen kartonierter Schicksale blickt. In den düsteren Gängen ist niemand zu sehen, selbst die Nachforschungen nach Vermissten scheinen im Frost erstarrt zu sein. Beim Sachbearbeiter Andreas Brems klopft er an die Bürotür und tritt ein, ohne eine Aufforderung abzuwarten. Der wird schon nicht überarbeitet sein, denkt der Oberinspektor.

Brems lächelt milde und müde. »Suchen Sie Ihren Vermissten oder einen Vermissten?«, fragt er.

»Einen Vermissten. Lothar Maschke.«

Brems deutet auf einen Schreibtisch. »Bitte warten Sie.«

Dann schlurft er hinaus und kehrt mit einer gelben Karteikarte zurück.

»Maschke, Lothar, geboren 1916 in Flensburg, wohnhaft in Hamburg seit 1920, zur Kriegsmarine gezogen im September 1939, zuletzt Matrosenobergefreiter auf U-453. Als vermisst gemeldet am 2. Juni 1945 von seiner Nachbarin: Wilhelmine Herthge.«

»Jetzt habe ich dich«, murmelt Stave.

Das wird die Mutter seines Kollegen sein, vermutet er. Die meldet einen Nachbarn vermisst – und ungefähr zur gleichen Zeit kommt der Sohn aus dem Krieg zurück. Der Sohn, der irgendwie die Kämpfe in der Normandie überlebt hat, die vielleicht alle seine SS-Kameraden das Leben gekostet haben. Und der zuvor in Oradour gemordet hat. Ein Sohn, der wohl schon ahnt, dass ihm dieses Massaker noch gefährlich werden könnte. Und der erkennt, dass ein Nachbar, der ungefähr genauso alt ist wie er, verschollen ist. Ein Nachbar, der keine Verwandten mehr hat, denn warum hätte Frau Herthge ihn sonst als vermisst melden sollen und keine Mutter oder Ehefrau? Wie leicht ist es da, in die leere Wohnung einzubrechen, sich ein paar Papiere zu besorgen und einen neuen Namen anzunehmen? Man muss nur die eigene Mutter überzeugen, aber die wird ihren Sohn schon nicht verraten. Einen Sohn, der fortan fügsam zu Hause bleibt und garantiert nicht in die Fremde zieht. Die Mutter kann sogar ihren Namen behalten. Wem würde schon auffallen, dass Mutter und Sohn unterschiedliche Nachnamen haben? Und wenn doch: Dann wird jeder denken, die Mutter hätte – vielleicht, weil sie verwitwet ist – nach der Geburt ihres Sohnes noch einmal geheiratet und trage nun den Namen ihres zweiten Mannes, während der Sohn den des ersten behalten hat. Nichts Ungewöhnliches in Zeiten, da Millionen Frauen ihre Gatten verloren haben. Keine Beerdigung, kein Totenschein, keine Abmeldung bei irgendeinem Amt – der echte Lothar Maschke ist ja nie für tot erklärt worden. Und wer gleicht die Namen aller Bürger Hamburgs mit denen in den Karteikästen des Suchdienstes ab? Niemand. Also wird aus Hans Herthge der neue Lothar Maschke. Dieser neue Maschke besorgt sich Papiere – leicht in einer Stadt, in der Zehntausende Personalausweise und Geburtsurkunden im Bombenhagel verloren haben. Wer kontrolliert da jeden Antrag auf Neuausstellung? Also übernimmt der neue Maschke die Zeugnisse des alten, bekommt die Lebensmittelkarten seines Vorgängers, wird vielleicht irgendwann mal von einem britischen Offizier auf alte Nazi-Verbindungen überprüft. Doch U-Boot-Fahrer sind nicht belastet, die werden gecleart. Schließlich ist der neue Maschke frei und fühlt sich offenbar so sicher, dass er sogar unbefangen über seine Zeit in Frankreich plaudert. Er richtet sich ein im gemachten Nest und kann ein neues Leben beginnen, kann sich bewerben. Und welche bessere Tarnung gäbe es, als ausgerechnet zur Polizei zu gehen?

»Diese Karte nehme ich mit«, sagt Stave zu Brems. »Sie ist ein Beweismittel.«

Der Sachbearbeiter zuckt mit den Achseln. »Nach dem hat noch nie jemand gefragt, da hätten wir sonst einen Vermerk. Lassen Sie mich trotzdem eine Kopie machen, der Ordnung halber.«

Er holt eine neue Karte aus einem Karton und schreibt mit Füller alle Angaben ab. Weil es so kalt ist, fließt die Tinte zäh, viele Striche bleiben blass.

Das wird niemand lesen können, denkt der Oberinspektor. Aber das ist jetzt auch nicht mehr wichtig.

Als er sich mit einem Kopfnicken verabschiedet und schon zur Tür gewendet hat, räuspert sich Brems. »Ich will Ihnen keine falschen Hoffnungen machen. Aber wir erwarten heute Nachmittag ein Schreiben vom Roten Kreuz aus der Sowjetunion. Eine neue Liste mit Kriegsgefangenen. Ich weiß, dass die Wahrscheinlichkeit nicht sehr groß ist, dass da Namen draufstehen, die wir noch nicht verzeichnet haben. Aber ausschließen kann man es auch nicht.«

»Sehen Sie doch bitte kurz unter ›St‹ nach«, antwortet Stave und hofft, dass seine Stimme nicht zittert. Dann dreht er sich schnell weg.

Mach dir keine Hoffnungen. Mach dir bloß keine übertriebenen Hoffnungen.

Auf dem Rückweg kehrt Stave in ein Café ein, das fast intakt den Krieg überstanden hat, bis auf die Fassade, die dem vierstöckigen Haus fehlt, als hätte ihm ein Ungeheuer das Gesicht abgerissen. Die Front des Cafés ist mit Bohlen geflickt, in die jemand mit einigen Nägeln und Fensterkitt zwei gesprungene Gläser eingesetzt hat, die etwas Licht ins Innere lassen. Es zieht erbärmlich. Der Oberinspektor bestellt sich eine Kartoffelsuppe, dazu Graubrot mit Butter und Tee.

Die Suppe ist blassgelb, aber wenigstens heiß. Das Brot zerbröselt zwischen den Fingern, die Paste darauf ist alles Mögliche, nur keine echte Butter. Der Tee duftet nach Brennnesseln. Soll ja gesund sein, sagt sich Stave und schlürft das bittere Gebräu. Als er das Café verlässt, fühlt er sich hungriger als zuvor.

Im Büro erwartet ihn eine Überraschung: MacDonald ist da.

»Ich muss mit Ihnen reden«, sagt der Lieutenant.

»Mein Glückstag heute«, antwortet Stave und bietet dem Briten den Besucherstuhl an.

Erna Berg blickt beunruhigt vom Vorzimmer durch die geöffnete Tür hinein. Ahnungslos, was ihr Geliebter auf dem Herzen hat, vermutet der Oberinspektor. Sie ist also nicht eingeweiht. Er schließt die Tür.

»Sie waren wieder bei Frau Hellinger.« MacDonald sagt das sachlich. Eine Feststellung, keine Frage.

»Sie überwachen mich?«

Der Brite lächelt entschuldigend. »Nicht Sie. Wir überwachen Frau Hellinger.«

»Wer ist ›wir‹?«

»Das ist eine lange Geschichte.«

»Sind Sie zu mir gekommen, um sie mir zu erzählen?«

»Mir bleibt wohl nichts anderes mehr übrig«, antwortet MacDonald seufzend. Dann lächelt er wieder, ein charmantes, entschuldigendes Oxford-Lächeln, und holt aus einer Aktentasche drei Schnellhefter aus Pappe hervor.

Die Mordakten.

»Tut mir leid für die Unannehmlichkeiten, alter Junge. Ich dachte, ich komme damit durch. Aber Sie sind einfach zu zäh. Jetzt muss ich Sie einweihen.«

Stave starrt auf die Akten, anschließend auf MacDonald, dann erst wird ihm langsam dessen letztes Wort klar.

»Worin wollen Sie mich einweihen?«

»Operation Bottleneck«, antwortet der Brite und lächelt wieder. Er hebt die Hände, lässt sie wieder sinken. »Ich hätte es gleich tun sollen, zumindest zu dem Zeitpunkt, als Hellingers Name das erste Mal fiel.«

»Sie waren ziemlich entgeistert an jenem Tag, ich erinnere mich. Aber ich schob das auf eine Ablenkung privater Art.«

MacDonald blickt flüchtig zur geschlossenen Vorzimmertür, dann rasch wieder auf die Akten. »Diese andere Geschichte ist noch komplizierter als Operation Bottleneck. Aber ich denke, darüber sind Sie im Bilde.«

»Wenn ich Ihnen dort irgendwie behilflich sein kann?«

»Nehmen Sie Ihre Dienstpistole und schießen Sie dem Gatten von Frau Berg ein nettes rundes Loch in den Kopf«, erwidert der Lieutenant, dann verzieht er das Gesicht. »War nur ein Scherz. Dieses Problem werde ich wohl allein lösen müssen – im Gegensatz zu jenem anderen.«

»Operation Bottleneck. Sie waren an dem Morgen da, an dem Martin Hellinger verschwand.«

»Ich habe ihn entführt.«

Stave lehnt sich zurück. »Erzählen Sie mir die Geschichte von Anfang an.«

»Ich bin Offizier in der Armee Seiner Majestät«, beginnt MacDonald. »Doch zugleich diene ich auch einer anderen Organisation, die mich schon in meinen Studententagen angeworben hat, dem British Intelligence Objectives Sub-Committee. Sie hatten ein gutes Argument, um mich zu überzeugen, für sie zu arbeiten: Sie haben dafür gesorgt, dass jener Skandal um mich und eine verheiratete Dame aus bester Familie wie ein Streichholz verglomm.«

»Das muss eine sehr spezielle Behörde sein.«

»Eine Art«, der Lieutenant zögert, »Geheimdienst.«

»Wie die Gestapo?«

MacDonald verliert zum ersten Mal die Fassung, wirft ihm einen empörten Blick zu. »Ich bitte Sie. Wir sind nur ein paar Dutzend Männer: Offiziere Ihrer Majestät, einige Beamte diverser Ministerien in London, Wissenschaftler und Techniker an Universitäten und ausgewählten Unternehmen. Wir unterstehen direkt der Regierung. Unser Job ist es, im besetzten Deutschland nach Wissenschaftlern und Technikern des Nazi-Regimes zu fahnden.«

»Um sie zu bestrafen?«

»Persönlich würde ich dies begrüßen. Doch nein, wir bestrafen die Herren nicht. Wir suchen Männer mit allen Arten von technischem Wissen. Konstrukteure von Flugzeugmotoren. Physiker, die Bomben erdacht haben. Entwickler von U-Booten. Aber auch Spezialisten, die unserer schwer in Mitleidenschaft gezogenen Wirtschaft nützlich sein könnten: Chemiker, die Düngemittel erforschen, Ingenieure in der Stahlindustrie und im Bergbau, Techniker, die Pläne für neue Automotoren oder leistungsfähigere Radios in der Schublade haben.«

»Oder Präzisionsuhren.«

»Und Vorhalterechner. Rechenmaschinen sind ein

Feld der Zukunft, das hat Doktor Hellinger früher als viele andere erkannt.«

»Und dann?«

»Dann entführen wir die Herren«, antwortet MacDonald und es klingt, als berichte er von einem Studentenulk. »Wir klopfen bei ihnen an die Tür und holen sie ab. Eine Fahrt im Jeep zum nächsten Militärflugfeld, eine Maschine mit laufendem Motor – und ehe sich die Herren versehen, sind sie Gast Seiner Majestät auf einem Schloss irgendwo in den Highlands. Oder in einem Labor außerhalb von London. Oder einer Werft in Liverpool. Dort werden sie gemolken. Wir schöpfen das Wissen dieser Spezialisten ab, befragen sie, lassen sie rechnen, Experimente machen, Sachen zusammenschrauben. Bis wir alles wissen, was sie wissen. Das verwenden wir dann für unsere eigene Forschung, sei es militärisch, sei es zivil.«

»Und die gemolkenen Herren lassen sich das alles gefallen? Gibt es nicht so etwas wie Patentschutz?«

MacDonald lacht. »Patentschutz nach zwanzig Millionen Toten? Wofür gewinnt man denn einen Krieg? Früher wurden die Tempel des Unterlegenen geplündert, heute rauben wir sein Wissen. Ein alles in allem fairer Preis für das, was Ihre Landsleute auf der Welt angerichtet haben.«

»Und die Spezialisten teilen ihre Geheimnisse bereitwillig?«

»Je schneller jemand uns alles erzählt, desto früher lassen wir ihn wieder nach Hause gehen. Wir sind keine Unmenschen. Wir haben keine Gestapo-Methoden nötig. Wir warten einfach ab. Meistens erzählen uns die Kandidaten alle Geheimnisse schon am ersten Tag. Sie sind so stolz auf ihre Erfindungen, wie strebsame Kinder. Selbst wenn es die mörderischsten Waffen sind. Oder gerade dann besonders.«

»Also wird Doktor Hellinger irgendwann zurückkehren?«

»Selbstverständlich. Er gehörte nicht zu den Schweigern. Leider hat die verdammte Kälte auch meine Heimat im Griff. Wir haben kaum noch Flugbenzin. Viele Häfen sind zugefroren. Wir konnten Hellinger einfach noch nicht nach Hause schicken, weder mit dem Flugzeug noch mit dem Schiff. Sobald es taut, ist er wieder daheim. Hellinger wird seiner Frau irgendeine Lügengeschichte erzählen, um seine Abwesenheit zu erklären, wir helfen ihm dabei. Er und seine Familie erhalten fortan Schwerarbeiter-Zulagen bei den Lebensmittelkarten und sie verpflichten sich, Stillschweigen zu bewahren. Das ist Operation Bottleneck. Bis jetzt hat das sehr gut funktioniert. Hellinger wäre irgendwann zurückgekehrt, seine Frau hätte die Vermisstenanzeige zurückgezogen. Fertig. Keine Fragen, kein Aufsehen.

Aber zuerst kommt die Kälte. Dann der Mörder. Dann kommen Sie. Hellinger hat nichts mit dem Trümmermörder zu tun. Verdammter Zufall. Aber plötzlich taucht sein Name in Mordakten auf. Wer weiß, wer die alles liest? Und dann noch diese unselige Notiz von Hellinger. Ich selbst habe ihm den Namen der Operation genannt, als ich ihn abgeholt habe, zur Erklärung, damit er sich nicht wehrt und keinen Lärm veranstaltet. Und dann übertölpelt der mich mit dem Zettel. Keine Ahnung, wie er es geschafft hat, den zu schreiben, ich hatte ihn nach zwei Minuten still aus dem Haus gefischt.«

»Und da haben Sie einfach die Akten gestohlen.«

»Verschwinden lassen. Sie hätten sie wiedergefunden, nachdem wir Hellinger zurückgebracht hätten. Sie hätten Hellinger von Ihren Ermittlungen gestrichen, alles wäre gut gegangen.«

»Blöde Idee.«

MacDonald blickt ihn einen Moment verblüfft an, dann lacht er. »Stimmt. Nicht sehr durchdacht. Ich war eines Tages hier, um Erna zu sehen. Sie waren nicht da.«

»Sie waren beide in meinem Büro?«

»Machen Sie Frau Berg keine Vorwürfe. Ich habe sie überredet. Wir waren dort allein – ungestörter als in ihrem Vorzimmer, wenn Sie verstehen, was ich meine.«

»Sie haben meine Sekretärin hier in diesem Büro …«, beginnt Stave, weiß aber dann nicht, wie er den Satz enden lassen kann.

»Mein Gott, alter Junge, waren Sie denn nie verliebt? Wir fanden uns irgendwie allein wieder, die Gelegenheit war günstig.«

»Und weil es so günstig war, haben Sie auch gleich noch die Mordakten mitgehen lassen. Klingt nicht gerade wie ein triebgesteuerter Akt.«

»Seien Sie nicht beleidigt. Ich schwöre, dass uns rein amouröse Verwicklungen in dieses Zimmer führten. Doch danach ist der Kopf ja bekanntlich besonders klar.«

»Scheinbar nicht.«

Stave schließt die Augen und denkt nach. »Ich glaube Ihnen, Herr Lieutenant, allein schon, weil Ihre Geschichte so unappetitlich und Ihre Motive wenig durchdacht sind. Ich glaube damit auch, dass Hellinger nichts mit dem Trümmermörder zu tun hat. Doch sein Name taucht nun einmal in diesen Akten auf. Eigentlich müsste ich vermerken, warum sein Verschwinden nicht mehr relevant ist.«

»Wer fragt schon danach?«

»Wahrscheinlich niemand. Aber ich führe meine Ermittlungen gerne korrekt.«

»Machen Sie hier eine Ausnahme.«

»Und wenn ich das nicht tue?«

»Ein einziger weiterer Hinweis auf Operation Bottleneck in diesen Akten und Sie sind der nächste Gast Seiner Majestät. So viel Flugbenzin haben wir dann doch noch.«

»Das dachte ich mir«, erwidert Stave. »Ich wollte schon immer mal ein Schloss in den Highlands sehen.«

»Nicht bei minus 20 Grad Celsius.«

»Das ist ein Argument.« Stave schweigt eine Weile und wendet die Sache in seinem Geist hin und her. »Sie haben mein Wort, dass ich nichts über die Operation Bottleneck schreiben werde«, verspricht er schließlich. »Nichts mehr zu Hellinger in den Akten. Und nichts über das Verschwinden dieser Akten.«

MacDonald holt tief Luft. »Ich danke Ihnen. Es wäre mir äußerst unangenehm gewesen, etwas derart Abscheuliches wic Ihre Entführung zu befehlen. Aber ich muss alles tun, um diese Aktion geheim zu halten.«

»Finden Sie es abscheulich, Männer wie Hellinger zu entführen?«

»Nein«, antwortet der Lieutenant ohne zu zögern. »Für die Drecksarbeit hatten die Nazis ihre Schlächter, bei der Gestapo, in den KZs, Sie kennen diese Typen sicherlich. Brutal, gewissenlos, aber zu dämlich, um die Welt zu bedrohen. Dafür brauchte Hitler kluge Köpfe. Wie unseren braven Tüftler Herrn Doktor Hellinger mit seinen Vorhalterechnern. Die haben hervorragend funktioniert, das können zehntausend Seemannswitwen von Liverpool bis Halifax bezeugen. Nein, mit dem habe ich kein Mitleid.«

»Da haben wir etwas gemeinsam.«

»Deshalb arbeite ich ja auch so gerne mit Ihnen zusammen, Herr Oberinspektor.«

»Gilt das auch für meinen Kollegen Maschke?«

Plötzlich wird MacDonald vorsichtig. »Warum diese Frage?«

»Was wissen Sie über ihn?«

Der Lieutenant zuckt die Achseln. »Als ich zu diesen Ermittlungen abkommandiert wurde, habe ich selbstverständlich die Personalakten meiner zukünftigen Mitstreiter studiert.«

»Wie aufmerksam.«

»Eine Berufskrankheit. Jedenfalls steht in Maschkes Akte nichts Aufregendes drin. Mehr weiß ich nicht.«

»Besorgen Sie mir diese Personalakte?«

»Als kleine Anerkennung für Ihre Kooperation in Sachen Operation Bottleneck? Gerne. Aber wieso fragen Sie mich ausgerechnet nach Maschke?«

»Nun habe ich ein Geheimnis vor Ihnen, Herr Lieutenant. Aber ich verspreche Ihnen, dass ich es enthüllen werde. Zu gegebener Zeit.«

MacDonald nickt und steht auf. »Ich nehme es sportlich. Geben Sie mir nur beizeiten Bescheid.«

Als der Lieutenant schon die Hand auf den Griff der Tür zum Vorzimmer legt, räuspert sich Stave noch einmal. »Versprechen Sie mir, mich nicht zum Paten Ihres Kindes zu machen«, sagt er. »Auch wenn Sie es in meinem Büro gezeugt haben.«

»Da haben Sie sich verrechnet«, antwortet MacDonald, tippt zum Gruß an die Mütze und verschwindet.

Stave starrt lange aus dem Fenster, nachdem der Lieutenant ihn verlassen hat. Er ist erleichtert, dass die Akten wieder da sind. Wie ich an diesen Formalien hänge, denkt er. Margarethe hätte gelacht, hätte mich aber auch beruhigt: ist nicht so schlimm.

Der Nebel lichtet sich. Er glaubt nun, dass er MacDonald trauen kann und Erna Berg auch, selbst wenn ihn die Vorstellung schockiert, dass sich an diesem Schreibtisch, *auf* diesem Schreibtisch, eine verheiratete Frau einem Offizier der Besatzungsmacht hingibt.

Das Fehlen der Mordakten hat sich geklärt. Hellinger ist aus den Ermittlungen verschwunden. Kein Verdächtiger und, Gott sei Dank, kein weiteres Mordopfer.

Stave hat genügend Aussagen und Dokumente zusammengetragen, um Maschke vor Gericht zu bringen, als ehemaligen SS-Mann und Mörder von Oradour. Er fragt sich, ob es klüger ist, Maschke sofort zu verhaften und dann auch in Sachen Trümmermörder weiter zu ermitteln. Oder soll man den Kollegen noch im Unklaren lassen, soll lauern, ob er sich unbedacht verrät? Ich werde mich mit Ehrlich beraten müssen, denkt er. Der Staatsanwalt muss ahnen, dass Maschke eine Nazi-Vergangenheit hat. Warum sonst hätte er neulich abends in dessen Büro aufkreuzen sollen? Er wollte herumschnüffeln. Aber offenbar weiß Ehrlich nicht, dass Maschke in Oradour war. Der Nazi-Jäger wird Stave dankbar sein, wenn die Beweise präsentiert werden. Ein neuer Prozess, vielleicht im Curiohaus.

Seine Gedanken werden von einem Klopfen unterbrochen. Erna Berg öffnet die Vorzimmertür, blickt herein. »Ein Besucher für Sie.«

Andreas Brems vom Suchdienst.

Stave will, wie es die Höflichkeit fordert, aufstehen, doch seine Beine sind plötzlich weich wie Fahrradschläuche. Er will etwas sagen, bringt keinen Ton hervor.

Der Sachbearbeiter, routiniert darin, schicksalsschwere Nachrichten zu überbringen, lächelt höflich, zieht den Besucherstuhl heran, setzt sich, faltet ein Papier auseinander, ohne dabei ein einziges Wort zu sagen. Dann zeigt er darauf: eine hektographierte Liste, Namen, Namen, Namen.

»Wir haben Ihren Sohn gefunden«, sagt er und setzt schnell hinzu: »Lebend.«

Stave krallt sich in die Schreibtischplatte. Die Gedanken kreisen. Karl. Ein Siebzehnjähriger in viel zu großer Wehrmachtsuniform, Zorn und Verachtung im Gesicht, als er sich vom Vater verabschiedet. Er ist doch noch ein Junge. Erleichterung. Warmes Glücksgefühl im Bauch. Stave zwingt sich, Brems förmlich zu danken, schüttelt ihm über die Schreibtischplatte hinweg die Hand, beugt sich dann über die Liste. Er nimmt sie in die Hand, jetzt gleichgültig gegenüber dem Zittern, das die Blätter rascheln lässt. Das einzige Band zu seinem Sohn.

»Stave, Karl.«

Und dahinter noch ein Wort. Stave stutzt, liest es noch einmal, versteht es nicht. »Was bedeutet das? Workuta?«

»Das ist der momentane Aufenthaltsort Ihres Sohnes.« Brems räuspert sich. »Ein Gefangenenlager. In Sibirien.«

»Sibirien.«

Stave schließt die Augen. Von »sibirischen Temperaturen« reden die Menschen seit Monaten in Hamburg. Und er hat ja die Toten gesehen, festgefroren am Boden. Hat von anderen Opfern gehört, die kein Mörder sich holte, sondern die Kälte. Wenn es in Hamburg so frostig ist – wie mag es dann dort sein?

»Was kann ich tun?«, hört er sich selbst fragen. Seine Stimme klingt hoffnungsvoll und matt zugleich.

»Nichts. Zurzeit wenigstens. Das Rote Kreuz hat diese Liste bekommen. Vielleicht wird irgendwann ein Vertreter in die sibirischen Lager gelassen, um mit den Gefangenen zu reden oder ihnen Post zu bringen. Sicher ist das nicht. Wir bemühen uns selbstverständlich um jede Verbesserung seiner Lage.«

»Wann wird er entlassen?«

»Fragen Sie Genosse Stalin. Niemand weiß es. Als noch Züge fuhren, kamen oft Gefangene von dort zurück. Momentan ist es zu kalt dafür. Aber irgendwann wird dieser Winter ja vorübergehen.«

»Kann ich ihm wenigstens schreiben?«

»Wir nehmen Ihren Brief entgegen. Beeilen Sie sich nicht. Es wird Wochen dauern, bis einer unserer Vertreter nach Nordrussland durchkommt. Wenn überhaupt. Sie sind verwirrt. Glücklich, aber verwirrt. Das verstehe ich, das erlebe ich jeden Tag. Lassen Sie die gute Nachricht auf sich wirken. Geben Sie sich selbst ein wenig Zeit. Dann erst schreiben Sie.«

»Immerhin ist er gefunden worden.«

»Wen wir einmal registriert haben, den verlieren wir nicht mehr.«

Da endlich schafft es Stave, sich aus dem Stuhl hochzustemmen. »Vielen Dank«, murmelt er. »Auch dafür, dass Sie persönlich vorbeigekommen sind.«

»Sie waren ja oft genug bei uns«, erwidert Brems und schüttelt ihm zum Abschied die Hand.

Danach starrt Stave wieder aus dem Fenster. Irgendwann schleicht sich tintenschwarze Nacht heran. Im Vorzimmer knirscht der Stuhl über den Linoleumboden, als Erna Berg ihn an ihren Schreibtisch rückt und geht. In einem fast erkalteten Heizkörper gurgelt Luft. Schritte auf dem Flur, dann die Stille einer verlassenen Etage.

Ich muss mir eine Karte von Russland besorgen, denkt Stave endlich. Nachsehen, wo Workuta liegt.

Ein Brief

Dienstag, 18. März 1947

Stave wacht auf und spürt, dass sich etwas verändert hat. Einen Augenblick packt ihn die Angst, weil er glaubt, jemand sei im Zimmer. Er fährt hoch, blickt sich um. Niemand. Dann erst merkt er, was anders geworden ist.

Draußen singt ein Vogel. Kein Eispanzer an den Scheiben, nur feuchte Flecken auf den Fensterbrettern von den herabgetauten Frostblumen. Kein dampfender Atem mehr, keine schmerzenden Hände, kein kalter Schauder, wenn die bloßen Füße den Boden berühren.

Vorsichtig steht Stave auf, er traut der Milde nicht, tritt ans Fenster, blinzelt hinaus. Sonnenlicht. Die Mauer gegenüber leuchtet gelb und warm. Drei, vier Menschen auf der Straße, die langsam gehen, misstrauisch, noch in Schal und Mantel. Einer erst hat seine Mütze abgenommen. Wann habe ich das zuletzt gesehen, denkt Stave. Ein unbedecktes Haupt im Freien.

Er verzichtet auf das Frühstück, spritzt sich Wasser ins Gesicht, verharrt vor der Wohnungstür. Mantel mitnehmen oder nicht? Nicht übermütig werden, sagt er sich, dann greift er nach dem schweren Stoff. Er packt die Pistole, stopft sie sich unter das Jackett. Nimmt den Dienstausweis. Doch die Taschenlampe lässt er auf dem Brett über den Garderobenhaken: Wer braucht an so einem hellen Tag noch eine Lampe?

Auf der Straße fühlt er sich, als wäre er innerlich geteilt, mit der Grenze knapp über seinen Knien: Der Boden ist noch frosthart, Kälte kriecht hoch. Auf Kopf und Körper jedoch scheint die Sonne, die Luft ist warm wie Seide. Stave atmet tief ein, hofft, das Versprechen des Frühlings zu schmecken, Blüten, Blätter, Gras. Doch dafür ist es noch zu früh, die alte Mischung aus Steinstaub, Ruß und Fäulnis steigt ihm in die Nase, intensiver als zuvor. Er öffnet den Mantel, geht langsam, genießt jeden Schritt. An einer Straßenecke stehen Dutzende in einer Schlange, Blecheimer, Karaffen, alte Kanister in Händen. Geduldig warten sie, bis sie an der Reihe sind, ihre Behälter aus einer handbetriebenen Wasserpumpe zu füllen – Pechvögel, deren Leitungen in den Wohnungen während der letzten Wochen geplatzt sind und die sich nun im Freien versorgen müssen. Stave schreitet die Schlange ab, bis gestern eine Wand aus schweigenden, vermummten Gestalten. Heute hat jeder ein Gesicht und redet. Lachen weht dem Oberinspektor noch nach, als er die Wartenden schon lange passiert hat. Ein älterer Herr, der ihm auf dem Bürgersteig entgegenkommt, lüpft zum Gruß den Hut.

Als er eine Frau anblickt, errötet die und lächelt schüchtern. Zwei Schuljungen schießen einen Ziegelsteinbrocken mit zerlumpten Schuhen bis auf ein Trümmergrundstück. Überlebende, denkt Stave, wir sind alle Überlebende.

Ob es auch in Sibirien taut? Oder bleibt es dort immer kalt? Stave hat Workuta gefunden, mit der Hilfe von Brems, denn einen Ort dieses Namens konnte er auf keiner Karte der Sowjetunion entdecken. Ein Punkt am nördlichen Ende des Ural-Gebirges. So weit weg von allem, von jeder Stadt, jeder Eisenbahnlinie, die auf den Atlanten verzeichnet ist. Der Oberinspektor fragt sich, wie sein Sohn dorthin gelangt sein mag, von Berlin bis nach Workuta. Er hat ihm geschrieben, einen Brief, an dem er eine lange, kalte Nacht bei Kerzenschein gesessen hat. Die Worte sind ihm schwergefallen. »Ein Dichter sind Sie nicht«, haben Staatsanwalt Ehrlich und Anna von Veckinhausen gespottet.

Die Frau hat er selbstverständlich nicht erwähnt, er schämt sich dafür vor seinem Sohn. Auch vom Trümmermörder kein Wort. Stattdessen Erinnerungen an Margarethe, Beschreibungen von Hamburg, geschönt, er will seinen Sohn nicht unnötig beunruhigen, Allgemeinplätze. Erst zum Schluss, eigentlich hat er schon mit »Dein Vater« unterschrieben, setzt er noch ein Postscriptum hinzu: »Ich liebe und vermisse Dich.«

Wann hat er das zuletzt zu seinem Sohn gesagt? Hat

er das überhaupt je zuvor ausgesprochen? Er kann sich nicht daran erinnern.

Überlebende, denkt Stave wieder und betrachtet verstohlen die Passanten, die wie befreit über die Straße laufen. Wenn man in Hamburg diesen Winter überleben kann, warum dann nicht auch in Workuta? Karl ist jung und stark. Er wird überleben. Er muss.

Vier Wochen sind vergangen, seitdem ihm MacDonald den Aktendiebstahl gestanden und von der Operation Bottleneck berichtet hat. Seit er von Maschkes wahrer Identität weiß. Vier zähe Wochen ohne irgendein Ereignis.

Ist doch auch schon mal was, denkt der Oberinspektor: keine weitere Leiche. Jeder Tag ohne spektakulären Fund ist ein Tag, an dem ihm die Leine ein wenig weiter gelockert wird. Stave fühlt sich, als könne er sich wieder frei bewegen, als habe er wieder Raum zum Manövrieren. Keine Leiche – keine Schlagzeile. Keine Schlagzeile – keine Panik in der Bevölkerung. Keine Panik – keine lästigen Nachfragen mehr, nicht vom Bürgermeister, nicht von Cuddel Breuer, nicht einmal von Staatsanwalt Ehrlich. Und nun hat sich auch noch über Nacht endlich der Frühling herbeigezaubert. Jedermann wird den Trümmermörder bald vergessen.

Nur ich nicht, sagt sich Stave. Ich nicht.

In der Zentrale begrüßt ihn Erna Berg mit abgewandtem Kopf. Der Oberinspektor wird stutzig, beugt sich näher zu ihr, starrt ihr ins Gesicht. Ihr rechtes Auge ist blauschwarz zugeschwollen.

»Ihr Mann?«, fragt er.

Sie deutet auf ihren Bauch, der sich schon leicht wölbt. »Ich habe es ihm gestanden. Verheimlichen konnte ich es ja nicht länger.«

»Ich werde das regeln.« MacDonald, der aus dem Flur hinzugetreten ist, ohne dass ihn die beiden gehört hätten.

»Reden wir in meinem Büro, nicht im Vorzimmer«, erwidert Stave.

»Zu dritt«, sagt der Lieutenant und nimmt Erna Berg in den Arm.

»Was wollen Sie tun?«, fragt Stave und setzt sich hinter den Schreibtisch.

Erna Berg nimmt auf dem Besucherstuhl Platz, MacDonald bleibt hinter ihr stehen, legt ihr die Hände auf die Schultern.

»Ich werde mich scheiden lassen«, antwortet seine Sekretärin.

»Ich habe Frau Berg schon eine Wohnung besorgt«, ergänzt der Lieutenant. »Wenn diese leidige Affäre vorüber ist, werden wir heiraten.« Er lächelt.

»Aber Sie haben doch schon einen Sohn«, wirft Stave ein. Mehr muss er nicht sagen: So, wie die Dinge liegen, wird ein Richter das Kind dem Vater zusprechen, schließlich hat die Mutter Ehebruch begangen.

»Ich kümmere mich auch darum«, erwidert MacDonald und seine Stimme klingt entschlossen. »Das Kind wird bei uns groß.«

Der Oberinspektor starrt ihn lange an, bis er begreift, dass es MacDonald ernst ist – und dass der Lieutenant diesen Kampf gewinnen wird. Eigentlich hätte er Mitleid mit Erna Bergs Mann haben sollen, der im Krieg sein Bein und nach dem Krieg nun auch noch seine Familie verliert. Doch die Prügelspuren im Gesicht seiner Sekretärin erschüttern Stave. Plötzlich durchflutet ihn Zuneigung zu diesem jungen britischen Offizier, der so selbstsicher, höflich und nonchalant ist und so ganz anders als er, Stave.

»Meinen Segen haben Sie«, sagt er.

»Ich wusste gar nicht, dass Sie auch Pastor sind«, antwortet MacDonald.

In Erna Bergs Gesicht – in der nicht zugeschwollenen linken Hälfte – zucken feine Muskeln. Sie wird gleich weinen, denkt Stave.

»Gibt es etwas Neues zu unserem Fall?«, fragt er rasch, bevor sie alle noch sentimental werden.

»Nichts, Herr Oberinspektor«, antwortet seine Sekretärin, atmet tief durch, richtet sich auf, lächelt schüchtern, sogar ein wenig verschwörerisch. »Keine neue Leiche. Keine Anfrage von Herrn Breuer.«

»Wüsste nicht, was von beidem schlimmer gewesen wäre«, stößt Stave erleichtert hervor. Dann hebt er die Rechte, als wolle er MacDonald und Erna Berg verscheuchen, doch die Geste gerät ihm dann halb zum Segen, halb zum freundlichen Winken.

»Nehmen Sie sich frei«, sagt er. »Sie müssen Ihre Wohnung einrichten. Und wahrscheinlich haben Sie auch noch ein paar andere Dinge zu regeln.«

Dreißig Sekunden später ist er allein.

Stave starrt auf die schreibheftdünnen Mordakten, die er fächerförmig vor sich auf dem Schreibtisch ausgebreitet hat. Langsam akzeptiert er, dass er nicht mehr weiterkommt. Dass er vielleicht nie mehr weiterkommen wird.

Kein neuer Toter, das ist beruhigend. Einerseits. Das bedeutet andererseits auch keine Möglichkeit, dass der Täter einen Fehler macht. Dass sich einer der Angegriffenen erfolgreich wehrt. Dass ein Zeuge ihn sieht. Dass endlich irgendjemand in Hamburg eines der Opfer identifiziert.

Jetzt, da es taut, wird es auch irgendwann wieder regnen, denkt der Oberinspektor. Die Schauer werden die Plakate der Polizei durchweichen, die Fotos werden von den Litfaßsäulen blättern, Staves eindringliche Sätze werden zerfließen. Neue Plakate darf er nicht mehr drucken, um die Bevölkerung nicht zu beunruhigen.

Was kann er jetzt noch tun mit den vier Fällen, deren papierner Niederschlag auf seiner Schreibtischplatte ruht? Alle Fahndungen hat er gemacht, alle Zeugen befragt, alle Spuren verfolgt. Vielleicht wird der Zufall ihm helfen, irgendwann. Vielleicht wird sich der Mörder betrunken in einer Kneipe verraten, das ist mehr als einmal vorgekommen. Vielleicht wird irgendwann ein Neuankömmling Hamburg erreichen, zufällig eines der wie durch ein Wunder noch erhaltenen, vergilbten Plakate sehen und ausrufen: »Die kenne ich doch!«

Und wenn nicht? Dann kommt der Trümmermörder davon, erkennt Stave resigniert. Und ich werde mein ganzes Leben lang an ihn denken. Und immer werde ich mich fragen: Was hast du übersehen?

Selbstmitleid hilft dir auch nicht weiter, sagt er sich, räumt seufzend die Mordakten zusammen, verstaut sie sorgfältig in der Ablage, drückt sich aus dem Stuhl und schreitet zur Tür, eine andere Akte unter dem Arm: die Personalakte von Lothar Maschke, die ihm MacDonald diskret besorgt hat. Dazu noch einige andere interessante Dokumente. Er will zu Ehrlich.

Was hast du übersehen, denkt er, während er den Flur hinuntergeht. Übersehen. Die Treppe mit dem irritierenden Muster auf dem Boden. Übersehen. Die Vorhalle, der kleine bronzene Elefant. Übersehen. Die Frauenskulptur. Übersehen. Ein Mercedes vor der Zentrale. Übersehen. Der Weg zu Staatsanwalt Ehrlich.

Übersehen. Die Frauenskulptur. Ehrlich. Die Frau. Frau. Ehrlich.

»Was bin ich doch für ein Idiot!«, ruft Stave plötzlich.

Dann rennt er los.

Namen

Stave hastet zurück zur Zentrale. Das verdammte Bein! Er läuft so schnell, dass er stolpert. Keuchend kommt er vor dem wuchtigen Bau an. Dort steht der Mercedes noch. Der Schlüssel steckt. Stave reißt die Tür auf, wirft sich in den Fahrersitz, braust mit röhrendem Motor davon. Er gibt einen Dreck auf die Vorschriften.

Überall Fahrradfahrer, Spaziergänger, die Sonne in sich aufsaugen. Der Oberinspektor flucht und hupt, gibt Gas, packt das Lenkrad und zwingt den alten Wagen schlingernd um die Kurven.

Seit einem Monat liegt die Lösung auf seinem Schreibtisch – aber nicht in seinen ängstlich gehüteten Mordakten, sondern in seinen Notizen. Und ich sehe das nicht! Er könnte sich ohrfeigen. Hoffentlich lebt mein Zeuge noch, denkt er im nächsten Moment. Hoffentlich gehört er nicht zu denen, die diesen Winter erfroren sind.

Yvonne Delluc.

Diesen Namen hat er sich notiert, penibel abgeschrieben. Eine der Überlebenden von Oradour. Und diesen Namen hat er schon einmal gelesen: in den Karteikarten von Maschke, jenen Karten, auf denen der Beamte von der Sitte die Bordsteinschwalben und ihre Paschas verewigt hat. Er erinnert sich nun, als sei er erst vor einer Stunde ins Büro des Kollegen geschlichen: »Yvonne Delluc, hat Familie hier.«

Eine Überlebende von Oradour. Eine Französin! Der Ohrschmuck eines Pariser Juweliers. Stave hat keine Ahnung, was sie an der Elbe verloren hatte. Kein Wunder aber, dass niemand sie identifizierte. Kein Nachbar. Kein Brite. Kein DP – denn die Displaced Persons sind gestrandete ehemalige Zwangsarbeiter und KZ-Häftlinge, die Überlebenden von Oradour normale französische Bürger mitten in der Provinz. Niemand von ihnen wurde ins Reich verschleppt.

»Hat Familie hier.« Maschkes/Herthges Notiz. Irgendwie ist die Überlebende von Oradour Maschke aufgefallen, dem einzigen entkommenen Mörder von Oradour. Der vermerkt ihren Namen und die Tatsache, dass noch weitere Menschen aus ihrer Familie hier sind.

Ob Yvonne Delluc das junge Mädchen ist? Die ältere Frau? Das Kind? Stave wird es herausfinden – vielleicht.

Er drückt das Gaspedal durch, der Motor brüllt, ein Reifen jault, als er um eine Kurve driftet.

Wie mag Maschke Yvonne Delluc getroffen haben? Durch Zufall? Als Stave auf der Reeperbahn Zeugen befragte, sagte ein leichtes Mädchen, dass der Beamte von der Sitte übereifrig sei – so übereifrig, dass er sogar harmlose Frauen für Huren hielt. Ist ihm Yvonne Delluc dabei irgendwie über den Weg gelaufen? Eine elegante Frau, nicht abgearbeitet, die auf einen französischen Namen gerufen wird? Viele Prostituierte legen sich solche Namen zu, nur dass ihrer echt ist. Maschke, der glaubt, eine Hure zu überprüfen, erkennt plötzlich, dass er eine Zeugin seines Massakers vor sich hat – und bringt sie um. Und danach, um sicherzugehen, auch den Rest ihrer Familie.

Dann meldet er sich freiwillig zur Ermittlergruppe, um immer ganz nahe bei der Fahndung zu sein. Um rechtzeitig eingreifen zu können. Um falsche Spuren zu legen. Oder um zeitig unterzutauchen.

»1 Peter, 1 Peter. Sofort in der Zentrale melden!«

Stave zuckt zusammen, als die Stimme aus dem Funkgerät dröhnt. Wütend, den Blick starr auf die Straße geheftet, schlägt er auf den Kasten, bis die blecherne Stimme abrupt abbricht.

Kreischende Bremsen, der Motor stoppt mit einem dumpfen Blubbern, Stave springt aus dem Mercedes. Vor ihm ragt der düstere Monolith des Hochbunkers von Eilbek auf.

Der Oberinspektor knallt die Stahltür auf, hastet zur ersten Wohnebene, vorbei an Bretterwänden. Die Luft ist noch klammer als bei seinem ersten Besuch vor zwei Monaten, warm nun, modrig, faul. Die gleiche zerschlissene Öljacke versperrt noch den Eingang.

Stave atmet erleichtert auf: Anton Thumann lebt noch. Er stampft in den Verschlag. Der alte Seemann springt von der Pritsche auf, hebt die Fäuste, erkennt ihn dann.

»Das kann man auch höflicher machen, Herr Kommissar!«, ruft er, lässt aber die Fäuste oben.

Der Oberinspektor schluckt seine Wut hinunter. Was hätte ihm dieses Wrack von einem Mann erspart, wenn er geredet hätte! Einer der ersten Menschen, den er befragte, noch am Tag, als sie die erste Leiche fanden. Die junge Tote. Da erwähnte er eine französische Familie aus dem Verschlag nebenan, die eines Tages von einem Polizisten abgeholt worden war. Einem Polizisten!

Stave fingert an seiner Jacketttasche herum. Thumanns Augen weiten sich.

»Nicht schießen!«, ruft er.

Der Oberinspektor ignoriert sein Flehen, zerrt die Fotos der Toten hervor. Thumann, erleichtert, lässt die Fäuste sinken. Stave reicht ihm die Bilder, seine Hand zittert vor Zorn.

»Das waren die von nebenan«, sagt der alte Seemann gleichmütig. »Die Franzosen.«

Der Oberinspektor schließt für einen Moment die Augen. »Warum haben Sie das nicht längst der Polizei gemeldet?«, fragt er, mühsam um Ruhe ringend.

»Warum sollte ich das tun?«

»Haben Sie denn die Plakate nicht gesehen, überall in der Stadt?«, fragt Stave fassungslos.

Thumann starrt mit leerem Blick gegen die Bretterwand. »Ich komme ja kaum raus. Und wenn, dann sehe ich mir so etwas nie an. Kann nämlich nicht lesen. Hab es nie richtig gelernt. Brauche ich ja auch nicht.«

Stave lehnt sich gegen die rauen Bohlen, fährt sich mit der Hand über die Augen.

»Wissen Sie, wie die Familie neben Ihnen hieß?«

»Die haben sich mir nie vorgestellt.«

»Delluc?«

»Kann sein, kann auch nicht sein.«

»Beschreiben Sie mir die Familie: Wie viele Personen? Männer, Frauen, Kinder?«

»Ein Alter, der immer am Stock ging. Zwei Frauen. Feine Damen, wenn Sie verstehen, was ich meine. Jung und hübsch die eine, aber frech. Die andere war auch hübsch, aber nicht mehr so jung. Und noch eine Göre.«

»Ein Mädchen?«

»Ja.«

»Wie alt?«

»Keine Ahnung, ich habe keine Kinder. Klein halt.«

Der Oberinspektor atmet tief durch. Thumann wird

vor Gericht einen großartigen Zeugen abgeben, denkt er resigniert.

»Eher sechs Jahre alt? Oder eher vierzehn?«

»Eher sechs.«

»Gab es noch mehr Angehörige?«

»Nur die vier auf den Fotos, soweit ich weiß.«

Stave zerrt noch ein Foto hervor. Ein Abzug aus Maschkes Personalakte.

»War das der Polizist, der diese Familie abholte?«

»Das war er. Qualmte die ganze Etage voll, gab mir aber keine Lucky Strike ab. Arroganter Hund.«

»Ging die Familie freiwillig mit ihm mit?«

»Wer geht schon freiwillig mit der Polizei?«

»Wie meinen Sie das?«

»Die beiden sahen nicht glücklich aus. Aber der Polizist musste nicht hart zupacken. Keine Handschellen, kein Schlagstock. Hat nicht mal herumgebrüllt.«

»Die beiden?«

»Die ältere Frau und das Mädchen. Die anderen beiden waren nicht da. Keine Ahnung, wo die sind. Sind danach jedenfalls nicht wieder aufgetaucht.«

»Ist der Verschlag nebenan wieder belegt?«

»Ja, aber ich kenne keinen Namen.«

»Das ist nicht so wichtig. Sind noch Sachen der französischen Familie da?«

Thumann blickt zu Boden. »Alles weg«, murmelt er.

»Weg? Hat der Polizist alles mitgenommen?«

»Nein. Als die Franzosen auch nach ein paar Tagen nicht wieder auftauchten, sind ein paar Jungs aus der oberen Etage gekommen und haben die Sachen verschanzt.«

»Gehen Sie zur Kripo-Zentrale am Karl-Muck-Platz und melden Sie sich bei Polizeiinspektor Müller. Der wird Ihre Aussage aufnehmen.«

»Warum fahren Sie mich nicht hin?«

»Ich habe noch etwas zu erledigen.«

»Und wenn ich nicht komme?«

»Dann werden Sie in einem Loch landen, gegen das selbst dieser Bunker ein Luxushotel ist.«

Stave rast quer durch die Stadt. Hoffentlich fahnden sie nicht schon nach dem Wagen, denkt er. Und hoffentlich ist genug Benzin im Tank. Er braucht mehr als eine Stunde, bis er das Warburg Children's Health Home erreicht. Er bremst so spät, dass er beinahe in das Tor gekracht wäre. Stave hupt, klingelt Sturm. Der junge Mann, der ihm schon einmal öffnete, rennt herbei.

»Wir haben Kinder hier!«, ruft er empört, öffnet trotzdem das Tor.

»Und eines davon will ich sehen«, entgegnet der Oberinspektor und fährt so rasch die Auffahrt hoch, dass der Kies zu beiden Seiten wegspritzt.

Thérèse DuBois steht hinter einem Verandafenster,

blickt ihn an. Ein paar Augenblicke später empfängt sie ihn an der Tür der Villa.

»Sie haben ihn!«, ruft sie.

»Ich muss mit Anouk Magaldi sprechen«, antwortet Stave.

Fünf Minuten später hält er dem Mädchen die Fotos der Toten vor das Gesicht. Bei seinen beiden vorherigen Besuchen hat er den kleinen Kindern diese Bilder nicht zu zeigen gewagt. Und die jüngeren, so hat es ihm die Betreuerin gesagt, verlassen nie das Anwesen. Wie also hätte Anouk Magaldi je diese Fotos auf den Plakaten sehen können?

Die Kleine betrachtet die Bilder. Etwas traurig, doch nicht sonderlich interessiert. Das erste. Das zweite. Staves Atem stockt. Das dritte. Dann hält sie inne, starrt das vierte Bild an, Tränen in den Augen. Es ist das Foto der jungen Frau.

»Mademoiselle Delluc«, flüstert die Kleine.

Der Oberinspektor atmet tief durch, lehnt sich im Korbstuhl zurück.

»Eine Überlebende von Oradour?«, fragt Thérèse DuBois.

»Die in Hamburg ihren Mörder traf«, murmelt Stave.

»Ihren Kollegen?«

Er nickt müde. »Mein Kollege, der unter falschem Namen zur Polizei ging. Der zuvor in der SS war. Der irgendwie als vielleicht einziger Mörder von Oradour den Krieg überlebt hat. Der irgendwie in Hamburg eine Zeugin seiner Untat traf. Er erwürgte diese Zeugin, um sich vor einer Anklage zu schützen. Und er plünderte sie bis auf die Haut aus, damit niemand sie je identifizieren wird.«

»Was ist mit den anderen drei Toten?«

Stave befragt Anouk Magaldi und bald erfährt er, dass sie die drei Verwandten von Yvonne Delluc noch nie gesehen hat. Die junge Französin stammte nicht aus Oradour, sie war nur dort, weil sie bei Freunden gewohnt hatte. Ihre Familie muss irgendwo anders gelebt haben.

»Vielleicht in Paris«, murmelt Stave, der an das Ohrgehänge denkt. Dann fällt ihm das Medaillon ein und er zeigt der Kleinen ein Foto davon. Sie lächelt ihn an, greift sich an den Hals und zieht unter dem Kragen ihres Pullovers das gleiche Medaillon heraus.

Stave starrt das Mädchen an, das winzige Schmuckstück in der Kinderhand, dann schließt er die Augen. »So dicht dran«, murmelt er. »Ich war so oft so dicht dran.« Er nimmt sich zusammen.

»Was bedeutet das? Ein Kreuz und zwei Dolche?«

Sie redet, spricht schnell. Stolz in der Stimme. Thérèse DuDois übersetzt: »Das Stadtwappen von Oradour. Fragen Sie mich nicht, was diese Symbole bedeuten. Die Überlebenden tragen es und viele ihrer Angehörigen auch. Eine Erinnerung.«

»Die Angehörigen auch«, wiederholt der Oberinspektor befriedigt. »Langsam habe ich alles, was ich brauche. Kann mir die Kleine noch irgendetwas über Yvonne Delluc sagen? Welchen Beruf hat sie? Ist sie verheiratet gewesen? Hat sie Kinder gehabt?«

Anouk Magaldi denkt nach, schüttelt den Kopf. Lächelt dann. »Elle est Juive, comme moi«, sagt sie.

»Eine Jüdin wie sie«, erklärt die Betreuerin. »Warum sollte eine Jüdin, die einem Massaker entronnen ist, ausgerechnet ins Land der Täter reisen?«

»Das«, antwortet Stave düster, »kann ich nicht beantworten. Aber nur etwas Geduld. Sie werden wahrscheinlich bald alle Details hören. Im nächsten Prozess im Curiohaus.«

Mittagszeit. Hoffentlich isst Ehrlich nicht in irgendeinem Restaurant oder gar in einem Club der Briten, denkt Stave. Er muss dem Staatsanwalt ein paar interessante Dinge mitteilen. Er hat Glück und sitzt bald darauf auf dem Besucherstuhl im Büro der Staatsanwaltschaft, gemustert von den Augen hinter der riesigen Brille.

Stave erzählt von der früheren Existenz des Lothar Maschke, der eigentlich Hans Herthge heißt und in seinem ersten Leben SS-Panzergrenadier gewesen ist. Erzählt von dem Waisenmädchen im Warburg-Kinderheim, von der Landkarte aus Maschkes Schreibtisch –

wobei er nicht weiter darauf eingeht, wie er an dieses Dokument gekommen ist. Ehrlich, der sich an ihr nächtliches Treffen im Büro des Sittendezernats erinnert und dem plötzlich ein Licht aufgeht, nickt kurz. Der Oberinspektor legt die Suchdienst-Karteikarte auf Maschkes Namen neben die Landkarte. Er berichtet vom Stadtwappen Oradours auf den Medaillons, die bei zwei Toten gefunden wurden. Vom Geschmeide aus Paris. Vom analphabetischen Seemann im Eilbeker Hochbunker, der Plakate nicht ansieht, weil er sie nicht lesen kann, und der sich nicht wundert, wenn neben ihm eine Familie verschwindet. Eine französische Familie.

Ehrlich hört ihm geduldig zu. Dann putzt er die Brillengläser, lächelt zufrieden. »Was also ist Ihre Version vom Tathergang?«

»Herthge alias Maschke trifft Yvonne Delluc in Hamburg. Ich weiß nicht, ob er sofort bemerkt, dass sie eine Überlebende von Oradour ist. Oder ob sie ihn erkennt und damit konfrontiert. Wie ich auch nicht weiß, warum die junge Frau mit ihrer Familie hier in unserer Stadt ist. Und, nebenbei, in welchem Verwandtschaftsverhältnis die anderen drei Opfer eigentlich zu ihr stehen.

Die beiden treffen sich. Herthge/Maschke erkennt, dass ihn die junge Französin auf das Schafott bringen könnte, also tötet er sie. Wahrscheinlich nicht sofort, direkt bei ihrer ersten Begegnung. Vielleicht läuft er vor ihr weg. Vielleicht hält er sie irgendwie hin. Vielleicht entführt er sie und nimmt sie gefangen. Er hat auf jeden Fall Zeit genug, um eine Karteikarte anzulegen, auf der er vermerkt, dass sie Familie in der Stadt hat. Das muss er irgendwie herausgefunden haben.

Er ist also vorsichtig, methodisch. Erst als er weiß, in welcher Situation sich Yvonne Delluc befindet, schlägt er gnadenlos zu und beseitigt alle Spuren. Er tötet Yvonne Delluc irgendwo in der Stadt und versteckt ihre Leiche in den Trümmern. Wie er sie da hingeschafft hat, das weiß ich noch nicht. Er lauert dem Alten auf und ermordet ihn offenbar dort, wo er ihn angetroffen hat. Vielleicht hat er erfahren, dass der Alte immer einen bestimmten Weg geht. Schließlich lockt er unter einem Vorwand die ältere Frau und das Kind aus dem Hochbunker. Wahrscheinlich sind die beiden ahnungslos, sie waren ja nicht in Oradour dabei. Als sie den Hochbunker in Eilbek verlassen haben, schlägt Herthge / Maschke wieder zu und versteckt auch diese beiden Leichen. Gut möglich, dass er diesmal mit einem Polizeiwagen bis nahe an die späteren Fundorte der Leichen gefahren ist und jeweils im passenden Moment seine Opfer zwischen Ruinen abgelegt hat.

Was hat er zu befürchten? Yvonne Delluc und ihre Familie kamen im Bunker unter, offenbar nur für wenige Wochen. Bunkermenschen kümmern sich nicht um ihre Nachbarn. Seine Chancen standen gut, dass niemand aus dem Bunker sich je an die Menschen erinnern wird. Und sonst scheint es auch keinen in Hamburg zu geben, der die Familie kennt. Die Kleine ging hier nicht zur Schule, weshalb alle Nachforschungen vergebens blieben. Keine Lebensmittelkarten, die hier für sie ausgegeben wurden. Kein Arzt, der hier je einen der vier behandelte, auch keinen im ganzen Reich – wir hätten in Frankreich suchen müssen. Aber wie hätten wir das wissen sollen?

Als wir schließlich den ersten Toten entdecken, meldet Herthge/Maschke sich freiwillig zur Fahndungsgruppe, damit er die Sache unter Kontrolle behält. Er weiß ja, dass wir noch mehrere Opfer finden werden und dass die Sache ziemlichen Staub aufwirbeln wird. Er weiß allerdings nicht, dass er beim hastigen Ausplündern der Toten ein paar kleine Gegenstände übersehen hat. Und er ahnt nicht, dass in Hamburg noch eine Überlebende von Oradour wohnt, eine Zeugin, die mich letztlich auf seine Spur gebracht hat.«

»Ist Herthge denn noch immer ahnungslos? Weiß er, dass Sie ihm auf der Spur sind?«

»Leider«, gesteht Stave, »habe ich Maschke alias Herthge in Sachen Trümmermörder auf Reisen geschickt. Er soll bei Ärzten in ganz Norddeutschland Spuren verfolgen. Von seiner Doppelidentität habe ich erst erfahren, als er schon fort war. Er hat sich bis vor etwa vier Wochen in unregelmäßigen Abständen telefonisch in der Zentrale gemeldet und berichtet. Seither aber nicht mehr.«

»Haben Sie die dortigen Dienststellen informiert?«, fragt Ehrlich.

»Diskret. Sie sollen nach Maschke suchen, aber ich habe es so klingen lassen, als machten wir uns Sorgen um ihn. Und nicht so, als würden wir nach ihm fahnden.«

»Diese Zurückhaltung können wir nun aufgeben. Schreiben wir Maschke / Herthge zur Fahndung aus!«

Ehrlich lehnt sich in seinem Stuhl zurück. Er blickt den Kripobeamten zufrieden an.

»Sie hatten ihn schon länger unter Verdacht?«, fragt Stave.

Der Staatsanwalt lächelt. »Weil auch ich seinem Büro einen diskreten Besuch abstatten wollte? In der Tat. Es gab Hinweise: Aussagen von SS-Angehörigen, die – das Schafott oder lebenslänglich Zuchthaus vor Augen – Kameraden auffliegen ließen. In diesen Kreisen hilft man sich ja. Und es spricht sich dann herum, wenn jemand verschwindet oder seine Identität wechselt. Dabei fiel einmal Maschkes Name. Ein Polizeibeamter, ich wurde hellhörig. Doch unter diesem Namen tauchte überhaupt kein SS-Mann je in irgendwelchen Akten auf. Ich ahnte schließlich, dass »Lothar Maschke« eine neue Identität sein muss und dass der Mann vorher unter seinem richtigen Namen in der SS gewesen war. Ich kannte aber weder seinen echten Namen noch seine frühere Funktion. Ich kann es kaum erwarten, Herthge selbst zu diesen Einzelheiten zu befragen. Im Gerichtssaal. Ich stehe tief in Ihrer Schuld.«

»Dann können Sie mir sicherlich zwei Gefallen tun«, erwidert Stave.

Der Staatsanwalt hebt eine Augenbraue. »Welche?«

»Rufen Sie bei Cuddel Breuer an und erklären Sie ihm, wozu ich mir den Mercedes geborgt habe.«

»Geborgt«, wiederholt Ehrlich und lacht. »Ein Euphemismus für einen Autodiebstahl, den der Chef der Kripo sicherlich noch nie aus dem Mund eines Staatsanwalts vernommen hat. Es wird mir ein Vergnügen sein, Ihnen diesen Wunsch zu erfüllen. Und der zweite?«

»Ich möchte wissen, wer die anderen drei Opfer sind. Ich will Namen haben. Ich weiß, dass das eigentlich gleichgültig ist. Tot ist tot. Doch ich fühle mich einfach besser, wenn ich Namen habe. Wenn wenigstens die Namen bleiben.«

Der Staatsanwalt nickt. »Das geht mir genauso.«

Ein kurzes Telefonat und Ehrlich blinzelt Stave, der im Besucherstuhl wartet und mithört, beruhigend zu.

»Ihr Chef wollte nur wissen, ob Sie eine Beule in seinen Mercedes gefahren haben. Und er freut sich auf Ihren Bericht. Die Lösung des Trümmermörderfalles passt zum Ende des Winters, meint er.«

Das nächste Gespräch dauert viel länger. Der Staatsanwalt spricht Französisch, mit schwerem Akzent, wie es Stave vorkommt, doch offenbar fließend. Er nickt immer wieder, macht sich Notizen, zieht manchmal überrascht eine Augenbraue hoch. Dem gefällt nicht, was er hört, denkt der Oberinspektor. Hoffentlich gibt es keinen Ärger. Nicht jetzt.

Endlich legt Ehrlich den Hörer auf die Gabel. Eine sanfte Geste. »Die Dellucs sind Juden«, beginnt er.

»Das wusste ich.«

»Eine Familie, aus deren Reihen bereits mehrere Mitglieder deportiert worden waren. Die anderen hielten sich versteckt. Drei in Paris. Eine Frau in Oradour.«

»Yvonne Delluc.«

»Der Großvater war in Paris untergekommen: René Delluc. Ein Bankier mit Freunden, die ihm auch in harten Zeiten beistanden. Er hat einen Sohn und eine Tochter. Der Sohn wurde deportiert. Die Tochter Georgette versteckte sich bei ihm.«

»Die Frau mit der Operationsnarbe.«

Ehrlich nickt. »Sie ist die Tante des Kindes: Sarah. Und auch von Yvonne. Sarah und Yvonne sind Geschwister, Töchter des deportierten Sohnes.«

»Was führte sie nach Hamburg?«

»Die Sehnsucht nach Palästina, vermutet mein französischer Kollege. Beweisen kann er das nicht. Aber es gibt Indizien. Demnach haben die Dellucs seit 1945 versucht, ins Heilige Land zu kommen. Die Briten lassen aber keine Juden herein, wie Sie wissen.«

Stave erinnert sich an das, was ihm Thérèse DuBois erzählt hat. »Deshalb haben sie es von der britischen Besatzungszone aus versucht. Weil hier die Kontrollen für Reisen nach Palästina weniger scharf sind.«

»Der Hafen ist schwer zerstört. Selbst die Briten sind froh, wenn Frachter ihre Ladung halbwegs ordentlich löschen oder aufnehmen können. Das ist lebenswichtig für die Besatzungszone. Wer kontrolliert da alle Schiffspapiere? Wer prüft wirklich nach, ob ein Dampfer, der kostbaren Weizen angeliefert hat, anschließend tatsächlich nach Zypern fährt? Oder nicht vielleicht etwas weiter östlich einen Hafen anläuft? Ein langer Weg, um ins Gelobte Land zu kommen. Aber nach allem, was Juden in den letzten Jahren mitgemacht haben, ist es das Risiko wert: Immer wieder werden sie an Bord von Schiffen geschmuggelt, die nach Palästina abgehen. DPs. Und Juden, die erst nach 1945 eingereist sind.«

»Wie die Dellucs.«

»Ja. Ihr Unglück war, dass sie zu spät kamen: Ende November 1946 verschwanden sie aus Frankreich. Da fror die Elbe gerade zu, die Kohlen wurden knapp. Kein Schiff fuhr mehr ab. Sie saßen fest. Sicherlich warteten sie hier darauf, dass die Temperaturen wieder stiegen und sie sich auf die Flucht machen konnten. Sie ahnten nicht, dass sie hier für Wochen blockiert sein würden. Und sie ahnten nicht, dass sie den Weg eines Mörders von Oradour kreuzen würden.«

»Wo mag Herthge jetzt sein?«

Ehrlich hebt die Hände. »Irgendwie hat er mitbekommen, dass wir ihm auf der Fährte sind. Vielleicht weiß er nichts Genaues, doch er ist vorsichtig und ist verschwunden, nachdem Sie ihn nach Norddeutschland geschickt haben. Eine so günstige Gelegenheit wird es für ihn nicht wieder geben.

Nachdem wir ihn zur Fahndung ausgeschrieben haben, werden wir selbstverständlich einen Beamten zu seiner Mutter schicken. Aber ich glaube nicht, dass er so dumm ist, sich ausgerechnet dort zu verstecken. Vielleicht ist er auf dem Weg nach Südamerika? Argentinien, Chile, Paraguay: Es ist kein Geheimnis mehr, dass dort Nazi-Kolonien entstanden sind.«

»Wird schwer sein, sich von Norddeutschland aus bis nach Südamerika durchzuschlagen. Selbst wenn ihm alte Kameraden helfen sollten.«

»Der einzige Hafen weit und breit, von dem aus Schiffe bis nach Lateinamerika abgehen, ist der von Hamburg. Das Eis wird schmelzen. In ein, zwei Wochen mögen die ersten Dampfer wieder ablegen.«

»Sie glauben, dass er sich so lange hier versteckt?«

»Er kennt sich in den Trümmern aus, das hat er bewiesen. Nun, da es warm wird, fällt es ihm zudem leichter, sich durchzuschlagen.«

»Vielleicht schlüpft er bei einem leichten Mädchen unter. Oder bei einem Luden. Genügend Kontakte hat er ja.«

»Oder bei einem alten Kameraden. Genügend SS-Männer laufen immer noch frei herum.«

»Ich lasse Fahndungsplakate drucken«, sagt der Oberinspektor und erhebt sich vom Stuhl. »Das wird bei uns Krimsches einigen Wirbel verursachen, dass wir nach einem von uns suchen müssen. Trotzdem sehe ich lieber Herthges Visage auf einem Fahndungsplakat als das Foto eines erwürgten Mädchens.«

Ehrlich schüttelt ihm zum Abschied die Hand. Eine Geste, die er, wie Stave auffällt, bislang vermieden hat.

»Wir sollten gelegentlich einmal essen gehen«, sagt der Staatsanwalt.

Stave verlässt Ehrlichs Dienstzimmer. Schweigend geht Stave die kurze Strecke bis zur Kripo-Zentrale und betritt sein Büro, das ihm noch kleiner und stiller vorkommt als sonst, aber irgendwie glänzender.

Auf seinem Schreibtisch liegt ein großer, heller Umschlag, gestempelt vom Roten Kreuz.

Das Leben geht weiter

Stave starrt den Umschlag an, plötzlich gelähmt. Er muss sich überwinden, die letzten zwei Schritte bis zum Schreibtisch zu gehen, die Hände auszustrecken, den Brief zu nehmen. Er reißt das Kuvert auf. Seine Finger zittern. Im Umschlag steckt ein zweiter: viel kleiner, graues, hartes Papier wie billigstes Toilettenpapier. Als Adressat sein Name und als Adresse die Kripo-Zentrale. In der Handschrift seines Sohnes.

Stave lässt sich auf den Stuhl fallen, er starrt aus dem Fenster, dann wieder auf den Brief. Karl lebt! Und doch fürchtet er sich: Was wird er schreiben?

Endlich rafft er sich auf, auch diesen Umschlag aufzutrennen, langsam, als öffne er einen Schatz. Ein kleines Blatt, nicht mal Schreibheftgröße, am unteren Rand gerissen, als wäre es ursprünglich größer und geteilt worden. Kaum leserliche Buchstaben, hellgrauer Bleistift, doch unverkennbar die Handschrift, in der so viele Hausaufgaben verfasst worden waren, die er einst korrigierte, damit der Lehrer keine Fehler mehr fand.

Vater,

ich habe nur diesen Fetzen Papier, deshalb fasse ich mich kurz. Mir geht es gut, den Umständen entsprechend. Ich bin in Berlin in Gefangenschaft geraten. Ein sowjetisches Gericht hat mich verurteilt, ich weiß nicht, warum. Ich glaube, zu zehn Jahren Workuta, aber vielleicht verkürzen sie die Zeit. Ich bin ja noch jung. Wir helfen uns hier, so gut es geht. Sibirien ist sehr kalt, aber in ein, zwei Monaten ist der Winter vorbei. Wir haben schon wieder Tageslicht, die Polarnacht ist vorüber. Ich hoffe, bald wieder in unserer Hamburger Wohnung zu sein. Dann reden wir über alles.

Karl

Stave lässt das Papier vorsichtig auf die Schreibtischplatte sinken. Beinahe hätte er es zerknüllt, obwohl es doch so kostbar ist.

Er ist enttäuscht und schämt sich zugleich dafür. Wie kalt diese Zeilen sind. Nichts darüber, wie es im Lager zugeht, wie es ihm ergangen ist in den letzten fast zwei Jahren, kein persönliches Wort an ihn. Schon wieder dein verdammtes Selbstmitleid, denkt er dann, liest den Brief wieder, genauer. Karl hat nur diesen einen Fetzen Papier, was soll er Romane schreiben? Und sicherlich wird jedes Schreiben aus Workuta einem sowjetischen Zensor vorgelegt. Karl, der distanzierte, stolze, empfindsame Junge wird nicht wollen, dass irgendein russischer

Politoffizier persönliche Worte liest. Vielleicht, sagt sich Stave, hat sein Sohn seine Botschaft auch hinausgeschmuggelt, versteckt in den sachlichen Zeilen.

Wieder liest er den Brief – und da: »Ich hoffe, bald wieder in unserer Hamburger Wohnung zu sein.«

Unsere Wohnung.

Dieses eine Wort – »unser« –, zeigt das nicht die Gemeinsamkeit von Vater und Sohn? Zeigt das nicht, dass Karl zurückkehren will? Dass dies hier immer noch sein Zuhause ist? Und was bedeutet Zuhause? Gemeinschaft, Vertrauen und, hoffentlich, Liebe.

Stave hätte beinahe geweint, wenn er nicht befürchten müsste, dass ein Kollege in sein Büro platzen und ihn aufgelöst am Tisch finden könnte. Das ist der allererste Schritt der Rückkehr, nicht mehr, aber auch nicht weniger. Karl wird noch tausend Schritte gehen, ich muss sorgfältig nachdenken, sagt er sich.

Er verlässt die Kripo-Zentrale, geht die paar hundert Meter bis zum Hansaplatz. Hoffentlich machen sie heute keine Razzia, denkt er. Und hoffentlich erkennt mich niemand vom letzten Mal.

»Sibirien ist sehr kalt«, hat Karl geschrieben. Kann man nicht über das Rote Kreuz Pakete schicken? Also wird Stave mit seinen gesparten Zigaretten und den paar Reichsmarkscheinen, die er aus Angst vor Einbrechern stets mit sich führt, auf den Schwarzmarkt gehen. Was soll er holen? Mantel. Mütze. Schal. Und Schuhe, auf jeden Fall schwere, gute Winterschuhe, Stiefel, was auch immer.

Der Oberinspektor schlägt den Mantelkragen hoch, obwohl die Luft lau ist. So ist sein Gesicht vom Stoff und vom tief heruntergezogenen Hut verborgen, hofft er. Dann drängt er sich durch die Menge, die schiebenden, hin und her wandernden Gestalten auf dem Platz. Bleibt hier einmal stehen, mustert dort unauffällig die Ware unter einem Mantel, hört ein gemurmeltes Gebot, flüstert selbst: »Winterschuhe, Größe 42. Winterschuhe. Winterschuhe.«

»Hab ich«, zischt plötzlich eine ältere, verhärmt aussehende Frau, die wie zufällig neben ihm schlendert. Stave kommt sie vage bekannt vor. Wahrscheinlich ist sie bei der Razzia ins Netz gegangen, er hat sie aber nicht persönlich verhört. Hoffentlich erkennt sie mich nicht, denkt er. Doch sie lächelt schüchtern. Wahrscheinlich hätte sie nicht mehr gedacht, noch Winterschuhe loszuwerden, jetzt, wo es plötzlich warm wird. Sie geht etwas schneller, er folgt ihr bis zum Rand des Platzes. Ein Hauseingang. Sie öffnet im Schatten eine alte Einkaufstasche. Zwei braune Herrenschuhe, grobe Sohle, dickes Leder, sie können als Winterschuhe durchgehen. Knicke im Leder, die Sohlen sind abgelaufen.

»Kaum getragen«, lügt die Frau.

»Wie viel?«, fragt Stave und hofft, dass sie die richtige Größe haben.

»500 Reichsmark«, antwortet sie.

Ganz schön frech, denkt der Oberinspektor, jetzt, da der Winter vorüber ist.

»Abgemacht«, flüstert er jedoch. Was bleibt ihm auch anderes übrig?

Zwei hastige Bewegungen, verstohlene Blicke, dann ist der Tausch vollzogen. Die Frau entfernt sich rasch, ohne sich noch einmal umzudrehen.

»War es ein gutes Geschäft?«

Stave fährt erschrocken herum, denkt sich im Sekundenbruchteil schon eine wirre Entschuldigung aus, falls ihn ein Kollege gestellt haben sollte. Doch dann hält er verblüfft den Atem an.

Anna von Veckinhausen.

Stave spürt, wie ihm die Röte ins Gesicht schießt. Alles, was ihm einfällt zu sagen, würde dumm klingen, also sucht er verzweifelt nach den richtigen Worten.

Sie kommt ihm zuvor und deutet auf das Paar Schuhe. »Die würde ich unter dem Mantel verstecken«, rät sie, »sonst hält Sie jeder Schupo in fünfhundert Metern Umkreis an. Falls wir allerdings in eine Razzia geraten, nützt das auch nichts – dann schnell fallen lassen und dummstellen.«

»Letzteres übe ich gerade«, murmelt der Oberinspektor, lässt aber rasch seine Beute verschwinden.

»Für Sie? Der Winter ist doch endlich vorüber.«

»Für meinen Sohn. In Sibirien, da bleibt es noch eine Weile kalt.«

Anna von Veckinhausen lächelt nicht mehr. »Er ist in russischer Gefangenschaft.« Keine Frage, eine Feststellung. »Das muss schlimm sein für Sie als Vater.«

»Ehrlich gesagt: nein«, antwortet der Oberinspektor. »Bis vor vier Wochen wusste ich nicht einmal, ob mein Sohn noch lebt. Insofern ist ein Lager in Sibirien bereits eine gute Nachricht.«

»Was ist bloß aus uns geworden, dass uns selbst solche Neuigkeiten glücklich machen«, flüstert sie. Dann hakt sie sich bei ihm unter. »Tun Sie mir den Gefallen und gehen Sie eine Weile mit mir spazieren?«

Stave ist verwirrt, nickt, geht los, steifer noch als sonst. Zugleich fühlt er sich unsicher wie ein Vierzehnjähriger. Annas Hand liegt auf seinem Unterarm, nur ihre Jacken- und Pulloverärmel trennen Haut von Haut. So nah ist er einer Frau schon seit Jahren nicht mehr gewesen.

»Welches Geschäft führt Sie auf den Hansaplatz?«, fragt er.

»Das Übliche: eine Verabredung mit einem britischen Offizier am Bahnhof. Ich habe eine passable Kopie von Caspar David Friedrichs ›Mönch am Meer‹ geborgen. Schauderhafter Rahmen, pseudo-barock und vergoldet, vielfach abgeplatzt. Doch das Bild selbst ist in Öl und offenbar von jemandem gemalt, der sein Handwerk verstand.«

»Ein gutes Geschäft?«

Sie lächelt, sagt aber nichts.

Stave fragt sich, ob sie dem Briten die Kopie als Original verkauft hat. Amerikanische Offiziere, so munkelt man, sind so ahnungslos, dass sie jeden Schrott erstehen. Aber Engländer? Er hakt nicht nach. Sonst hält sie mich wieder für den typischen Polizisten, sagt er sich. Laut schlägt er vor: »Wollen wir uns einige Bilder von Friedrich im Original ansehen? Was halten Sie von einem Bummel durch die Kunsthalle?«

Es sind nur ein paar Minuten Fußweg, am Hauptbahnhof vorbei, wo drei Züge mit rauchenden Schloten an den Gleisen warten.

»Es muss wieder Kohle geben«, sagt Stave. »Ich weiß gar nicht mehr, wann ich zuletzt mehr als einen Zug im Bahnhof gesehen habe.«

»Dann wird bald auch an die Häuser Kohle geliefert. Ich schätze, dass wir im Sommer wieder heizen können«, antwortet Anna von Veckinhausen. Dann lächelt sie. »Ich wollte nicht sarkastisch sein. Jeder tut, was er kann.«

Hinter dem Bahnhof wenden sie sich nach rechts, zweihundert Meter vor ihnen ragt die Kunsthalle auf. Ein grauer Kasten mit einer kuppelgekrönten Rotunde im Zentrum – wie eine riesige Pistolenkugel, die in einem Stück Speck stecken geblieben ist. Die wuchtige Fassade des alten Museums ist schmutzig, doch fast unbeschädigt. Ein paar Narben von Bombensplittern,

Rauchschlieren am Sims. Vor der Rotunde steht ein uralter, knotiger Ahorn, der Stamm dicker als die Säulen der Fassade.

»Unglaublich, dass dem Baum nichts passiert ist«, murmelt Stave.

»Manche kommen durch, das gilt sogar für Pflanzen.«

Im Schatten des Ahorns steht eine hohe Bronzeskulptur: ein Reiter auf einem Pferd, der Mann nackt bis auf einen antikisierenden Helm. »Reiter«, liest Stave von der Plakette am Sockel. »Darauf wäre ich nicht gekommen.«

»Noch ein Wunder«, erwidert Anna von Veckinhausen. »Die Figur ist nicht eingeschmolzen worden.«

»Hat wohl einem Nazi gefallen. Zumindest mehr als die Kirchenglocken. Die sind fast alle in Granatenhülsen verwandelt worden.«

Stave löst zwei Eintrittskarten, seine Begleiterin nickt ihm dankbar zu.

»Woher wussten Sie, dass die Kunsthalle wieder geöffnet ist?«

»Wusste ich nicht. Glück gehabt«, antwortet Stave.

Das Museum hatte schon kurz nach dem Krieg seine Pforten wieder geöffnet. Die Sammlung hatte die Bombenjahre teils in Banktresoren, teils im Bunker auf dem Heiligengeistfeld überstanden. Zumindest der Teil, den die braunen Machthaber nicht als »entartet« denunziert und billig ins Ausland verkauft hatten. Doch im Winter konnte niemand mehr die großen Säle heizen, zumal das Dach von wenigen Bombentreffern an einer Stelle beschädigt und nur notdürftig geflickt worden war. Also war die Kunsthalle geschlossen worden – doch an diesem warmen Tag ist der Beginn der neuen Saison.

Die meisten Menschen aber genießen das Sonnenlicht, kaum jemand kommt auf die Idee, die kostbaren Tagesstunden unter einem Dach zu verbringen. Deshalb haben Stave und Anna von Veckinhausen das Museum fast für sich allein. Er genießt es, mit ihr von Raum zu Raum zu schlendern. Einige Mauern sind dunkel von eingedrungenem Wasser, manche Räume sind verdächtig leer, vor allem die mit moderner Kunst. Trotzdem flanieren sie an Meisterwerken vorbei, langsam, genüsslich. Was gefällt mir besonders gut?, fragt sich Stave und gibt sich selbst die Antwort: die Farben. Die Ölbilder und Aquarelle, das Blau und Rot, das Gelb und Grün, das Gold der Alten Meister – wie erholsam für das Auge nach dem Grau und Schwarz der Trümmer, dem Braun der Kleidung. Anna von Veckinhausen ist noch immer bei ihm eingehakt. Er weiß nicht, an was sie gerade denkt. Keiner der beiden redet.

Schließlich erreichen sie den Saal mit den Bildern von Caspar David Friedrich. Stave starrt auf die fantastischen Landschaften, auf die kleinen Figuren darin, Frauen in Hauben, Männer in altdeutscher Tracht, alle haben dem Betrachter den Rücken zugewandt. Er betrachtet lange das Bild ›Eismeer‹, auf dem monströse

Eisplatten ein Schiff zermalmen. Früher hat er das für unrealistisch gehalten – nach diesem Winter nicht mehr. Vor Jahren ist er das letzte Mal hier gewesen. Mit Margarethe. Er verdrängt die Erinnerung rasch.

Stave deutet auf die Bilder. »Sie sind kaum mehr als einhundert Jahre alt. Doch mir kommen sie wie Relikte eines anderen Zeitalters auf einem anderen Kontinent vor.«

»Das sind sie auch. Nichts von dem, was Friedrich sah, existiert heute noch. Nichts von dem, was er glaubte, wird heute noch geglaubt.«

»Aber die Werke hängen noch an der Wand. Und Menschen kommen hierhin, um sie zu betrachten. Wie wir.«

»Weil wir uns nach dieser Zeit sehnen. Weil wir spüren, dass wir etwas verloren haben, aber nicht benennen können, was es ist.«

»Das wiederum hätte Caspar David Friedrich gefallen.«

»Es wäre das Einzige gewesen. Er hat Ruinen in Wälder und Berge hineingetupft. Würde er heute die echten Ruinen sehen, ihm würde der Geschmack an Fensterhöhlen und Mauerresten vergehen.«

Sie legt ihren freien Arm vor die Brust und schaudert. »Ich möchte raus«, murmelt sie. »An die Sonne.«

Vom Ausgang ist es nur ein Sprung über die breite Straßenschneise des Glockengießerwalls zur Binnenalster. Der zum großen Viereck aufgestaute Fluss spiegelte vor dem Krieg die Renommierfassaden Hamburgs – der Jungfernstieg, wo der Psychologe seine Praxis hat, liegt dem Glockengießerwall gegenüber. Bäume am Ufer, Promenaden, dahinter die wuchtigen Fassaden imposanter Reedereizentralen, über den glänzenden Dächern die Nadeln der berühmtesten Kirchen der Stadt: Hier flanierten die Hamburger vor dem Krieg im Sonntagsstaat – und hier flanieren sie wieder, tapfer die Narben in den Fassaden und ihre abgetragenen Kleider ignorierend.

Vorsichtig schreiten er und seine Begleiterin über die provisorischen Bahngleise am Ballindamm hinweg, umgehen zwei vergessene, leere Loren, mit denen Arbeiter bis zum Beginn des Winters Bauschutt aus der Stadt bis an die Alster schafften und ins Wasser kippten. Das Eis auf der Alster glitzert nicht mehr, sondern ist unter der Sonne weiß und wässrig geworden, wie gestreckte Milch. Doch das ist nur die Oberfläche. Darunter ist es noch massiv, drei Meter dick. Einige Unverdrossene drehen Kreise darauf, sodass Wasser von den Kufen ihrer Schlittschuhe spritzt. Die meisten Flaneure jedoch bleiben am Ufer, als wäre es nun unschicklich, das Eis zu betreten.

Stave fröstelt. Die Kühle, die von der Alster hochkommt, erinnert ihn ans Leichenschauhaus. Aber er will sich den Mantel, den er über den freien Arm und die an den Schnürsenkeln zusammengebundenen Winterschuhe geworfen hat, nicht anziehen. Denn dafür müsste er seinen anderen Arm von der Hand seiner Begleiterin lösen. Anna von Veckinhausen jedoch zittert ebenfalls, als ob das Eis eine beunruhigende Erinnerung auslöste.

»Lassen Sie uns nicht hier stehen bleiben, sondern die Alster entlangschlendern«, bittet sie.

Stave stimmt erleichtert zu – und bevor er es richtig begriffen hat, verändert er sich. Vielleicht, weil er, der darin keine Übung hat, plötzlich zum Flaneur geworden ist. Die Promenade am Wasser ist zugleich zielgerichtet und ziellos, weil man am Ufer entlangwandert und einen genau bestimmten Weg abgeht, und weil ebenjener Weg sinnlos ist: eine Promenade, zu Ende gegangen, führt an ihren Ausgangspunkt zurück. Dieses unbeschwerte Gehen, Tun und Nichtstun zugleich, löst einen Knoten in seiner Seele. Und so redet der Oberinspektor plötzlich, er weiß nicht genau, wie er damit angefangen hat und schon gar nicht, warum, aber er spricht von seinem Sohn in Sibirien und davon, wie sie sich gestritten haben, in jenem Frühjahr 1945, als er zur Front ging. Von der Verachtung und dem Idealismus des Jungen, so schrecklich fehlgeleitet, so schmerzhaft echt. Von Margarethe und der Bombennacht vor vier Jahren. Und er spricht vom Trümmermörder, der ein Kollege ist. Von einer jüdischen Familie, die flieht, weil sie eine neue Heimat erreichen will, und die im Frost gestrandet ist, in einer feindlichen Stadt. In einer Stadt, in der ein Mörder umgeht, dessen Schicksal mit dem der Familie verbunden ist. Von Lothar Maschke, der eigentlich Hans Herthge heißt, von dem er inzwischen vieles, wenn auch nicht alles weiß – und den er nicht fassen kann. Was nützt es, Wissen zu erwerben, wenn das Wissen folgenlos bleibt?

Sie erreichen das Ende des Ballindamms, doch statt von dort auf den Jungfernstieg abzubiegen und die Binnenalster weiter entlangzugehen, drehen sie um, gehen denselben Weg zurück. Sie haben kein Wort darüber verloren, doch beide sehen, dass am Jungfernstieg Hunderte Spaziergänger Kreise ziehen. Der Ballindamm mit seinen verlassenen Loren ist leerer.

Noch einsamer ist es jenseits dieser Straße. Sie queren die Lombardsbrücke, die Binnen- von Außenalster trennt. Die weitet sich zum See, die Ufer sind schilfbestanden. Das zuckerbäckerhafte Weiß des *Atlantic* spiegelt sich im Wasserfilm auf dem Eis. Die meisten Häuser unmittelbar hinter dem Luxushotel sind zerbombt, doch die Zone der Verwüstung endet nach ein paar hundert Metern: Villen säumen Richtung Norden das Grün – niedriger als die Prachtbauten an der

Binnenalster, diskreter auch, da entfernter vom Wasser erbaut und hinter Büschen und Bäumen verborgen: von den Briten requirierte Anwesen, und die haben es nicht nötig, ihr Holz im eigenen Garten zu schlagen.

Sie schlendern Richtung Norden. Die Sonne steht schon tiefer, ihr Licht ist golden und warm. Stave, erschöpft und leicht beschämt, hält endlich inne. Anna von Veckinhausen weiß, so scheint es, nun alles von ihm. Von ihr hingegen weiß er noch immer fast nichts. Sie hat ihn schweigend begleitet, doch er ist überzeugt, dass es eine wohlwollende Stille ist.

Sie bleiben kurz hinter dem *Atlantic* stehen. Eine Weide zu ihrer Rechten schirmt sie mit einem Schleier feiner, kahler Äste von der Straße und den Villen ab, wie ein zerschlissener Vorhang. Die Sperrstunde rückt näher, sodass die wenigen Spaziergänger, die diesen Weg gewählt haben, langsam zwischen den Häusern verschwinden. Die Alster ist leer und weit.

»Verzeihen Sie, dass ich so viel geredet habe«, murmelt Stave verlegen. »Das ist sonst nicht meine Art.«

»Dann habe ich ja heute Glück gehabt«, erwidert sie. »Denn ich habe gerne zugehört.«

»Ich wüsste aber nicht, was ich Ihnen jetzt noch erzählen könnte.«

»Wenn ein Mann einer Frau nichts mehr sagen kann, dann soll er sie küssen.«

Stave glaubt, sich verhört zu haben. Doch da legt ihm

Anna von Veckinhausen beide Arme um seinen Nacken und zieht ihn zu sich heran.

Ihr Tag endet in einer Absteige: *Hotel Pension Rudolf Prem* hat jemand auf ein Holzschild gemalt, das über der Tür des einzig unzerstörten Hauses zwischen *Atlantic* und dem Villenviertel hängt. Sie sind zu hungrig aufeinander, als dass sie den weiten Weg bis zu Staves Wohnung hätten zurücklegen wollen. Die Nissenhütte mit ihren Wänden aus alten Stoffen kommt sowieso nicht in Frage. Und für das *Atlantic* fehlt ihnen das Geld.

Also bucht Stave in der *Pension Prem* ein Zimmer, legt ein paar Reichsmarkscheine auf den Thresen und trägt sie mit »Herr und Frau Schmidt« ins Gästebuch ein. Das ist so offensichtlich gelogen, dass der alte, halbblinde Gastwirt missbilligend eine Augenbraue hebt, etwas Unverständliches vor sich hin murmelt, ihnen dann aber einen Schlüssel aushändigt.

Das Zimmer liegt im ersten Stock, klein und einigermaßen sauber, leuchtend im Abendglanz, als wären die Fenstergläser aus Bernstein. Sie nehmen sich kaum die Zeit, die Tür zuzuwerfen und abzuschließen. Dann sinken sie auf das schmale Bett, gierig nach Nähe und Zärtlichkeit. Erst später, als der erste Hunger gestillt ist, werden sie ruhiger, sanfter, neugieriger.

Irgendwann hält Stave Anna im Arm, ihr nackter

Körper glänzt im Mondlicht wie Alabaster, doch er spürt ihren Puls, ihren Atem auf seiner Brust, ihre Wärme. Wir leben, denkt er. Wir leben wieder.

Sanft streicht er mit den Fingerkuppen die lange Linie ihres Rückens hinab. »Ich weiß noch immer nichts über dich«, murmelt er.

Sie seufzt, nicht ungehalten, eher spöttisch. »Sie sind gerade nicht im Dienst, Herr Oberinspektor.«

»Ich frage nicht als Polizist, sondern als Liebhaber.«

Anna schüttelt den Kopf. »Lass mir etwas Zeit«, bittet sie. Dann küsst sie ihn. »Man hat uns beiden so viel weggenommen, dass wir fast nichts mehr haben. Außer Zeit. Zeit haben wir genug.«

Er denkt über ihre Worte nach. Als Ermittler hat er niemals genug Zeit. Immer kommt er zu spät, das ist das Wesen der Arbeit, schließlich muss ja erst etwas geschehen sein, bevor man ihn ruft. Immer gibt es danach zu viel zu tun. Immer der Druck, den Verbrecher zu verhaften, bevor der wieder zuschlägt. Aber muss er sein ganzes Leben so führen, als wäre es ein unendlicher Kriminalfall?

»Du hast recht«, flüstert er und fühlt sich plötzlich leicht dabei, heiter, befreit. »Wir haben alle Zeit der Welt.«

Nach Mitternacht schleichen sie aus dem Zimmer. Niemand soll sie morgen ertappen. Der alte Portier schnarcht hinter dem Tresen. Stave legt den Schlüssel behutsam auf das Holz, neben die Glocke, dann drückt er die Tür auf, und sie schlüpfen hinaus in die Nacht.

Staves gelber Polizeiausweis befreit ihn von der Ausgangssperre. Sollte ihn eine Streife der britischen Militärpolizei anhalten, kann er immer sagen, er sei dienstlich unterwegs. Aber ob er auch Anna mit so einer Schutzbehauptung decken könnte? Oder würden die MPs sie verhaften? Lieber nicht darauf ankommen lassen. Und so führt er sie auf Nebenwegen Richtung Eilbek. Das Mondlicht überzieht die Stadt mit silbrigem Glanz. Die vernarbten Wände und leeren Fensterhöhlen sehen plötzlich aus wie antike Ruinen: Das riesige Trümmerfeld verwandelt sich in eine Stadt der Göttertempel und der Foren, der Amphitheater und Paläste. Die Luft ist noch immer mild, doch die in Monaten gespeicherte Kälte quillt aus dem Boden. Stave hat seinen Mantel um Anna und sich gelegt, sie schlendern umschlungen auf schmalen Pfaden zwischen Mauerresten dahin. Er atmet glücklich ihren Duft ein.

Sein Sohn lebt. Er hat eine neue Liebe gefunden. Der Winter ist vergangen. Plötzlich spürt er überall einen neuen Anfang, spürt dieses unverdiente, kolossale Glück, davongekommen zu sein. Ein neuer Anfang. Ein neues Leben. Glück, das ihn fast erstickt, das hinaus will aus seinem Körper, er würde am liebsten schreien und tanzen wie ein Verrückter. Das wäre in einer schweigenden Stadt unter Ausgangssperre allerdings nicht gerade das Klügste, was er machen könnte. Doch diese Stille und seinen Überschwang nutzt er auf andere, angenehme Weise. Er bleibt stehen, zieht Anna zu sich heran und küsst sie leidenschaftlich, mitten auf der Straße.

Als sie sich endlich wieder voneinander lösen, lächelt sie ihn verwirrt an, außer Atem, doch sie fragt ihn nicht nach dem Warum.

Schließlich erreichen sie die Nissenhütten, die schwarz am Wegesrand liegen wie die leeren Panzer von Riesenschildkröten. Sie wagen kaum zu atmen, während sie die letzten Meter zurücklegen, um keinen Lärm zu machen. Hier trennen sie nur ein paar Millimeter Wellblech von hundert Augen und Ohren. An der Tür zu ihrer Baracke küssen sie sich zum Abschied. Stave kritzelt seine Adresse auf ein Blatt seines Notizheftes, reißt es heraus und steckt es ihr zu.

»Ich komme morgen Abend bei dir vorbei«, flüstert Anna. Dann schlüpft sie lautlos durch die Tür und verschwindet im düsteren Innern der Nissenhütte.

Stave schleicht sich vorsichtig davon, bis er glaubt, weit genug von der Barackensiedlung entfernt zu sein, um nicht mehr entdeckt zu werden. Dann schreitet er schneller aus, biegt auf die breite Wandsbeker Chaussee ein, rennt beinahe. Er hat das Gefühl, als würde er schweben. Selbst sein verletztes Bein schmerzt nicht mehr.

Leben!, denkt er. Ich lebe wieder!

Da wirft ihm jemand von hinten eine dünne Schlinge um den Hals und zieht zu.

Trümmermörder

Stave röchelt, will schreien, Atem holen, weglaufen. Nichts. Er ist gefangen in einem fürchterlichen Schraubstock, der ihm den Hals zudrückt. Bilder vom Tisch des Gerichtsmediziners flackern vor seinem inneren Auge auf, zerquetschter Kehlkopf, dünner, braunroter Strich am Hals. Blind und panisch schlägt er um sich. Seine Fäuste rauschen durch die Luft, berühren höchstens ein- oder zweimal einen Fetzen Stoff hinter seinem Rücken. Der trägt einen dicken Mantel, denkt Stave. Nimm dich zusammen! Die Pistole im Holster! Doch das ist unter seinem eigenen Mantel, den er zugeknöpft hat, nachdem er die Nissenhüttensiedlung verlassen hatte. Er zerrt an den Knöpfen, bekommt keinen auf. Das Würgegefühl im Hals ist überwältigend, sein Schädel dröhnt, als würde er gleich platzen, seine Beine zittern. Er sinkt in die Knie. Gleich bin ich weg, fährt es ihm durch den Kopf. Er gibt das Zerren an den Knöpfen auf. Wieder reißt er die Fäuste nach hinten hoch. Der Angreifer muss inzwischen über ihm stehen – die perfekte Position. Staves blinde Schläge werden schwächer, spastischer.

Etwas Hartes.

Die Winterschuhe für seinen Sohn! In der Außentasche seines Mantels. Stave fasst hinein, packt die harten Sohlen, reißt die Schuhe heraus und drischt damit nach hinten.

Ein dumpfes Grunzen über ihm. Er hat den Angreifer am Knie getroffen. Der ist überrascht, taumelt, lockert seinen Griff.

Stave reißt sich hoch und wirft sich nach vorne. Der Draht schneidet in seinen Hals, Blut strömt ihm in den Kragen – doch der Würgedruck wird schwächer. Er zwingt seine Linke unter die Schlinge, reißt den Draht weiter auf. Noch mehr Blut, nun auch an der Hand. Doch er saugt Luft ein, endlich. Mit der Rechten drischt er immer weiter nach hinten.

Er will schreien, bringt aber nur ein Krächzen hervor.

Atmen. Schläge. Ein Tritt nach hinten.

Da gibt der Angreifer auf.

Plötzlich ist der Druck am Hals weg. Steine knirschen, hastige Schritte.

Rote Schleier tanzen vor Staves Augen, während er herumwirbelt, die Schlinge noch am Hals. Ein Schatten vor einer Trümmerwand. Zitternde Hände am Mantel. Verdammt, verdammt, verdammt! Stave reißt den Mantel auf, die Knöpfe fliegen davon. Der kalte Stahl des Pistolengriffs. Er zerrt die FN 22 aus dem Holster.

Der Knall des Schusses dröhnt in seinem Kopf, hallt

weit durch die Ruinen. Noch einer. Noch einer. Stave, halbblind und besinnungslos zornig, schießt das Magazin leer, irgendwo in Richtung des Schattens.

Stille.

Der Oberinspektor sinkt röchelnd im Mondlicht zusammen, zerrt sich die Schlinge vom Hals, atmet tief ein, tief aus, tief ein. Rasendes Herz. Zitternde Hände. Doch sein Hirn arbeitet wieder.

Der Trümmermörder, denkt er.

Stave rafft sich auf, taumelt zu der Stelle zwischen zwei halb mannshohen Mauern, zwischen denen er den Schatten verschwinden sah. Ein Fleck am Boden.

Stave beugt sich hinab. Blut. Ich hab ihn erwischt, bemerkt er triumphierend. Er blickt sich um: zwei Trümmergrundstücke, ein tückisches Gewirr aus Schutt, Stahlträgern, verdrehten Kabeln, Glasscherben, nirgendwo ein Pfad.

Wieder ein Tropfen.

Er ist über den Schutt geklettert. Stave folgt der Blutspur, rutscht mit seinem verletzten Bein ab, flucht leise. Er steckt die Schuhe wieder in die Manteltasche, behält die Pistole in der Rechten. Ihr Magazin ist leer, aber sie ist hart genug, um sie jemandem über den Schädel zu ziehen. Zwei Ziegel lösen sich unter seinen Sohlen, rollen mit leisem Klacken einen Schutthang hinunter. Zementstaub. Die Augen tränen.

Hinter den Trümmergrundstücken das fast dreißig

Meter hohe Geviert eines ausgebombten Mehrfamilienhauses: alle Außenwände brandschwarz, die Fensteröffnungen leer, kein Dach, keine Zwischendecke, Trümmerberge im Innern. Ein Schild neben der zerrissenen Türöffnung, in der nur der obere Teil einer Pforte in der Angel hängt: »Betreten verboten! Einsturzgefahr!«

Die Blutspur weist hindurch.

Ich kriege dich, denkt Stave und tritt vorsichtig ins Innere des ausgebrannten Hauses.

Finsternis. Das Mondlicht fällt nur noch in Streifen durch die Fensterhöhlen. Überall Schatten, dunkle Flecken, Schwärze. Stave hält den Atem an. Kein Geräusch.

Doch. Schritte, schleifend, als ziehe jemand etwas hinter sich her. Ein verletztes Bein? Eine schwere Last? Der Oberinspektor lauscht. Irgendwo in dieser Ruine bewegt sich der Mörder. Stave tastet im Mantel nach seiner Taschenlampe. Nichts. Ausgerechnet heute hat er sie nicht mitgenommen. Weil er dachte, er würde keine Leiche in den Trümmern finden, weil es endlich Frühling geworden ist und die Tage hell sind. Verfluchte Nachlässigkeit. Er blickt sich um, versucht im Dämmerlicht Details zu erkennen. Keine Decke im Haus, keine Innenwand mehr – wo kann der Angreifer sich verstecken? Was weißt du vom Trümmermörder? Er hat seine Opfer stets so tief abgelegt wie möglich: Keller, Fahrstuhlschacht, Bombentrichter.

Keller.

Stave schleicht ins Innere. Die turmhohen Wände scheinen zu zittern. Einbildung, sagt er sich. Mach dich nicht verrückt. Ein Knacken, irgendwo in den Steinen, Mörtel rieselt hinter ihm zu Boden. Ein Schritt, zwei Schritte, dann noch mehr. Fast im Zentrum der Ruine. Irgendwo Schritte, näher jetzt. Er hebt die Pistole.

Da ist die Treppe. Sie führt in den Keller des Mehrfamilienhauses. Alles, was oberirdisch war, ist zerbombt worden. Aber die Treppe, halb unter Trümmern verborgen, senkt sich hinab. Der Keller mag intakt sein. Schritte. Jetzt glaubt Stave auch, Atemzüge zu hören. Keuchen. Wie nach Schmerz und Verletzung.

Vollkommene Schwärze. Mit der Linken voraus tastet sich Stave in den Keller, in der erhobenen Rechten die FN 22. Ein Gang, schmal, aber offenbar sehr lang. Luftzug. Der Geschmack von Steinstaub auf den Lippen. Splittriges Holz. Stave tastet es ab: ein Stützpfeiler, mit Keilen passend zwischen Boden und Kellerdecke eingepasst. Notmaßnahmen, noch aus der Zeit der Bombenangriffe. Da haben Zwangsarbeiter auf Befehl des Gauleiters sofort nach Ende des Alarms mit Balken Keller stabilisiert und Mauern abgestützt. Hastige, lebensgefährliche Aufgaben. Das sollte große Ruinen vor dem Einsturz bewahren, damit man Verschüttete bergen konnte und die Feuerwehr durchkam.

Er geht drei Schritte weiter. Ein Knick im Kellergang. Dahinter Helligkeit: ein Riss in der Decke, durch das silbrige Mondlichtschleier bis auf den Boden leuchten. Und auf dem Boden liegt eine Gestalt, gekrümmt.

Lothar Maschke. Hans Herthge.

Vorsichtig geht Stave auf ihn zu. Der Mann, der einmal sein Kollege war, liegt auf der Seite. Die rechte Hand drückt er auf seinen Unterleib. Blut quillt zwischen den Fingern hervor, breitet sich auf dem Ziegelboden aus, zäh wie Öl. Die Linke ist in den Staub verkrallt. Die Beine zittern.

Bauchschuss, denkt Stave. Er muss höllische Schmerzen haben. Er wird sterben. Der Oberinspektor tritt näher, beugt sich vorsichtig hinunter, behält die Pistole in der Hand.

Herthges Gesicht, schweißglänzend. Die Augen aufgerissen.

»Verstehen Sie mich?«, fragt Stave.

»Du gibst wohl nie Ruhe?« keucht Herthge zwischen zusammengepressten Zähnen. »Du willst mir beim Krepieren zusehen.«

»Kein schöner Anblick«, erwidert Stave. Er hat kein Mitleid mit dem Mörder. Er fürchtet ihn, selbst jetzt noch, da er in seinem Blut liegt. Vielleicht hasst er ihn auch, doch Stave zwingt das Gefühl nieder, zwingt sich zu professioneller Neugier. Er will alles wissen über diese Morde – bevor es zu spät ist.

»Verraten Sie mir, was ich noch nicht weiß«, bietet er Herthge an. »Dann gehe ich. Sie können hier alleine sterben. Ich schicke erst ein paar Kollegen vorbei, wenn Sie tot sind. Wenn Sie aber nicht reden, dann bleibe ich hier stehen und sehe zu. Und wenn es Stunden dauert.«

»Der beste Handel meines Lebens«, flüstert Herthge und verzieht das Gesicht zu einer schrecklich grinsenden Grimasse.

»Wie ist Ihnen Yvonne Delluc über den Weg gelaufen?«

»Ich habe sie für eine Straßenschwalbe gehalten: jung, gut gekleidet, warf mit französischen Worten um sich«, presst der Sterbende hervor. »Die hatte ich noch nicht in meiner Kartei, also habe ich sie angehalten und überprüft.« Herthge ringt nach Luft, Schweißperlen glitzern auf seiner Stirn. »Tatsächlich wollte sie nur auf den Schwarzmarkt, irgendetwas verschanzen. Ich erkannte sie nicht – von Oradour. Sie aber hat mich identifiziert. Fängt plötzlich an, mir schreiend Vorwürfe zu machen, mich Mörder zu nennen. Hat gedroht, mich anzuzeigen. Zum Glück sprach sie nur Französisch. Das verstand niemand auf der Straße.«

»Und da haben Sie die Frau erwürgt.«

Herthge presst die Lippen aufeinander. Sein Gesicht ist nun so bleich, dass Stave fürchtet, er wird sterben, bevor er alles gesagt hat. Doch nach ein paar Augenblicken atmet der Verletzte wieder durch. »Nein«, stöhnt er. »Ich wusste ja nicht, wie die Frau hierhingekommen war. Und wer noch in Hamburg sein mochte. Ich habe alles geleugnet, ihr gesagt, dass das eine Verwechslung sein muss. Irgendwann hat sie mir geglaubt. Dann habe ich sie laufen lassen. Und bin ihr heimlich gefolgt.«

»Bis zum Hochbunker von Eilbek.«

»Da wusste ich, wo sie wohnte und mit wem. Am nächsten Tag, als sich die junge Frau wieder Richtung Schwarzmarkt aufmachte, habe ich sie in den Ruinen abgepasst und erwürgt. Dann habe ich sie ausgezogen, damit niemand sie identifizieren kann. Die Kleider habe ich später in meinem Ofen verbrannt. Da hätten Sie noch viele Razzien organisieren können, Herr Oberinspektor.« Er grinst höhnisch, trotz seiner Qualen.

»Ich bin danach zum Hochbunker gefahren. Im Mercedes der Kripo, den ich mir ganz offiziell ausgeliehen habe. Leider traf ich dort nur die andere Frau und das Mädchen. War nicht schwer, sie unter einem Vorwand ins Auto zu locken. Dort habe ich sie gefesselt. Ich bin mit ihnen in eine Nebenstraße gefahren und habe sie zum Schweigen gebracht, genau wie Yvonne Delluc. Aus der Frau habe ich zuvor herausgeprügelt, wo der Alte ist. Der war zum Plündern auf die andere Alsterseite gegangen.«

»Warum haben Sie diese beiden Opfer nicht zusammen versteckt?«

»Ich wollte nicht, dass man sie schnell findet.« Herthge stöhnt auf. »Ich musste ein paar Stunden ungestört sein«, presst er hervor. »Dann habe ich lange nach dem

Alten gesucht. Es dämmerte schon, als ich ihn endlich fand. Der Rest war einfach.«

»Einfach«, wiederholt Stave verächtlich. Dann denkt er nach. »Warum wollten Sie mich fertigmachen? Es ist zu spät, das müssen Sie doch wissen. Ob ich tot bin oder nicht, ist gleichgültig, Sie sind zur Fahndung ausgeschrieben. Warum haben Sie sich nicht versteckt?«

Herthge lächelt matt. Sein Atem geht flacher. Das Blut hat inzwischen einen großen Fleck um seinen Körper gebildet, es quillt noch immer zwischen den Fingern hervor.

»Ich wusste ja nicht alles«, keucht er. »Hatte nur einen Verdacht, dass Sie mich im Visier haben. Ich dachte, die Einzige, die mir gefährlich werden kann, ist diese Zeugin, die mich in der Lappenbergsallee gesehen hatte.«

»Anna von Veckinhausen.«

»War nicht gerade schwer, herauszufinden, dass sie es war, die Ihnen diese Informationen gegeben hat. Stand ja in den Akten. War auch nicht schwer, ihre Bleibe ausfindig zu machen. Ich habe gedacht, wenn ich sie beseitige, dann bringe ich die einzige Zeugin zum Schweigen. Ich habe ihr aufgelauert.«

»Heute?«

»Ja. Aber sie war nie allein. Wie Sie selbst am besten wissen.«

Stave stellt sich vor, wie Herthge sie beobachtet hat.

In der Kunsthalle. An der Alster. Wie er vor der Pension wartete, in der er Anna liebte. Wie er hinter ihnen her schlich, nachts, zwischen den Trümmern. Ihm wird übel. Er muss sich beherrschen, um dem Sterbenden nicht einen Fußtritt zu versetzen.

»Weil Sie nicht an Ihr eigentliches Opfer herankamen, haben Sie dann schließlich mich angegriffen?«

»Ich war wütend. Sie standen im Weg. Ich habe nicht überlegt gehandelt. Jeder macht mal einen Fehler.«

Herthges Atem geht immer flacher. Seine Beine zucken nicht länger. Die Blutlache ist groß wie ein Teppich.

»Mir ist kalt«, flüstert er.

»Die Hölle ist ein kalter Ort«, sagt Stave und richtet sich auf. Dann dreht er sich um und geht.

In einem fast unbeschädigten Mietshaus, einige hundert Meter entfernt, glimmen Lichter hinter Scheiben auf, Kerzen, schwache Glühbirnen. Fenster sind offen. Rufe in der Nacht. Grammophonmusik. Oberinspektor Frank Stave wirft einen letzten Blick auf den Keller, in dem Herthge stirbt. Er betrachtet lange die Ruinen, die im gnädigen Mondlicht erhaben aussehen. Dann hinkt er im Schatten einer vernarbten Wand davon.

Nachwort

Ein »Trümmermörder« hat tatsächlich in Hamburg vier Opfer getötet während jenes schrecklich kalten Winters 1946/47. Unter diesem Namen wurde er seinerzeit bekannt und gefürchtet, doch wer er wirklich war, das weiß man bis heute nicht.

Dieser Kriminalroman beruht auf dem authentischen Fall. Ich habe mich bemüht, die Realität der zerbombten Stadt so gut wie möglich zu schildern, von den Lebensmittelrationen bis zum Hörspiel, das im neu gegründeten NWDR gesendet wurde. Einige Figuren im Werk sind Personen der Zeitgeschichte, Bürgermeister Max Brauer etwa oder Kripo-Chef »Cuddel« Breuer – dessen Spitznamen manche zeitgenössischen Autoren auch als »Kuddel« wiedergeben. Bei anderen habe ich mir größere dichterische Freiheiten herausgenommen. Ein Polizeibeamter namens Frank Stave hat tatsächlich Dienst getan, doch hat meine Hauptperson nichts mit dieser historischen Gestalt zu tun. Die meisten anderen Protagonisten sind erfunden, alle Ähnlichkeiten mit damals lebenden Menschen wären rein zufällig.

Die Mordserie hat sich im Prinzip so zugetragen

wie hier geschildert: Die Angaben zu den Opfern, zu den Fundorten der Leichen, zu den Tagen ihrer Entdeckung und viele weitere Details beruhen auf den Ermittlungsergebnissen der Kriminalpolizei und des Gerichtsmediziners. Die Zitate der Fahndungsplakate sind ebenso authentisch wie viele Daten aus den Obduktionsberichten. Allerdings habe ich einige kleine, entscheidende zusätzliche Spuren gelegt, die Oberinspektor Frank Stave letztlich auf die Spur des Mörders führen – leider nur im Roman.

Denn in Wahrheit existieren gerade diese Spuren nicht. Die Polizisten haben, und zwar über viele Jahre lang, intensiv versucht, den Fall zu lösen. Trotzdem haben sie niemals eine Spur gefunden, die auf die Identität des Täters hingedeutet hätte oder auch nur auf das Motiv des Verbrechers. Die Mordserie endete mit dem vierten Toten ebenso unvermittelt, wie sie begann. Auch hier kann man bloß spekulieren, warum das so ist.

Erschreckender noch: Es ist den Kriminalbeamten ebenfalls nicht gelungen, die Identität der Opfer zu klären. Trotz der auch hier geschilderten Bemühungen – etwa die Verbreitung von Plakaten mit den Fotos der Toten nicht nur in der Stadt, sondern im gesamten besetzten Deutschland, einschließlich der Sowjetzone –, hat sich nie jemand gemeldet, der den alten Mann, eine der beiden Frauen oder das Mädchen gekannt hatte. Ob die Opfer miteinander verwandt waren, ob sie überhaupt irgendeine Gemeinsamkeit verband und warum sie sterben mussten – das weiß tatsächlich bis heute niemand.

Während der Recherche für diesen Roman habe ich mich durch Berge von Literatur, von Zeitungsartikeln, Briefen und anderen Dokumenten gearbeitet. Besonders wichtige Lotsen für diese Zeit waren mir Dr. Ortwin Pelc vom Hamburgmuseum und Uwe Hanse vom Polizeimuseum Hamburg sowie Wolfgang Kopitzsch, ehemals bei der Landespolizeischule Hamburg, nun Bezirksamtsleiter Hamburg-Nord. Dr. Uwe Heldt von Mohrbooks und Angela Tsakiris von DuMont sahen das Manuskript kritisch durch. Ihnen allen gilt mein ganz besonderer Dank – und selbstverständlich meiner Frau Françoise sowie unseren Kindern Léo, Julie und Anouk für ihre Nachsicht während vieler früher und später Stunden am Computer.

Inhaltsverzeichnis

—

Lesen Sie auch die nächsten Fälle um Oberinspektor Frank Stave

368 Seiten / Auch als eBook

320 Seiten / Auch als eBook

—

»Zeitgeschichte ganz nah. Und sehr berührend erzählt. Cay Rademacher glückt ein fesselnder Blick in eine Welt, in der jeder ums Überleben kämpft.«
BRIGITTE

www.dumont-buchverlag.de DUMONT